金融市場の社会学

MATERIAL MARKETS
How Economic Agents are Constructed

ドナルド・マッケンジー 著

岡本紀明 訳

流通経済大学出版会

© Oxford University Press 2009

Material Markets: How Economic Agents are Constructed, First Edition was originally published in English in 2008. This translation is published by arrangement with Oxford University Press.

原著者紹介

Donald MacKenzie(ドナルド・マッケンジー)

　現在,エジンバラ大学において社会学の教授を務める.1972年に応用数学を専攻してエジンバラ大学を卒業した後,1978年に「*Statistics in Britain, 1865-1930: The Social Construction of Scientific Knowledge*」と題した博士論文により,同大学から社会学の博士号を授与された.1975年にエジンバラ大学大学院社会学研究科講師に着任し,1992年より現職.

　科学社会学の観点からストロング・プログラム[1]を提唱したバリー・バーンズ(Barry Barnes)に師事し,エジンバラ学派と位置付けられる研究者集団の一翼を担ってきた.これまで社会学的研究で取り上げてきた対象は,金融市場のみならず統計学や核兵器,コンピューター・システムなど多岐にわたる.研究成果も膨大な数にのぼり,書籍として単著6冊と共編著3冊(2012年12月時点)に加え,専門的な学術雑誌に掲載された論文の数は100を超える.さらに,本書でも言及されているように,学術雑誌や書籍のみを研究成果の発信の場と捉えるのではなく,広く一般大衆にも研究成果を伝えることにも意義があると考え,フィナンシャル・タイムズ(*The Financial Times*)やガーディアン(*The Guardian*)といった大衆向けの新聞にも数多く寄稿している.

　もっぱら近年の研究対象の中心は金融市場であり,ファイナンス理論やモデルが金融市場でいかに作用しているかを鋭く分析した著書『*An Engine, not a Camera: How Financial Models Shape Markets*, MIT Press』は,2008年にアメリカ社会学会から学会賞(Viviana A. Zelizer Distinguished Scholarship Award)を

---

(1) 科学的知識は信念や知識に関する社会的な**因果性**(causality),特定の時代における真偽,正否,合理や非合理を価値判断抜きで説明する**不偏性**(impartiality),対立する説明も同じく説明できるという**対称性**(symmetry),及びこれら全てが社会学自身にも適用されるという**反射性**(reflexivity)の四原理から定式化される.詳しくは,松本三和夫(2009)『テクノサイエンス・リスクと社会学』(東京大学出版会,84-85頁)を参照されたい.

受賞している．金融市場を社会学の視点から研究する動きは，欧州を中心に世界的な広がりを見せ，「金融社会論（Social Studies of Finance）」として確固たる地位を確立しつつある．エジンバラ大学を拠点とするその研究グループは，今や社会学のみならず，政治学や人類学に加えて，会計学やファイナンスといった関連領域の研究者の関心を引き寄せ，学際的な研究者コミュニテイを形成している．詳細については，以下のウェブサイト（http://www.sociology.ed.ac.uk/current_research/current/social_studies_of_finance）をご覧頂きたい．なお，本訳書の原書は原著者の現時点における最新の書籍である．

2012年3月13日，マッケンジー教授を研究室（エジンバラ大学Chrystal Macmillan Building内）にて撮影．

日本語版によせて

　私の著書『Material Markets—How Economic Agents are Constructed』が，このように日本語に翻訳されることを本当に名誉に思う．今回の翻訳に携わり，膨大な作業を入念に進めて頂いた岡本紀明氏に大いに感謝したい．

　原書英題が匂わすように，本書は金融市場の社会学としても，かなり特殊な枠組みで金融市場に取り組む．それは「物的社会学」と表現されるが，端的に言えば，金融市場の有形性や専門性及び身体性に着目する社会学である．金融市場における人的アクター[訳注1]は，抽象概念ではなく体現した人間である．彼等は「無防備な」人間ではなく，物的仕組みや技術システムを備え，その備えこそが彼等の行動を大きく左右する．物的社会学はそのように仮定する．彼等の認知過程も単に「頭の中」だけで進むのではなく，大抵体の外にある仕組みやシステムと関わりつつ，別の人間とも関わることが多い．「頭の中」で進行する認知過程も，学ばずして得た知識だけで完結するわけではない．金融市場におけるアクターは，多種多様な知識体系に依拠している（場合によっては，経済学の学問的知識がそれに含まれる）が，そのほとんどは，彼等が独自に発展させたものではない．

　後続の章は，このような観点に基づく洞察に立脚している．手短な序論の後，第2章で「金融社会論」への10の指針を一通り提示し，序論の見解を詳しく論じる．その際，私自身の研究もそうであるように，特に科学技術社会論の流れを汲む金融市場の研究を取り上げる．第3章は，その観点を重要な経済的アクターに分類されるヘッジファンドに適用する．第4章は，極めて重要かつしばしば論争の的となる金融商品であるデリバティブへと議論を展開する．第5章では，裁定取引に物的社会学を適用する．裁定取引は金融市場の根幹をなす行為であり，（表向きには）無リスクで利益をもたらす．第6章は議論の内容を会計に移し，「いかに利益が測定されるか」という極めて単純な問いに挑む．第7章は，特に温室効果ガスの排出に関する排出量市場の構成に論及し，「テクノポリティック

ス」と目される最中の試みとしてそれを吟味する．第8章は簡潔な結論であるが，信用危機の初期に生まれた衝撃的なエピソードから書き始める．

　私が原書を完成させたのが2008年初夏頃であった点に留意されたい．2008年の秋に起こったグローバルな金融危機の影響は，まだ長引きそうな気配である．金融危機は，本書で論じられる事柄の多くに様々な影響を及ぼしている．例えば，第1章はグローバルに最も重要な金利のベンチマークであるLIBOR（ロンドン銀行間取引金利）が形成される過程を紐解く．私がそれを著述した時点では，とりわけその過程に異論は唱えられていなかった．だが，金融危機が明るみに出るのに伴い，各銀行が自行は「安全である」というイメージを保つために借り入れコストを低く見積もっていたとの批判で議論が紛糾し，LIBORの事実としての信認が大きく揺らいだ．その後も，自行の金融デリバティブ持ち高の価値を高めるべく，LIBORに圧力を掛けようと試みた行員が存在したとの主張が見られる．英国を代表するバークレイズ銀行は，一部の行員が2通りの方法でLIBORの操作を企てていた事実を認めた．ただし，それがどの程度悪意があったものかは明らかになっていない．第4章でも論じるように，現行の計算方法では，LIBORを操作するには複数の銀行の共謀が不可欠であるが，その共謀がどこまで行われていたのかも未だ不透明である．だが，このように事態が進展した結果，現在も日々形成されるLIBORがその権威を失ってしまったことに疑いの余地はない．

　その他に金融危機が大きな影響を及ぼしているのは，第7章で題材として取り上げる欧州排出量取引制度（EU ETS）である．本書の校正段階の2008年7月初旬，二酸化炭素1トン当たり30ユーロの価格水準に到達したと訂正を加え，それが炭素の妥当な「価格」の契機になると期待を込めた．だが，あいにくその期待は外れてしまった．金融危機が突如として欧州の産業活動や電力生産の大幅な落ち込みをもたらした結果，排出枠の需要が大幅に減少し，その価格も各種生産の意思決定にほとんど影響を与えないところにまで暴落した．米国オバマ政権の全米炭素市場の推進の失敗に加えて，京都議定書に取って代わる国際的交渉の行き詰まりも，国際的炭素市場の見通しに影を落としている．現在，これを執筆中（2012年8月）の炭素の有意義な価格形成は，排出量市場ではなく炭素税により達成される可能性が高いと思われる（金融危機により，多くの国家が切実な税収不足にさらされている）．

本書を上梓した後の私の主たる研究は2つに分けられる．第1に，本書で概略を示した物的社会学を，信用危機を生み出した過程に適用している．その結果として生まれた論文「The Credit Crisis as a Problem in the Sociology of Knowledge（2011年に*American Journal of Sociology*の第116巻第6号に掲載）」が，私のウェブサイト（http://www.sps.ed.ac.uk/staff/sociology/mackenzie_donald）から入手可能である．そのウェブサイトには，他に私が追究している主要研究業績も列記されている．完全に自動化された売買であり，特に超高速の「高頻度取引」に関する研究がそれに該当する．2008年初期に本書を書き上げた時点では，高頻度取引は内部者の間でのみ知られていた．だがそれ以降，その規模は拡大して周知になり，さらに激しい論争を巻き起こすことになった．高頻度取引は，銀行のコンピューター・サーバーにある巨大なデータセンターから，（ほんの数人の立会いのもとで）世界中を駆けめぐる光ファイバーケーブルのネットワークを通じて処理される．その突如とした隆盛は，なぜ金融市場の社会学が・物・的社会学であるべきかを物語る，申し分のない実例に他ならない．

2012年8月23日
ドナルド・マッケンジー

訳注
（1）　actorの訳については，「行為者」や「主体」と訳されることも少なくないが，本書を通じて「アクター」と表現している．また，agentは基本的に「行為者」と訳している．

謝　辞

　マネジメントの研究に関するクラレンドン・レクチャー[訳注1]を行う大役を任せて頂いたオックスフォード大学サイード・ビジネススクールとオックスフォード大学出版局には，心から感謝申し上げる．その時の講義の内容が本書の土台となっている．「金融社会論（RES-051-27-0062）」に対して専門研究助成金を補助して頂いた英国経済社会研究評議会（Economic and Social Research Council: ESRC）にも感謝したい．当該研究助成がなければ，本書の執筆どころか，それを支える研究の大半は成し遂げられなかった．さらに，本書の完成を後押しした有期研究助成を与えて下さったダーラム大学の先端研究所や，経済行為者の構成に関する基礎研究を支援して頂いたInnogen（ESRCのゲノミクスのイノベーションに関する社会経済研究所）にも謝意を表したい．

　以下の多くの方々にも，個人的に感謝すべき恩義がある．イエイン・ハーディーとダニエル・ベウンザ（第3章と第5章の共著者）は，共同研究の成果を本書で再掲することを容認してくれた．モイラ・フォレストは，本書で引用している膨大な数の出版物のコピーを提供してくれた．バーバラ・シランダーには，文書と参考文献一覧の作成をお願いした．ロビン・ウィリアムズは，長年にわたり私の研究を献身的に支えてくれている．ロビンは素晴らしい友人でもある．バーバラとモイヤには，長きにわたって特別に感謝している．今回，彼女等とともに5冊目の本を仕上げたことになる．

　本書の主たる実証的根拠を支えているのは，多くのインタビュー回答者の証言であり，彼等の協力なしに本書は存在し得なかった．本書の題材の性質に鑑みて，インタビュー回答者を通常匿名にしている（彼等の多くがそれを希望した）．名前は明らかにしていないが，彼等の貢献は極めて重要であった．私が特に感謝したいのは，LIBORが計算される局面の観察を容認して頂いた方々ならびにイエイン・ハーディーと私の（第3章の土台となった）観察を許可して頂いたヘッジファンドである．

本書に含まれる3つの章は，既に別に公表された論文に直接依拠している．第3章はHardie and MacKenzie（2007）に修正を加えた．第4章と第5章は，それぞれMacKenzie（2007a）とBeunza, Hardie, and MacKenzie（2006）の改訂版である．それ以外に私が依拠にした論文に，Hatherly, Leung, and MacKenzie（2008）とMacKenzie（2007b及び2008）が含まれる．巻末の用語集はMacKenzie（2006）を参考にした．これら文献の本書での利用を許可して下さった著作権者にも感謝申し上げる．同様に，第5章のベウンザの担当箇所もBeunza and Stark（2004）の内容に依拠している．

　いつも通り，家族のキャロライン，アリス，イエインには心から感謝の気持ちで一杯である．

訳注
（1）　オックスフォード大学が，各研究領域において最先端の偉大な業績を残した人物に白羽の矢を立てて行う数日間の招待講義．

目　次

原著者紹介　　　　iii
日本語版によせて　　v
謝　辞　　　　　　ix
目　次　　　　　　xi
図表リスト　　　　xii

第 1 章　序論……………………………………………………………… 1
第 2 章　金融社会論への10の指針……………………………………… 9
第 3 章　経済的アクターの結集…………………………………………41
　　　　（イエイン・ハーディーとの共著）
第 4 章　デリバティブ：仮想の生成……………………………………69
第 5 章　裁定取引の物的社会学…………………………………………95
　　　　（ダニエル・ベウンザ，イエイン・ハーディーとの共著）
第 6 章　利益の測定……………………………………………………121
第 7 章　排出量市場の構成……………………………………………153
第 8 章　結論：ファイナンスのブラックボックスを開ける………199

用 語 集　　　208
引用文献　　　212
索　引　　　　227

訳者あとがき　235

図表リスト

図2.1	外延的意味論と有限主義	30
図2.2	白が一手でチェックメイト	32
図3.1	ヘッジファンドのトレーディング室のレイアウト	47
図4.1	1998年から2006年までの6月末時点の取引所売買の発行済みデリバティブ総額	70
表6.1	エジンバラ大学の勘定科目表における分類の抜粋	125
図6.2	1976年から1994年における米国企業の年次純利益の度数分布	140
図7.1	欧州排出量取引制度の第Ⅰフェーズの排出枠価格	187

第1章 序論

　平日の午前11時直後にきまって，ロンドンのドックランズ[訳注1]にある平凡な仕切りのないオフィスに並ぶ複数のデスク上で，いつもながらの計算が行われる．計算に必要な数組の数字が，電子メールや電話で伝えられる．計算をお膳立てする2人の人間が，目に付いたメールのタイプミスを訂正するとともに，不明瞭な数字の食い違いを電話で次のように確かめる．「お世話になっております．『X』ですけど，デンマーク（クローネ）の1週間物について確認させて下さい．2.51の数字を付けておられますが，このままでよろしいですか」．「他の銀行はこれより相当低い数字を出されていますよ」．彼等は数字を提供したはずの人物に直接電話で念を押すこともある．一度計算に必要な数字の半分がコンピューターシステムに入力されれば，あとは勝手に処理が進む．私が観察していた日は，全ての情報の受理・確認後の情報処理が，11時43分までに完了していた．ほどなくして，その業務担当者2人のうち1人がもう1人に告げた．「もう数字を公表しようか」．

　この何の変哲もない出来事が生み出す数字は，それが直接左右する金額の大きさを考えれば，世界で最も重要な数字である．いわゆる英国銀行協会が公表するLIBORであり，グローバルに最も権威のある金利指標である．LIBORが決定される様を見たその日，LIBORに連動して日ごとに価値が変動する金融「デリバティブ」の総額は，170兆ドルを超えていた（地球上の人間1人当たり，およそ26,000ドルに相当する）[1]．その計算がいかに重要であるかは，テロリストによ

---

(1)　残念なことに，主たる情報源の国際決済銀行（http://www.bis.org：2007年6月13日アクセス）は，金利デリバティブの原資産の金利自体には言及していないため，この情報は正確とは言えない．170兆ドルという大雑把な見積もりは，2005年12月末の発行済み金利スワップ想定元本合計額（169兆1,060億ドル）に基づく（金利スワップの想定元本は，特定の契約者が変動金利を受け取り，固定金利を支払う額の合計である．前者の変動金利に通常用いられるのがLIBORである）．LIBORとは異なる金利に基づく金利スワップの規模は，少なくともLIBORに基づく他の金利デリバティブ（例えば「金利先渡契約」のような金利先物や金利オプション）の規模と等しいと推測される（スワップ以外の金利デリバティブの想定元本合計額は，95兆ドルにも及ぶ）．この目算は妥当だと思うが，2005年12月から2006年2月の観察時点までの金利スワップの想定元本合計額の増加は除き，保守的に見積もった（2006年6月末，その合計額は207兆円にまで増加していた）．

る事件や他の出来事が，私が観察したオフィスの業務を一時的に中断させる場合に備えた手配にも表れている．同様の設備を備える常時利用可能な近隣のオフィスビルが保持され，計算の責任を負う者が陣取る本部と専用回線をつなぎ，スタッフが常駐する250キロ以上離れた予備施設でもLIBORが計算できるようになっている．通常，LIBORは市場参加者の関心事だが，2007年の「信用危機」を契機として，その意義がテレビの報道番組でも議論されるようになった．市場が混乱した結果，銀行同士がどの程度の金利で資金を融通する余裕があるのかという事柄の重大さに，突如として注目が集まったからである．

　LIBORに注目することで，本書で探究する市場の捉え方の特徴が際立つと思い，冒頭でLIBORに言及した．このような捉え方は，現在「金融社会論」と端的に表現される．この呼び名は，1990年代後半にパリに集まった若手研究者達の間で用いられ始めた．広い意味でそれは経済学の枠を越えて（さらに個人主義的な心理学に根差した「行動ファイナンス」的アプローチよりも幅広く），社会科学の研究を金融市場に適用することを示す．具体的に，人類学，ジェンダー研究，人文地理学，政治学及び社会学などが金融市場の研究に適用される．長年，これらの分野の研究者で，金融市場に注目してきた者は，ほんのわずかしかいなかった[2]．だが近年，自分の研究者仲間が専門外の領域でいかなる研究をしているかを認識するにつれ，彼等も金融市場への関心を高め，互いに共有し始めている[3]．

　だがここで重要なのは，「金融社会論」に込められた特別な意味である．この

---

(2) 例えば古典的なものとして，マックス・ウェーバーの功績を参照されたい（最近の翻訳はWeber (2000a; 2000b))．また，Rose (1951; 1966), Smith (1981), Adler and Adler (1984) 及びBaker (1984a; 1984b).
(3) 金融社会論を広義かつ狭義に網羅した文献として，Knorr Cetina and Preda (2005) を参照されたい．さらに役立つ共編著として，Kalthoff, Rottenburg and Wagener (2000) がある．章立てられているそれら書物の他に，金融社会論の近年の顕著な貢献として，Abolafia (1996; 1998), Arnoldi (2004), Beunza and Stark (2003; 2004; 2005), Caliskan (2005), Clark (2000), Godechot (2000; 2001; 2004), de Goede (2005), Hassoun (2000), Hertz (1998), Holzer and Millo (2005), Izquierdo (1998; 2001), Knorr Cetina and Bruegger (2000; 2002a; 2002b), Lépinay (2004; 2007), Levin (2001), LiPuma and Lee (2004; 2005), McDowell (1997), Maurer (2001; 2002; 2005), Millo (2003), Millo, Muniesa, Panourgias, and Scott (2005), Miyazaki (2003; 2005), Muniesa (2003; 2005), Podolny (1993; 2001), Preda (2001a; 2001b; 2004a; 2004b; 2006), Pryke and Allen (2000), Riles (2004), Thrift (1994), Tickell (1988; 2000), Widick (2003), Zaloom (2003; 2004; 2006), Zorn (2004), Zuckerman (1999; 2004) を挙げておく．

第 1 章　序論

言葉に込められた真意は，科学技術に関する社会科学的研究に触発された研究アプローチを市場へ用いることにある[4]．その源流となった科学技術に関する研究は，「科学社会論」として名を馳せており，「金融社会論」もこれに類似した表現になっている．科学技術社会論の研究に従事してきた者は，我々が属する広範な学問分野から得るものとは幾分異なる感受性，関心，知的蓄積を会得する傾向がある（もちろん，我々も常に社会科学分野での知識を広く活用し，私自身も本書で用いている．セクト主義は優れているとは言えない）．

　おそらく科学技術社会論に根差した考え方の最も顕著な特徴は，市場の**物性**[訳注2]に対する関心である．すなわち，市場における有形性や身体性及び専門（技術）性である[5]．直接消費され得る財やサービスではなく，権利や義務の証憑を売買する金融市場も，有形の人工物や技術から成り立つ．例えば第 5 章で詳しく論じるが，価格がある人間やコンピューターシステムから別の人間やコンピューターへと伝達される場合，それは口頭か書面上の数字もしくは電子信号として物的な形態をとるはずであり，その形態の違いが異なる帰結をもたらす．

　もっとも，物性を力説することは，物体や技術それ自体よりも重要である．経済学的にモデル化することがいくら便宜的であっても，市場を支える人的アクターは，肉体を持たない行為者や抽象的な情報処理装置ではない．彼等は肉体を持った人間であり，肉体は物的な実体に違いない．こういった（人間の脳も含めた）物的実体が持つ能力とその限界は，市場の構成にとって極めて重要である．例えば，脳は無限の能力を備えた情報処理装置ではないという事実は，市場の動向を把握する認知課題を単純化する概念ツールが極めて重要になり得ることを意味する．一例として，銀行間市場は広範にわたり非常に複雑である．その市場を把握しようと，市場内で日夜奮闘するトレーダーやブローカーをそばから観察すれば，それは一目瞭然である．それでも，LIBOR はその複雑さ全てを一組の数字に集約する．LIBOR は銀行間市場で 170 兆ドルものデリバティブを連動させる．このようなツールはもはや市場描写するというよりは，経済行為の一部をなして

（4）　当該領域の代表的な学術団体として，金融社会学会〈http://www.4sonline.org〉と欧州科学技術研究学会〈http://www.eassst.net〉がある．当該領域における最も卓越したジャーナルは，Social Studies of Science と Science, Technology, and Human Values と言えよう．
（5）　物性一般については，例えば Miller（2005）を参照されたい．

市場を動かし，その成り行きにも影響を与える．

　科学技術社会論の影響を受けた「物的社会学」とも呼び得るものがとりわけ強調するのが，市場の専門性である．人工物や技術システム及び概念ツール等の特性は，社会学的分析が看過すべき「細部」ではない．そういった特性をも対象にした十分に包括的な分析が必要である．例を挙げれば，シカゴ・オプション取引所（「オプション」はその所有者に義務ではなく権利を提供する証券であり，例えば一定の株式や他の資産を定められた価格で購入するオプションがある）に関するウェイン・ベイカーの卓越した研究（Baker 1981; 1984a; 1984b）は，研究後およそ30年経ても色褪せない[6]．ベイカーはインタビュー調査やネットワーク分析及び価格データを用いて，オプショントレーダー間の社会的関係の重要性を巧みに描写している．ただし，取引所での売買が，経済学者フィッシャー・ブラック，マイロン・ショールズ，ロバート・C・マートンらにより開発された有名なブラック・ショールズモデルのような，オプションの価格決定に関する経済学的モデルの影響を受けていたことも重要である．ブラック他数名はオプションの理論価格を示したシートを売却し，多くのトレーダーがそれを価格決定に利用した．さらに，オプション価格の動きをモデルに近付けようとする動きもあったと私は主張した（MacKenzie 2006）．

　このオプション売買の事例は，科学技術社会論の観点が炙り出す市場の核心部分を例証する．シカゴのオプショントレーダーのような経済行為者は，「無防備な」人間でも，単に社会的ネットワークに埋め込まれた人間でもない．重要なのは彼等の「備え」である．ブラックが作成したシートを備えるトレーダーは，直感や経験だけを頼りに売買する者とは異なる経済行為者である．ブラック・ショールズモデルは専門的に違いないが，「専門性だけ」の問題ではなかった．この点こそが，いかに経済行為者が構成されるかに重要であった（本書で用いる「行為者（エージェント）」は，あらゆる経済的アクターを指し，単に誰かの代理で行為をする者を指すだけではない）．

　本章に続く各章は，科学技術社会論の流れを汲む分析視座から「金融社会論」

---

(6) ベイカーは研究した取引所の名前を明かさなかったが，オプション取引に関する研究を始めたところ（MacKenzie and Millo 2003; MacKenzie 2006），彼のフィールドワークの場がシカゴ・オプション取引所に違いないとすぐに実感した．

第1章　序論

を詳論し，例証することを目的とする．第2章では，この目的を達成するための一連の指針を明確にする．それは${}^\bullet$あ${}^\bullet$る一組の複数の指針に過ぎない[7]．科学技術社会論のバックグラウンドを持ち，市場の研究に関心を抱く者にとって，各指針の大部分は馴染み深いと思われる．だが，それら指針はいずれも当然特異であり，研究者仲間に（また第3章や第5章の共著者にも）それを押し付けようとするつもりはない．さらに，私が挙げた指針は（特に金融以外の領域における市場については）明らかに不十分であり，各指針が後続の章で全て等しく論じられているわけでもない．それでも，私が提唱する市場理解のアプローチが，各指針によりある程度具体化されたと思っている．

　第3章から第7章までは主として事例研究であり，第2章で提示した枠組みから各章が論じられる．イエイン・ハーディーとの共著である第3章は，第2章で論じる中心的アイデアの一つを体系付ける．それは，経済的アクターが人間，物質，技術システム，文章，計算等の組み合わせによる配${}^\bullet$置${}^\bullet$から成り立つと見なすミシェル・カロンの考えである．私とハーディーは，この配${}^\bullet$置${}^\bullet$の概念を金融市場で存在感を高めるヘッジファンドに適用する（「ヘッジファンド」のような用語や別の章で論じられる重要な用語には，巻末の用語集の中で解説を付した）．我々の論拠は，特定のファンドにおける売買の短期的観察，そのファンド内のパートナーに対するインタビュー，別のヘッジファンドや投資銀行のトレーダーらに対するインタビュー，さらに「ファンド・オブ・ファンズ」としてヘッジファンドに資金を融通するという不可欠なサービスを提供する業者へのインタビュー調査に基づく．

　場馴れしたトレーダーのほとんど全てがそうであるように，ハーディーと私が研究したファンドも，債券のような単純な資産だけでなく，その「デリバティブ」も売買していた．デリバティブ契約（もしくは証券）の価値は，原資産の価格や債券発行者のデフォルト（債務不履行）確率といった指標に依存する．第4章はこの金融デリバティブを売買する取引所の発展を探求する．1970年当時，金融デリバティブの取引所は，世界中どこにも存在していなかった．それが2006年6月末になると，取引所を介したデリバティブ売買の合計額は84.4兆ドルに達し，

（7）　金融社会論に関する別の指針一組が，本書と異なる点を強調している．Preda (2001c) を参照されたい．

5

地球上一人当たりおよそ13,000ドルに匹敵する．デリバティブに関する経済学の枠を越えた文献の数は限られており，その限られた文献も，しばしば『新たな想像上』の貨幣としての「仮想的」特質（Pryke and Allen 2000）」を強調する．第4章は英米における組織的なデリバティブ売買の発展を支えた重要人物に対する口答史的インタビュー調査に基づき，いかにその「仮想的」商品が誕生したのか考察する．その中で，技術的イノベーションとデリバティブのイノベーションの類似点ならびに相違点を探り，金融市場に「内在する」文化と，より普遍的な文化の役割（特にギャンブルへの敵対心の法的な由来）を論じる．この章では，金融市場の事実生成メカニズムが，デリバティブの売買にとっていかに重要であったかも検討する．

　ダニエル・ベウンザとイエイン・ハーディーとの共著である第5章は，デリバティブ取引が金融市場で種々の役割を果たし，事実を創造する鍵を握る売買形態を考察する．それは裁定取引であり，特定の資産とそのデリバティブの間の相対的価格差を巧みに利用する売買である．この章はハーディーと私の調査及びBeunza and Stark（2003; 2004; 2005）のウォール街での裁定取引に関するエスノグラフィーに依拠し，価格の物性（前述のように価格は有形の実体であり，その移動の範囲と速度が裁定取引に重要である）と，裁定取引業者内外における繊細な社会関係の両方を浮き彫りにする．

　第6章は，金融市場からそれに不可欠な情報を提供する過程へと分析の焦点を移す．企業の財務諸表作成のもととなる簿記及び会計の中でも，特に企業の収益（「利益」）に焦点を当てる．この章では外部からはほとんど知られていない会計領域における「アーニングス・マネジメント[訳注3]」に関する文献に依拠しつつ，それに深く関与する企業の特殊な会計分類に関する簡単な事例研究に基づき，第2章で論じる有限主義的観点の会計への適用可能性を強調する．第2章で探求する有限主義的観点から，我々は項目を分類し，測定し，規則に従うという，いわば会計における中心的活動を行う際，「概念や規則を何にでもいかように適用し得る（Bloor 1997: 19）」．そうであるならば，何が会計を（相対的に）規則的にし続けるのか．第6章はその問いに対する答えが，本質的に社会技術的なものであると指摘する．その答えは人間（単なる個人ではなく，簿記や会計の知識を備えた者）と技術的システムの両方に関連する．

第 1 章　序論

　第7章は金融の領域から少し離れて，環境汚染許可の市場，特に温室効果ガスの市場を考察する．この章は経済学や経済学者が市場を（既に外在する「事物」として分析するのではなく）創り出す積極的役割に加えて，特に市場細部のデザインに関わる政治的特質といった，第2章でも取り上げる問題に焦点を当てる．実際，第7章は排出量市場が政治そ・の・も・の・で・あ・る・ことを示す．特に，それは惰性を一掃して明確な合意を得るための手段であったとともに，売買を規制する規則（特に排出許可証の配分に関する極めて重要な規制）へ焦点をシフトさせ，対立を解消するための手段でもあった．欧州における炭素取引の「経済的実験（Muniesa and Callon 2007）」には，これまで賛否両論がある．例えば，それが環境に与えた影響は限られていたが，配分に係る政治を「専門化」するのに大きく貢献した．

　第8章は本書の結論を示す．それまでの章を振り返り適度に概説し，本書全体に通底する問いを再提示する．それは，科学技術社会論に根差した研究アプローチが，市場のさらなる理解にいかに貢献し得るかどうかである．その中で金融社会論と経済社会学の関係をより一般的に考察し，第7章で得られた可能性を浮き彫りにする．科学技術社会論に基づく市場の研究は「公共社会科学」に成り得る．それはBurawoy（2005）が命名した「公共社会学」に類似するものである．

インタビュー調査に関する付記

　本章以降の章における主要な情報源は，金融及び排出量市場のトレーダー，マネージャー，ブローカー，市場創設者，管理その他のサービスを提供する業者，会計士及び監査人を含む189人もの人々に対するインタビュー調査の結果である（これらインタビュー回答者のうち，23人はイエイン・ハーディーによるインタビューであり，66人へのインタビューの結果は既にMacKenzie（2006）で引用されている）．回答者の身上が歴史的記述として重要な場合を除き，大部分の回答者の希望に添って，インタビューの引用を匿名にしている．

訳注
（1）　ロンドンのシティ東端，テムズ河岸に位置する大規模再開発地区．大都市の都心部の再生策の典型例として，また高度情報化時代を見つめた国際的なウォーターフロント大規模再開発プロジェクトとして世界的に注目を集めた．

（2） 原語は「materiality」である．適訳を同定するのは容易ではなかったが，本訳書では基本的に「物性」で統一している．
（3） 原語は「earnings management」であるが，「利益管理」，「利益調整」，「利益操作」と様々に表現され，定訳が存在しない状況である．本書では「アーニングス・マネジメント」で統一する．

第2章　金融社会論への10の指針

　科学技術社会論の影響を受けた市場の研究の中でも，特に金融市場の研究に必要とされるアプローチは何か．本章はこの問いに関する第1章の手短な議論を踏まえて，市場の有形性や身体性及び専門性に焦点を当てた研究を下支えすると考えられる10の指針を概説する．

指針1：事実が重要である

　まず，市場の専門性の極めて重要な一面から論じることにしたい．専門性が市場の中で事実を生み出し，流布させる機能である．ここで「事実」とは，「真実であるかそのようだと周知の事柄[1]」を指し，この事実が科学社会論でも極めて重要な問題になる．ただし，科学社会論は申し立てられた科学的事実が「本当に真実であるか」という，（社会学ではなく）科学だけが答え得る問いに挑むわけではない．むしろ，科学知識社会学は「いかに事実が生成されるのか」及び「その事実性を担保するものは何か」といった，いわば事実の信認に関心を寄せる．科学的事実は，一般的に待ちわびて運良く出くわすような単に「そこかしこにある」ものではないため，「生み出される」という表現が適切であろう．「fact」の語源であるラテン語の「*facere*（作る，行う）」が示すように，科学的事実は実験や知的作業に加えて，通常は専門的技能を介し，場当たり的ではなく統制された目標を持った観測を通じて生み出される．

　事実の「成功」が，その生成の歴史を打ち消してしまうことも多い．歴とした科学的事実は，公に集団から認められた「社会的」事実であり，単なる個人的な事実とは異なる．その事実の信認は，単なる個人の集まりではなく，科学者集団により与えられる[2]．科学的事実の生成に関する古典的エスノグラフィーが強

---

[1] *Shorter Oxford English Dictionary*, 5th edition.
[2] 現代の「実験に基づく世の中」の歴史的特質については，Shapin and Schaffer（1985）を参照されたい．

調するように，ある言明が事実になるためには，「生成環境から独立している」という意味において，その「出所の形跡」が消失している必要がある（Latour and Woolgar 1986: 82 and 105）．もしそうでない場合（例えば，ある現象が他の誰でもなく，特別な人間や特定の実験室を通じてのみ見られる場合），通常それは「人為的なもの」と分類される運命にある．それは，世の中の真実ではなく，生成のための特別な手続きに基づく，もっともらしい結果でしかない．

　成熟科学により生み出される事実と比較すると，金融市場を流布する事実は説得力に乏しく脆弱そうに映る．だが，英国銀行協会によるロンドン銀行間取引金利（LIBOR）を考慮されたい．LIBORが計算されていたオフィスで私が立ち聞きした「もう数字を公表しようか」という控え目な宣言は，複数の情報提供機関を通じた情報の電子配信の契機となった．それとほぼ同時に，世界全土の50万以上の端末では，マウスを何回かクリックするか，複数回打鍵して電気信号を送信するだけで，ロンドンのオフィスで計算されたその数字を画面に表示することができた[3]．

　私が知り得る限り，そうやってその情報を入手する人々は，そこに表示される数字に何か問題があるとは，最近まで思いもしていなかった．例えば，彼等は画面上に表れた数字に基づき移動する大金を手にすることで満足してきた．科学的事実と同様，LIBORも偶然に出くわすものではなく生み出されている（その生成については第4章で論じる）が，その生成環境に特有の影響をほとんど受けていなかった（しかし，第4章で述べるように，2007〜8年にかけて信用危機が生じた結果，LIBORをめぐる論争が噴出した）．ロンドンのオフィスから発せられるこの数字が左右する金額の大きさを考慮すれば，こういった事柄が実際に議論の俎上に載せられてこなかったことは驚きである．

　もちろん，「市場の数値」を事実として信認してもらう努力が全て実を結ぶとは限らない．例えば，次の日常的「価格決定」を考慮されたい．シカゴ・マーカンタイル取引所の立会場では，午前10時にチェダーチーズのオークションが行われる．チーズのオークションなど，それほど多くの人が興味を持たない内輪だけの問題と思われるだろう．しかし，そのオークションの結果は，1930年代から米国政府が国

（3）Knorr Cetina（2005: 45）によれば，2001年時点において，世界に30万を越えるロイターの端末と15万のブルームバーグの端末が存在した．さらにその数（特にブルームバーグの端末）は，その後も著しく増加しているようである．

内の酪農家向けに強制的に決定する牛乳最低額の価格決定式に投入されており，それが日常製品の消費者物価の決定に考慮される．2006年の夏には，このオークションをめぐり，米国で激しい論争が巻き起こった．一部の酪農家の代弁者は主張する．「極めて小規模な市場なので，少数の買手により価格が決められている」．別の代弁者も，酪農家が抱える市場メカニズムの「需要と供給を真に反映する正統性」に対する「心の底からの疑念」を吐露した．2006年7月，ヒラリー・R・クリントンを含む6名の上院議員が，政府による調査を要請した（Grant 2006）．シカゴ・マーカンタイル取引所のトレーダーやその他諸氏が槍玉に挙げたのは，オークションが事実を表すどころか，人為的なものになってしまっていた点であった[4]．

市場の数値が事実として信認を得られるかどうかは，極めて重大である．第4章で論じるように，それは例えばデリバティブ市場を首尾よく構成し得るかどうかにも大きな影響を与える．より一般的に言えば，事実性がしばしば流動的市場の前提条件となる．Carruthers and Stinchcombe（1999: 353）が指摘するように，「流動性は…知識社会学の問題である」．ある市場において特定の商品が過度の遅滞や多大な取引コストをかけずに大部分売買され，通常の実勢価格に近似し得るならば，その市場は「流動的」であると言える．加えて，売買される品目が標準化され，その特性に関する一定のコンセンサスがあることも，流動性には通常不可欠である．例えば，金利デリバティブ市場が「金利の測定に関する意見の衝突の解消が契約上要求される」か「金利の高低を定めた測定の正確性をめぐる訴訟で支払額が変動する」，もしくは「取引相手が望むように測定を操作し得ることが懸念される」場合，流動的であるとは言えないだろう．金利デリバティブ市場が流動性に係る厄介な障害を全て乗り越えるのに，英国銀行協会によるLIBORの事実性は一役買ってきたと言える．

指針2：アクターの体現

流動的であるかどうかに関わらず，あらゆる市場で人間と有形物が混交する．

---

(4) シカゴ・マーカンタイル取引所のトレーダーらは，商品先物取引委員会による閉鎖的な市場規制を指摘し，「牛乳価格が相対的に低いことに不満が高まっている」との意見を示した（Grant 2006）．

（この点に着目した一部の市場分析の存在を知るまでは）当たり前過ぎて改めて言うのもはばかるが，人間は身体を持つというより身体*そのものである*．人体や脳の肉体的能力とその限界を意味する身体性こそが，市場がいかに機能するかに極めて重要である．

一部の市場では，体現は決して無視することができない．「オープン・アウトクライ^(訳注1)」式の取引ピット（立ち会いの円形売買場で，中心の窪みに向かって段差がある）では，声やアイコンタクトや手指示で契約が結ばれる（例えば，Zaloom 2006を参照されたい）．ピットに立つトレーダーに不可欠なのは，市場からの退出を望むトレーダーがよく見せる不安を表す体の動きを見抜き，自分自身の不安を表す動作を隠す能力である．ピットでの立ち位置も経済的見地から重要である．最上段に立てば見通しも良く，大量の顧客注文を受けられ，周囲の大口ブローカーに近付くのにも有利であり最適である．こういった理由から，立ち位置をめぐる争いが生じる．しばしば人込みの中で押されたり押し返したり，小競り合いも珍しくない．見通しの良さと自分自身が目立つかどうかの点において，身長の高さも重要である．ピット内は**男性の姿が目立ち**，女性は少数派である．

このように取引ピット内での売買は一風変わった所があり，体現の重要性が際立している．ピットの数は徐々に減少して画面を通じた売買に取って代わられ，電話による売買が既に長い歴史を持つ．そのような売買を考察する場合，アクターは体現していないと極めて安易に考えがちである．画面や電話を通じた売買に必要な身体的行為の大部分は，あらゆる従業員にとって有り触れたものである．例えば，銀行のディーリング室におけるトレーダーの動作と，学者が彼（もしくは彼女）のデスクで見せる動作を直ぐに区別しろと言われても難しいだろう．「座りながら画面を凝視する」，「キーを押してマウスを動かす」，「電話で会話する」，「何かを読む」，「談笑する」，「コーヒーを飲む」といった実に多くの動作が考えられる．期待するような風変わりさはなく，ディーリング室での「叫ぶ・罵る」といった乱暴な行為は，映画で描かれるだけで現実的ではなく，現在は非常に稀である．

だが，それでも身体的能力は重要である．一見体現されていない数字一組のLIBORを関係する例として再度用いる．第4章で述べるように，LIBORの計算に必要な情報は銀行のディーリング室から生まれるが，その情報は業者間ブローカーの影響を大きく受ける．ますます多くのブローカーが顧客に電子売買の機能

を提供しているが，業務の核となる（大部分が未だにそうである）のは，「声による仲介」である．特定の市場（例えば，ポンドの銀行間市場）におけるある企業のブローカーは，金利スワップ市場のような関連市場を扱うデスク一体のそばに陣取る．各ブローカーは自分のデスク（同様に男性が支配的な場所である）を持つ．そこには，顧客を専用の電話回線で結ぶ「ボイスボックス（マイク，スピーカー及びスイッチが一まとめになっている）」が取り付けられている．

業者間ブローカーは，自分自身で売買を行わない．顧客である銀行が資金の借り入れを望めば，貸し出しに応じる銀行を探し出す（その逆の場合もあり得る）のが，彼等の仕事である．したがって重要なのは，誰が何を望み，誰がそれに応じる用意ができているかを察知する能力である．部分的にそれは顧客と良好な関係を築くことにもつながる．私が業者間ブローカーから繰り返し言われたのは，彼等の仕事は「関係ビジネス」であるということである．彼等の1人が言うには，「短期金融市場（LIBORが『事実』となる市場）」のブローカーは，「大口の顧客と，…おそらく1日に25回も会話を交わし，その数は自分の妻とする会話の25倍にもなる」らしい．

だが，業者間ブローカーにも不可欠な身体的能力がある．関係者が「ブローカーの耳」と呼ぶ能力である．すなわち，デスクが密集する中で他のブローカー全員の会話を耳で聞き取ると同時に，ボイスボックスを通じた顧客との会話を保つ能力である．あるインタビュー回答者は，次のように述べた．

> 「デスクに居る時は，皆の会話を十分に聞くことが期待されている．全て大事な会話だからね．市場の状況について誰かと電話で話している最中でも，顧客に伝えたい最新情報の重要な一端が同僚に伝えられることがある．だから，誰かと会話している時でも，そういうものを聞き取れなければいけないんだ．」

ブローカーのデスクでインタビューをしていた最中，「ブローカーの耳」が一時的に乱されていたのに気付いた．それでも，明らかに私との会話に深い注意を払いながら，私が全く聞き取ることが出来なかった5，6台離れたデスクでの言葉や質問に突然答えた者もいた（多くの会話でブローカーのオフィスは騒然とし

ており，銀行のディーリング室よりも密集かつ雑然としていた）．ブローカーの耳は後天的な能力である．ある者が私に言うには，「それは1日で得られるようなものではない．…中には決してそれを得られない者もいる」．

ブローカーの耳は借手と貸手（別の市場では買手と売手になるだろう）を迅速に結び付けるため，銀行間市場の流動性に寄与する．また，ブローカーの耳が集める情報は，彼等の顧客（その多くはLIBORに関する情報を提供する）が銀行間市場で急速に変化する状況を把握するのにも役立つ．第4章でも述べるが，適切なLIBOR情報を生み出すための完全な計算方法など存在しない．市況の理解に基づく判断が必要であり，ブローカーの耳はその判断のための身体的土台となる．

指針3：備えが重要である

第1章でも強調したように，人体や脳は「ブローカーの耳」のような驚くべき能力を持つ反面限界もあり，その限界を補う（有形かつ「認知的」な）「備え」が不可欠になる．金融社会論は，この備えこそが重要であると考える．それは経済行為者や経済行為及び市場の本質を変容させる．

例えば，相場表示機（Preda 2006）やコンピューターネットワークに接続された売買画面（Knorr Cetina and Bruegger 2000; 2002a; 2002b; Knorr Cetina 2005を参照）のような有形の備えを想定されたい．表示機や画面は（2カ所に同時に存在し得ないという）最も根本的な身体の限界を一部克服した．その導入は市場における行動様式を効率化しただけではない．それは市場を様変わりさせたのである．

表示機（ティッカー[訳注2]）は，もともとは価格電信伝達システムであり，短縮された株式名称や株価及び売買高が印字された紙テープが関係者の手に渡った．このおかげで，地理的に離れた市場参加者でも，（少なくとも表示機があるブローカーのオフィスに来さえすれば）リアルタイムで価格変動の詳細情報を入手できた．それ以前，そのような情報を得るためには，証券が売買される取引所に居合わせる必要があった．例えばPreda（2004b; 2006）の推測によると，表示機が「チャート主義[訳注3]」もしくは「テクニカル分析」の隆盛をもたらした．その背景には，予測可能な価格図式をパターン化し得るという（今でも蔓延してい

る）信念があった．売買画面の導入も，少なくとも表示機と等しく重要であった．「『市場』はもはや多くの地点を結んだネットワーク内に位置するのではなく，単に画面上に存在し，どこでも等しく表示される（Knorr Cetina 2005: 51）」．第5章でもある程度論じるが，売買画面の導入は，広く行き渡った市場活動である「（価格の不一致を利用する）裁定取引」のあり方も大きく変えた．

　アクターの備えは有形のテクノロジーだけではない．金融社会論は，アクターの「概念的備え」も重要であると考える．第1章でも述べたように，特に現代の金融市場は，扱う商品の豊富さ及びその価格の瞬時の変動に当惑してしまう複雑な世界である．人間の脳の限られた記憶・計算能力に鑑みれば，経済行為者は市場の複雑さを理解可能な水準まで和らげる体系的手法を生み出し，会得しなければならない．組織も市場とうまく付き合う方法を見出さなければならず，その結果として，自動価格決定や売買・リスク管理システムにますます多くの計算が導入されている．例えば第1章で触れたオプション理論のように，金融経済学から派生した考え方や手続き及び計算が利用されている．だが，実務家の考え方やそれに伴う行動様式は，アカデミックな経済学とは直接関係ないか，実際は誤っていると経済学者から見なされることも多い．将来の変動を予測しようと価格変動のグラフを用いるチャート主義者が典型例である．金融経済学者はチャート主義を占星術と同等と見なすが，多くのトレーダーがチャートを重視して行動する．

　概念的備えが重要であることは，あくまで推測であって前提ではない．一部の経済学者がその潜在的重要性を指摘しているが（例えばMerton and Bodie 2005），金融経済学はこの点を体系的に研究しようとしない．例えば，金融経済学はアクターがオプション理論を利用できるかどうか明確に考慮せずに，市場の成り行きがオプションの「正しい」価値を導く世界をモデル化する．確たる証拠があるとは言えないが，アクターがオプション理論を備えているかが，その価格に影響を及ぼすという結論を私は支持する[5]．チャート主義者の信念や手続きを俯瞰すれば，それが価格変動に影響を与えていると考えられる（これはチャート主義に懐疑的なトレーダーさえもチャートを重視する理由の一つである）が，これも直接的証拠は限られている[6]．

（5）　MacKenzie（2006）を参照されたい．対立する観点としてMoore and Juh（2006）及びMixon（2006）も参照されたい．

アクターの概念的備えも，間接的に価格に影響を及ぼし得る．金融市場を複雑にしている一つの要因は，多種多様な商品の細かな特徴が重要な点で異なることである．そのため，原資産が同じでもそのオプションは異なることがある．「コール（資産を購入する権利）」及び「プット（資産を売却する権利）」オプションがあり，その権利行使価格（対象となる資産を購入または売却する価格）や権利行使期限も様々である．そのため，オプションの複雑さを共通する基礎的な測定基準にまで低減するのが，オプション理論の大事な役目である．オプション価格モデルによれば，オプションの価格と一貫した原資産価格のボラティリティ（変動幅）を示す「インプライド・ボラティリティ」が，その測定基準に該当する．オプション価格をインプライド・ボラティリティの水準に変換することにより，異なる特性を持つオプションの比較（このオプションのインプライド・ボラティリティは17％であり，あのオプションのそれは19％であるというように）が可能になる．さらに，実際にオプションの呼値がドルやその他貨幣額ではなく，インプライド・ボラティリティの水準で表されることもある．このような定量的表示には難解さが伴うが，この測定単位があるおかげで，オプション市場に流動性がもたらされているとも考えられる．

　測定基準を単純化し，金融商品の特性に関する情報伝達を促進する「インプライド・ボラティリティ」の役割は，何も特別なものではない．例えば第3章で推察するように，「利回り」の概念及びその元来の計算技術には長い歴史があり，経済学ではなく「応用数学」に由来する社債「利回り」も「インプライド・ボラティリティ」と同じ役割を果たす（Hawawini and Vora 2007）．さらなる例として，債務担保証券（CDO）のような「クレジット・デリバティブ」市場が挙げ

---

(6) チャート主義の観点から特に関心を引く市場は，大多数のトレーダーがチャート主義者である外国為替市場である．計量経済学に基づく分析によれば，チャート主義者の専門的知識は，実際に短期間の為替レートの変動を予測する（Osler 2003: 1791に引用されている文献を参照されたい）．したがって，チャート主義者が備える2つの主な信念は，「トレンドは予測可能な支持や抵抗の水準で反転する傾向にある」ならびに「その一定水準を超えるとトレンドは異常に急速になる傾向がある」というものである（Osler 2003: 1791）．端数の出ない相場での「利益確定」の注文のとそれをわずかに下回る数字での損切り注文の集中は，これら2つの信念の実証的妥当性を明確に説明し得るとオスラーは提示する．Donaldson and Kim（1993）も同様に，端数のない指数水準と密接な関係にあるダウ工業株平均の特異な動きを論証した．

られる．CDO契約は大規模な企業群や他の債券発行企業（おそらく100以上の債券発行企業）のデフォルトリスクに依存する．その契約の価値は，他にもデフォルト後に債券保有者に対して払い戻される予定額や，特定の債券発行企業のデフォルトリスクが他企業のそれと相関する度合いにも依存する．2007年の金融危機以前に「注目を集めた」クレジット・デリバティブ市場では，「基本相関係数[7]」の測定基準が，伝達ツールとして「インプライド・ボラティリティ」と同様の機能を有していたようである．例えば，基本相関係数は洗練された市場参加者同士の交渉を促進する．CDOの気配に想定される基本相関係数が，その変更の合理的根拠として用いられることもある．

　概念的備えがあるかないかは，それを支える理論が理解されておらず疑われていても，重要であることに変わりはない．ソフトウェアシステムのおかげで，トレーダーはオプション理論やCDOの概要を把握するだけで，インプライド・ボラティリティや基本相関係数を計算できる．その計算に用いられるモデルを理解する者は，それが過度に単純化されていることもよく理解している．例えば，信用相関の計算に通常用いられる「単一係数ガウス型コピュラ」モデルが十分にふさわしいと話すクレジット・デリバティブのトレーダーに私は会ったことがない．それにもかかわらず，その単純なモデルは幅広く用いられ続けている．より複雑なモデルは，コミュニケーションツールとしては手に負えないという問題に直面する．当事者同士が十分に円滑なコミュニケーションを図るには，互いに同じモデルを用いる必要があり，どちらかが複雑なモデルを選ぶことは滅多にない．さらに，典型的に単純なモデルは「インプライド・ボラティリティ」のような自由媒介変数を唯一含み，それ以外の媒介変数は市場慣行を通じて固定化されているか（例えば，CDOの価格を決定する際，債券発行企業の債務に関係なく，デフォルト後の更生可能性を40％と仮定することが多い），経験的に観察可能な事実と見なす．自由媒介変数がそれより多いか，直感的解釈に合致しない場合（複雑なモデルではしばしば見られる）には，コミュニケーションや交渉はさらに難航する．

---

(7) 「基本相関係数」は，その開発者であるMcGinty, Beinstein, Ahulwalia and Watts (2004) に十分な解説が見られる．

指針4：認知や計算が物的に分散する

　LIBORのような「公的事実」，相場表示機のような技術的備え，チャート主義者が用いるグラフ表示や，「インプライド・ボラティリティ」及び「基本相関係数」といった「概念的備え」は，全て金融市場で生じる多様な認知及び計算過程の一部である．備えを欠く人間単独ではなく，複数の人間や物体及び技術システムにより業務が行われるという点で，その過程は「分散」されている．この点は，他の領域における分散認知の研究でも分析されている（とりわけHutchins 1995a; 1995bを参照されたい）[8]．

　金融社会論は，分散認知に関する研究の基本的推論を採用する．複数の人間や物体の組み合わせが，個人が独力ではできないことを成し遂げるだけではない．それぞれが同一業務を行う場合でも，その成果の特性は異なると予想される．ハッチンスは，米国艦船内で行われる航海術を主たる例と位置付け，その根拠を雄弁に語る．人間は「認知力を行使する環境を創り出すことにより，認知力を創造する」．複数の人間の共同及び（もしくは）物体や技術システムの相互作用を伴う認知を理解するためには，「皮膚で限られた個人」に依拠した心理学や認知科学的分析では不十分である．「人間と道具の相互作用から構成される局所的機能システムの認知的特性は，人間単独のそれとは全く異なり」，かつ「認知課題を遂行する集団の認知的特性も，あらゆる個人のそれとは異なる」（Hutchins 1995a: xvi, 176 and 289）．

　例えば，人間は単独でLIBORを創り出すことはできるが，LIBORを事実として信認させることはできないだろう．銀行間市場の市況の変化を日中及び日ごともれなく「感じ取る」ようになるには，彼（もしくは彼女）はその市場に積極的に参加する必要がある．例えばそれができる人物は，単に価格だけではなく，取引の根底にある本質的な最新の情報（時には特定の銀行が何を行ったかまで）を提供する価値があるとブローカーからも認められるだろう．だが市場へ参加することで，彼（もしくは彼女）は利害関係者へと変貌する．第4章で論じるが，複

（8）　ハッチンスの業績は，基本的に科学技術研究ではなく認知科学に属する．だが，彼の業績とブルーノ・ラトゥール（特にLatour 1986）には明らかに接点があり，Hutchins (1995a: 132) でもそれが明示されている．

第 2 章　金融社会論への 10 の指針

数の人間がLIBORの生成に関わる（その意味でその生成が「分散」されている）ことは，彼等が自身の利害に関わる絶好の機会を「犠牲にして」いることでもあり，それこそがLIBORが事実であるために不可欠である．第6章で述べるが，同様のことが企業の会計数値の作成にも当てはまる．（最も小規模な企業群を除き）その作成は個人の力量を超えており，生み出される数字が備える限定的「確かさ」も，技術的に系統立てられた役割をそれぞれ果たす複数の人間の関与と本質的に切っても切れない関係にある．

　認知及び計算は全て身体的作業（脳も生物学的に臓器である）であるが，計算の物性が最も顕著になるのは，おそらく膨大な量の計算を行う時であろう．例えば，CDOの価値を表す理論モデル式の解は，相当時間を費やして計算される場合を除き，紙と鉛筆という古典的な物的道具で導かれるとは考えにくい[9]．CDOの価格決定モデルは，現代のコンピューターにより相当手際良く用いられるが，ヘッジ比率やリスク管理に係る変数の計算は非常に手間がかかる．ネットワークに接続された数百ものコンピューターをもってしても，リスクの計算には数時間を要する．熱という物理的制約も問題となる．多くの銀行は，中枢のコンピューターの稼働が，本部やトレーディング・フロアとリスク管理者のそばで行われることを望む．中枢のコンピューターが異なる地点に設置されると，光ファイバーケーブルによる接続でも，種々の目的を果たす速度としては遅過ぎるためである．だが，ロンドンには主要なオフィスがほとんどシティに立地しているため，場所の拡張はそれ以上不可能であるか，巨額の費用が伴う．コンピューターが発する熱もエアコンで冷却する限度を超え，各行とも自社のコンピューター室に次から次へとコンピューターを設置することはできない．そのため，コンピューターのハードウェアを投資銀行に納入する業者は，「1ワット当たりのパフォーマンス」が，機材納入の可否を判断する基準となっていることを認識している．

　コンピューターが行うリスク分析は，金融市場の「内部で」計算される．しかし，全ての金融市場は市場の外の変化と連動しており，分散認知や物的計算を要する．第7章で論じる排出量市場を例にとろう．二酸化硫黄の排出に関する市場

---

[9]　いわゆる「ラージプール」近似により，より解析的な解が得られるが，そこまでするのはやり過ぎと見なされ，実務で用いられるモデルはせいぜい「準解析的（数値積分及び高速フーリエ変換といった技術が用いられる）」である．

を立ち上げた米国環境保護庁（EPA）が指摘するように，「市場を円滑に運営するために不可欠な特質は，売買される商品の測定手法である[10]」．どの程度の二酸化硫黄が煙突から排出されているのかは，備えのない人間の感覚だけでは把握し得ないが，市場が機能するためには，煙突から出る排出量が事実でなければならない．

ゆえに市場にとって（排出量市場だけではなく，他の膨大な種類の商品市場も同様に），度量衡学が重要である．それは標準化された単位や測定手続きなどの測定に関する科学技術であり，オームやセンチメートルやグラムといった単位に基づく一定地点の一定時点の測定と，異なる地点及び時点における同等量の測定が十分等しいかを検証する[11]．現在，米国の石炭火力もしくは石油火力発電所（極めて小規模な発電所を除く）の煙突には，排出量を測定する設備が取り付けられなければならない（Levin and Espeland 2002）．その設備は15分ごとにサンプルとなる気体を収集し，サンプル内の二酸化硫黄濃度を測定し[12]，測定結果の電子記録を作成しなければならない．その記録はデータ収集・処理システムにより集計され，毎時の平均値が算出される．この記録を含んだデータファイルは，3ヶ月ごとにEPAに電子送信され，EPAのウェブサイトで公表される[13]．

二酸化硫黄市場における度量衡学の第1層の下には，もう一つの層がある．それは各計器の正確な測定を保証する度量衡学である．例えば，二酸化硫黄濃度が既知のサンプルガスのうち，煙突ではなく「測定気筒」から排出されたものが調査対象になる．この層の下には，さらにもう一つ別の層がある．測定気筒の中にある構成物を測定する検査や統計的手続きである．標準的な参照物質や重量及び測定に関する度量衡学の問題全般を監督する連邦機関の国立標準技術研究所が，標準的なサンプルガスと測定気筒内の構成物を比較する[14]．度量衡学に関するこのようなピラミッド構造により，二酸化硫黄による汚染の測定が可能になって

---

(10) 〈http://www.epa.gov/airmarkets/monitoring/factsheet.html〉（2006年9月4日アクセス）．
(11) 度量衡学については，例えばLatour (1987: 247-257), Schaffer (1992) 及びAlder (1997) を参照されたい．市場における度量衡学の重要性は，例えばCallon (1998: 23) やLevin and Espeland (2002) に示されている．
(12) 「希釈ガス（酸素や二酸化炭素）」や「不透明度（煙道ガス通じて可視化できる光の割合）」と同じく，窒素酸化物の濃度も測定される．〈http://www.epa.gov/airmarkets/monitoring/factsheet.html〉（2006年9月4日アクセス）．
(13) 〈http://www.epa.gov/airmarket/emissions/raw/index.html〉（2006年9月4日アクセス）．
(14) 例えばEPA (1997) を参照されたい．

いる．それが事実を生み出すことで，排出許可証の市場が存在し続けられる．

　度量衡学は「物理的に」問題になるだけではない．それは政治的な問題でもある．例えば二酸化硫黄の排出量は，「質量バランス」という方法で容易に測定し得る．それは石炭か石油の消費量及びそれらに含まれる二酸化硫黄の量（標準的な工業用データに基づく）を記録した上で，補正係数（「工学研究に基づく周知の係数（Ellerman et al. 2000: 248）」）を用いて，灰の中に停留する硫黄や，煙突に取り付けられた「スクラバー（気体浄化装置）」による硫黄の除去量を評価する．だが，結果として出てきた事実は，十分に客観的であるとは言えなかった．

　米国の多くの環境保護論者は，汚染許可証の市場の分別や倫理に対し深い懸念を抱き，電力会社が上記のように算出される排出データを操作するのを恐れていた．その恐れは，提案された市場に反対する政治的な力関係に影響を与えたと思われる．不正を働き得る人間が直接関与する余地を限る高価で大規模な自動測定システムが，「排出量取引を懸念する環境保護論者を鎮めるための代償となった（Ellerman et al. 2000: 249）」．その背景には，市場の流動性を高めるという別の動機もあった．第4章で論じるが，シカゴのデリバティブ市場で長きにわたって経験を積んだ経済学者のリチャード・サンダーは，出来るだけ迅速かつ頻繁に排出量の測定を公表することが不可欠であるとEPAに説いた．さもなければ，電力会社があまりに多くの情報を保持するのを恐れ，本来であれば流動性を提供するはずの投機家達が，市場への参加を敬遠しただろう．サンダーの見解では，質量バランスに基づく計算ではなく，自動測定のおかげで市場の流動性を損なう「非対称な情報」が存在する状況は避けられた（2007年2月19日のサンダーへのインタビューに基づく）」．

指針5：アクターは配置である

　アクターの備えが重要であるという仮説や，計算が物的に分散されると見る洞察は，アクターが配置であると考える見方と表現できる．配置の概念はドゥールーズからの引用であるが（例えば，Deleuze and Guattari 2004やWise 2005を参照されたい），私はこの言葉をミシェル・カロンのように直接的な意味で用いる．カロンの市場に関する業績は，金融社会論の代表的文献となっている．

カロンのアプローチは，彼がブルーノ・ラトゥール（Callon and Latour 1981; Callon 1986; Latour 1987; 2005）の他にマドレーヌ・アクリッチ，ジョン・ロー及びヴォロロナ・ラベハリソアらと発展させた「アクターネットワーク理論」に根差している．現在，この理論はおそらく第1章で「物的社会学」と名付けた分野の中で唯一の極めて著名な理論形態である．その最も顕著な特徴は，行為者やアクターの本質に関する不可知論であり，それには人間と同様に非人間的実体も潜在的に含まれる（一般的な読者を想定して，本書のサブタイトルは「アクター（actor）」ではなく「行為者（agent）」という言葉を用いているが，両者を体系的に区別しようとしているわけではない）．

　ゆえに，アクターネットワーク理論が考える「アクター」は，人間のみを表す標準的な社会学的「アクター」の用法とは全く異なる．ある意味，アクターネットワーク理論の「アクター（及び関連概念である「アクタン」）」は，特にA. J.・グレマスの記号論の用法をそのまま踏襲している[15]（Latour 2005: 53が示すように，「相違をもたらして現状を変化させる」一部の実体は「アクタン」であり，「アクター」とは異なる．後者が「何らかの形や姿として表れる特徴により説明されている」のに対し，前者はそうではない点で異なる）．物語のアクターやアクタンの全てが人間ではないのは明らかである．「アクタンの概念は…人間だけではなく動物，物体や概念にまで適用される（Greimas and Courtés 1982: 5）」．アクターネットワーク理論が伝統的記号論と異なるのは，そういった考え方を物語や他のテキストまで幅広く適用する点にある．ジョン・ローは次のように述べる．「**記号論**は…ある実体が他の実体との関係による結果としてその形状をなし，その属性を獲得すると理解する．…アクターネットワーク理論は，**物性の記号論**と理解されるだろう．それは記号論の見識を備えつつ…それを単に言語的なものに限らず全ての物質へ毅然として適用する（Law 1999: 3-4, 強調は原著）」．

　そこでカロンは，行為は「意味を生み出す再帰的特性を備えるハイブリッドな集団の中で生じる」と主張する．それは，「物的及び技術的な仕組みや文章など」と人間が組み合わさった集団である．したがって，彼の分析によれば，経済的アクターは人間個人ではなく，まして「（経済社会学が考えるような）制度や

---

(15)　例えばGreimas（1987）を参照されたい．

慣行や個人的関係や集団に埋め込まれた」人間でもない．カロンにとって，アクターは「人体だけではなく，人工器具，道具，設備，技術的仕組み，計算等から成り立つ」．換言すれば，それらの配置からなる（Callon 2005: 4-5）．

配置（*agencement*）の概念には，良く練られた言葉遊びが含まれている．配置者（*agencer*）は配置または編成を行う．*un agencement*（配置）はある意味，集団，整理，配列やレイアウトを指す．通常，フランス語でこの*un agencement*は，機械の部品などの有形物を指すことが多い．普段の口語で*les agencements*は設備や備品を指し，*bien agencé*は設備（equipment）が良く整っている様を指す（Collin, Knox, Ledésert, and Ledésert 1982）．だが，このような言葉遊びの裏には，*agence*としてのエージェンシー性も含意される（ここでフランス語の*agencement*を取り上げたのは，この言葉遊びにその英語表現に近い「assemblage（集団）」を当てはめてしまうと，その含蓄が伝わりにくいと思ったからである）．Callon and Caliskan（2005: 24-25）は述べる．「配置の行為及び行為に意味を与える能力を考慮すれば，配置は社会技術的な手配を意味する」．

アクターを社会技術的な組み合わせ（すなわち，アクターは配置である）と考えることは，アクターの志向的行為能力の点から，エージェンシーの帰属に関する問いを浮き彫りにする（ここでは，一般的な社会学的用法よりも広い意味で「エージェンシー」を用いて，社会構造を変容する志向的行為能力を意味している点に留意されたい）．通常，市場におけるエージェンシーは個々の人間に備わっていると我々は考えるが，必ずしもそうとは限らない．例えば契約法の多くは，しばしばエージェンシーの側面が，個人ではなく個人が所属する組織に帰属すると見なす．契約の締結に本質的なことは，例えば証券や金銭（少なくともその電子的記録）を引き渡す義務を引き受けることである（これは金融市場でのありふれた志向的行為である）．トレーダーは契約を約定するために口頭で話すか文章を打ち込むことになるが，その言葉の責任を負うのは，話し手でも打ち込んだ者でもなく，彼等が属する組織である．万一彼等が組織を離れても，その義務が組織から切り離されることはない．

科学技術社会論から生じたアクターネットワーク理論をめぐる一時の熾烈な論争の多くは，非人間的な実体へのエージェンシーの帰属に関わる（特にCollins and Yearley 1992を参照されたい）．少なくとも市場の観点から等しく興味深い

のは，エージェンシーとしての属性が人間を越えていかに分散するかである．例えば時として，トレーダーのエージェンシーが否定されることもある．具体的な事例を挙げれば，十分に小型で持ち運び可能なコンピューターが登場する以前，オプション理論を用いるトレーダーは，オプションの理論価値を指南したシートをいつも利用していた．シカゴとロンドンの両取引所において，これを頻繁に用いる者は同じトレーダー仲間から「シートサル（sheet monkeys）」と呼ばれた．有形の用紙やそれに体現した数学モデルの奴隷は，エージェンシーを欠く．現在これに匹敵するあだ名は「F9サル（F9 monkeys）」である．表計算ソフトを用いる際，計算を行うプログラムを指示するF9ボタンを押す「F9サル」は，出てきた数字をそのまま受け容れ，その数字に基づき行動する．

　エージェンシーの帰属は，しばしばジェンダーの問題とも関連する．シートを用いるオプショントレーダーが私に語ったのは，周りの者がそのシートを用いる事を男らしくないと見なしていたことである．同僚のトレーダーも，「『そんな理論価値が書かれた用紙を使うなんて，男らしくないよ』と言って嘲笑し，（売買を行う）ピットで威嚇してきた．彼等はシートを取り上げて床に投げ捨て，『男だろう．男らしく売買を行え．…そうじゃなきゃここに居るべきではない．それ無しで売買ができないなんて，トレーダーとは言えないな』とさえ言う（MacKenzie and Millo 2003: 124)」．私の研究者仲間であるルシア・シウは，中国の商品取引所の少なくとも2箇所において，大部分のトレーダーが女性であることを発見した．西側諸国の取引所で大多数を占める男性と同じく，彼女達は売買仲介者としての役割を果たすが，彼女達の業務に名声などなく，報酬も高くはない．彼女達は他のアクターのための道具と見なされ，売買能力を生かして主導権を握ることはほとんど認められていない．

　配置の概念には，アクターネットワーク理論の標準的な主張には見られない長所がある．行為者の華やかな一面だけに焦点を当てるのではなく，経済的アクターを構成する**配置**を描写することにより，事物だけでなく地味な人間にも目が向けられ，それが幅広い社会科学の観点から金融を捉えることにもつながる．例えば，公認会計士や彼等の専門性ならびに規制等には，これまでも注意が向けられてきた．対照的に，彼等よりも低い立場にある経理担当者が行う業務の詳細を，これまで社会科学者が研究してきただろうか．答えは否である．だが第6章でも

強調するように，企業会計の根幹をなす基本的な仕訳は，常に経理担当者の仕事である[16]．再度，ジェンダーもこれに関連する．19世紀後半から現在までに生じた会計数値を生み出す業務の分岐は，ジェンダーに基づく分岐でもあった．すなわちそれは，ほとんど男性のみが行う専門的業務と，女性が徐々に担当するようになった事務作業の区別であった（Kirkham and Loft 1993）．

　・・配置の概念のさらなる長所は，アクターの性質や特徴を固定化すべきでないと示唆する点である．アクターを何たるかたらしめる備えや，特にアクターが行う物的計算過程や分散認知の特殊性は，全てアクターの性質を決定する．金融社会論はそう考える．繰り返しになるが，これがアクターネットワーク理論の根本的に重要な点である．「アクターはネットワーク効果そのものである．それは包摂される実体の属性を帯びる（Law 1999: 5）」．

　例えば合理性を想定されたい．現代の金融経済学の中心に横たわる亀裂は，アクターが合理的であると見なすオーソドックスな見解と，ダニエル・カーネマンとエイモス・トバルスキーの実験成果が見出した，ある種体系的な心理的バイアスの影響を受けたアクターを想定する「行動ファイナンス」的見解の間に生じている（例えばKahneman and Tversky 1979）．暗黙的か明示的かの違いこそあれ，両見解はともにアクターが個人であるか，その同等であると考える．どちらも典型的に，個人が複数の人間及び技術的・概念的備えの・・配置に埋め込まれていると見る，（上述のような）いかなる体系的観点とも合致しない．

　そこで金融社会論は，合理的アクターか行動ファイナンス的観点のいずれかを支持するのではなく，アクターの本質がそれを構成する・・配置によりいかに決定されるか分析する．例えば，アクターが経済学における概念や方法を概念的備えとして修得しておくことは，経済モデルの公理に近付くという意味で，そのアクターの行動をより合理的にするだろう．金融電卓を備えた人間は，根本的にそれを持たない人間とは異なる．例えば，同僚が数年前に行動ファイナンスの内容を例示するために講義内で実験を行ったが，（金融業界で働く）学生達に金融電卓

---

(16) 経理担当者が行う業務に関して私が調べ得たわずかな社会科学的研究は，彼等の業務及びその自動化に関する民族社会学的研究か，それに類似するエスノグラフィーである．特にAnderson, Hughes, and Sharrock（1989: 123-37）を参照されたい．また，例えばSuchman（1983）やButton and Harper（1993）も参照されたい．

を持って来ないよう強要していたのを知った時には笑ってしまった．金融電卓が学生をあまりにも合理的にし過ぎていたのである！

　アクターの属性は不変ではないとの主張は，合理性の枠を越えて利己性としてステレオタイプされる経済的アクターの属性にも敷衍し得る．金融市場において，個人や組織は私的な金銭的利得のみに均一に動機付けられていると仮定することは容易である．だが重要なのは，市場の贈与経済としての側面である．例えば，LIBORの計算に情報を提供する者は報酬を得ていない．LIBORを配信する情報提供機関が，英国銀行協会にわずかな料金を支払うだけである．さらに，金融市場は多くの局面で信頼に依存しており，例えば事後的な価格変動が不利な状況を招いたとしても，トレーダーの間で口頭で交わされた契約が尊重される．ロンドン証券取引所の紋章の銘文が，*dictum meum pactum*「我が言葉は我が証文なり」と表しているのは偶然ではない．言葉による契約が実務上信頼に足るものでなければ，デジタル以前のあらゆる金融市場は頓挫したであろう．今日のデリバティブ市場でも，しばしばインフォーマルに契約が取り交わされ，数日もしくは数週間後にファックスか電子メールで正式な確認が行われる．

　おそらく，利己性は集合行為の問題との関連で考えると最も興味深い．関係者全体に純便益をもたらす行為が可能であるが，その便益が行為に関与していない者にも及び，かつ各行為関与者の個人的貢献に係るコストが彼（もしくは彼女）に個人的にもたらされる便益を上回る状況がある．そのような状況下では，利己的な合理的アクターは，必須の行為を他者に任せてただ乗り（フリーライド）する．したがって，関係者全員が合理的な利己主義者である場合には，これは起こらない．象徴的な例として，トレーダーが市場全体の便益（例えば市場の秩序や品位の評判を保持する）のために私的な利益捻出の機会を見過ごすことや[17]，トレーダー全員に富をもたらすために価格決定に関する暗黙的協定を守ることもある．

　贈与や信頼及び集合行為は，確かに地位や文化の問題でもある．全ての社会科学者が周知の通り，贈与は裁量的な利他主義と見なすべきではない．英国銀行協会からLIBOR算出パネルへの参加を招待されることは，関連市場でその銀行の地位を高める．ロンドンの伝統である「紳士資本主義（Thompson 1997）」は，本

---

(17)　例えばAbolafia（1996）を参照されたい．

第2章　金融社会論への10の指針

当にdictum meum pactumを実現するのに役立っている．口頭の約束を破るのは，紳士ではないことを意味する．それでも，身体の置かれた環境や技術が問題になることもある．集合行為の実験結果によると，相互に顔を合わせた相互行為では集合行為が維持されやすく，「オープン・アウトクライ」の売買ピットはまさにその状況をもたらした[18]．電話や電子上で売買が行われる場合，ただ乗りや私的利得を意図した他のトレーダーが，暗黙的に「共有」された合意から逸脱するのを発見するのは難しい．そのような状況下では，トレーダー同士が顔を合わせた相互行為と同じように，効果的に非難の意を伝えることは難しいのかもしれない．

　ただ乗りさせずに集合行為に貢献するようアクターをいかに誘導し得るかという問題は，環境問題に関して特に差し迫っており，その多くが集合行為をめぐる世代間にわたる問題となっている．上述の通り，二酸化硫黄の度量衡学が足掛かりとなって，米国における新たな市場の基礎となった．欧州では，それは貢献とただ乗りの両方を可視化し，国際的な集合行為を促進する社会技術的システムの一部になった．関連する主要な研究は，それを「奉加帳外交」と呼ぶ[19]（ここでの「奉加帳（tote-board）」は，慈善事業への募金活動に対する貢献水準を公示するものに由来する．類似する「利他主義の技術」の役割は，『Téléthon』テレビの募金活動の文脈でCallon and Law 2005で論じられている）．ただ乗りする「欧州の卑劣者」であるとの不評を買ってしまった1980年代から90年代の英国は，この点に関する失敗が明らかになったことに起因しており，当時の保守党政権も痛手を負っていた[20]．

　特定の行為に関するアクターの利害が自明でないことも多く，意思決定を下す者が，経済学者や費用便益分析の専門家により行われる計算の影響をある程度受

---

(18)　例えば，Ledyard (1995: 121), Baker (1984a; 1984b), Pirrong (1996) 及びMacKenzie and Millo (2003) を参照されたい．
(19)　Levy (1993) を参照されたい．残念ながら，「奉加帳」によるやり取りが実際にどの程度行動を変化させたのかは不明である．そのため，主要な議定書は「単に大部分の集団がとにかくやろうと計画していたことを明文化しただけ (Barrett 2003: 10)」かもしれない．
(20)　実際には失敗だけが明らかになってしまった側面もある．英国は硫黄の排出量の30％削減を要する1985年のヘルシンキ議定書の導入を拒否したが，実際の英国の排出量は，その要請額を既に下回っていた (Barrett 2003: 9)．その削減の大部分は，発電を天然ガスへシフトしたことによる副産物であったが，Levy (1993: 124) は政治的な圧力も関係していた点を示唆している．

けてしまうことも重要である（繰り返すが，アクター自身が合理的であるために経済学者の力を必要とすることもある！）．例えば，オゾン破壊物質を除去する国際的合意であるモントリオール議定書は，環境保護庁の費用便益分析により進展した．米国にとって係る問題は集合行為問題では・な・いと判断した環境保護庁の費用便益分析が，最終的に受け入れられたのである．というのも，その費用便益分析の結果は，他の国々が全く何も抑制しなくても，オゾン破壊物を除去するコストは便益を下回ると示していた（Barrett 2003: 227-30）．大統領経済諮問委員会による同様の費用便益分析は，ワシントンでの議論にも大きな影響を与えた．それは原案に反対する者を打ち負かし，主要な役人達を説得するのに役に立った（Benedick 1991）．

　対照的に，地球温暖化を抑制する国際的行為については，同様の権威ある計算が存在しないため，多少動きが妨げられている．ニコラス・スターン卿が率いた英国大蔵省による調査は，そのような計算の提供を意図していた．その調査報告書（Stern 2007）は，排出量を削減することによる便益は，そのための地球規模のコストを上回ると結論付けた．しかしながら，その調査の方法論（特にその計算のための極めて重要な数字である，将来の費用便益の現在価値算定に用いる「割引率」の選択方法）が議論を呼ぶことになり，合意が得られる気配がない．

　もちろん，単に費用便益分析の結果に基づき政治的な（もしくは実際は管理上の）決定が下されると想定するのは，世間を知らなさ過ぎというものである．大事なのは，アクターの利害が行為を決定するとしたら（マルクス主義から合理的選択理論にわたって，社会科学的な視点から共有される命題である），その利害の物的な計算に注意を向けることである．金融市場で私が会った人々は皆お金を稼ぎたいと望んでいたが，そのような私心が広く行き渡っていると論じるだけでは，金融市場の研究は進展しないだろう．分析が必要なのは，市場や有形の概念的ツール及びアクター間の関係構造（Burt 2005）等に関する信念が，利害の計算にいかなる影響を及ぼすかである．利害は与えられるのではなく，・配・置の中で計算されているのである．

指針6：分類や規則への準拠は有限主義的過程である

　上記の議論が示すように，アクターネットワーク理論は科学社会論に重要な示唆を与えてきた．だが，それが科学社会論の領域における唯一の知的蓄積であると限定するのは誤りである．科学技術社会論（及びその関連領域）には，有限主義という多くの示唆に富むもう一つの伝統的知見がある[21]．

　本書の観点上，有限主義は実例や個別的事柄を表す用語の適用に関する理論として最も適合する．「A」という用語が，日常語である「歩く」や「赤」，数学用語である「収束」や「多面体」（Lakatos 1976），また第6章で論じる会計用語の「減価償却」や「資産」もしくは「ファイナンス・リース」に該当し得ると想定されたい．

　各実例への用語の適用に関する一つの見方として，用語が固定化した意味を持つというものがある．個人的であれ集団的であれ，特定の用語の意味が一度決定されれば，無限に広がる項目，過程，活動，状態やその他個別的事柄がAとA以外の実例に区別される．つまり，赤色のものと赤色でないもの，歩くことと走るといった歩くこと以外の活動，多面体と多面体ではない物体，固定資産の購入と固定資産の購入ではない取引，「ファイナンス・リース」とオペレーティング・リースのような「ファイナンス・リース」以外の形態などに区別される[22]．意味に関するこの観点は，時に「外延的意味論」と呼ばれる．それに従えば，「真実である事物の集合（Barnes 1982: 31）」としての用語の「外延」は，用語の用法以前に固定化されている．新たに発見された個別的事柄がAの実例であるかそうでないかの決定は時に困難であるが，外延的意味論が正しければ，その決定の難しさは経験的問題でしかない．

---

(21)　ガーフィンケル（特にGarfinkel 1967）が進展させたエスノメソドロジーも有限主義の源流の一つであり，ラトゥール（2005: 54）もアクターネットワーク理論のことを「半分はガーフィンケル，半分はグレマスによる」と述べている．少なくともガーフィンケルの有限主義に関して，このラトゥールの配分は誤っていると思われる．それがアクターネットワーク理論に大きな影響を及ぼしたとは考えにくい．

(22)　リースは実質的に資産を購入するために資金を借り入れる手段となり得る．規制する側はそのようなリース（ファイナンス・リース）は企業の貸借対照表に計上し，企業の借入限度額や総資産利益率（ROA）の算定に含まれるべきであると対処してきた．IAS（国際会計基準）第17号「リース（IASB 2005: 887-914）」を参照されたい．

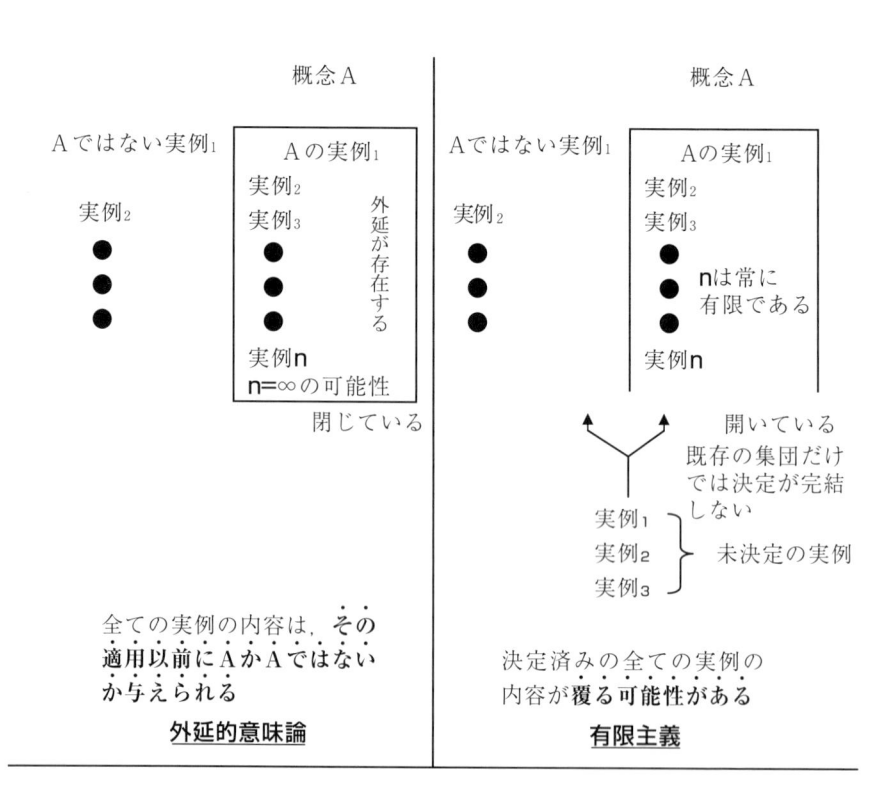

図2.1 外延的意味論と有限主義

出典：Barry Barnes, *T. S. Kuhn and Social Science*, 1982, The Macmillan Press Limitedからの再掲（Palgrave Macmillanより再掲の許可有り）

　対照的に，有限主義はこれまで現れた全ての項目や活動が，AとA以外に前もって区別し得たはずだとの考えを否定する．個人の集合もしくは文化全体として我々がこれまで有しているのは全て，「A」の各個別的事柄への適用の有限集合である．新たな個別的事柄が現れた場合，その属性を経験的に決定するのは一段と難しい．我々は新たな個別的事柄の分類の根拠として，それが過去にAと分類した個別的事柄と十分に酷似しているか決定する必要がある．直接観察可能な2つの実体や活動は，決して同一ではない．両者の間には類似点と同様，顕著な相違点が常に存在する．「あらゆる状況は細部においてそれぞれ異なる（Hesse 1974: 12）」．

　科学社会学者のバリー・バーンズは，外延的意味論と有限主義を上記の図2.1

第 2 章　金融社会論への 10 の指針

(再掲) として端的に要約する．有限主義の注目すべき所は，意味は社会的慣行であるという主張に縛られない点である (Barnes, Bloor, and Henry 1996)．その (意味は社会的慣行であるという) 主張にまさに合致するのが外張的意味論の見方であり，一度「A」の意味が選択されてしまうと，それが正しく適用される実例は不変である．それとは逆に，有限主義的な観点によれば，各実例への用語の適用はどうしても判断に依存する．過去にAと分類された個別的事柄と類似する程度がいつも決まって議論されるばかりでなく，常に過去の実例が覆される可能性がある．過去の「A」の適用の一部が誤っていたと我々は判断するかもしれない．

　規則に準拠することはどういうことかを解明しようとする場合，有限主義が特に重要になる．これはWittgenstein (1967) に見られる古典的議論である．金融市場も規則に支配されているため，金融市場を理解するのに，規則への準拠は重要な検討事項である．Vogel (1996) が示唆するように，我々は現代を市場の「規制緩和」の時代と位置付けているけれども，実は規則は急増している．明らかに逆説的だが，「より自由な市場」の創造には，「より多くの規則」が必要である．特に第 6 章の題材である会計は，非常に多くの規則に左右される活動の一つである．

　有限主義によれば，「どのような局面でも，規則自体がその適用を固定化することはない (Barnes 1995: 202)」．例えば，六番目の戒律である「汝，殺すなかれ」を考慮されたい．筋の通ったまっとうな禁止のようであるが，敵兵や (「二次的な被害」で) 犠牲になる民間人，激しい痛みにあり死を望む終末期の病にある人々，胎児，(実験対象となる) 動物，(食用となる) 動物等への戒律の適用を考慮されたい．上記の戒律が各々に意味するのは，それぞれに与えられている天分が著しく異なっていることである．

　殺人の例は規則有限主義を例証するには単純過ぎるかもしれないので，やや具体的な事例としてチェスを想定されたい．チェスは殺人のようにそれほどモラルが重要にならない「ミクロな世界」である．それは限られた仮定の世界であり，曖昧さが入念に省かれている[23](例えば，チェスの自動化は相対的に容易である)．ここで，まさに外延的意味論を適用する規則を見出し得る．以下の図2.2に

---

(23)　ミクロな世界については，例えばCollins (1990) を参照されたい．

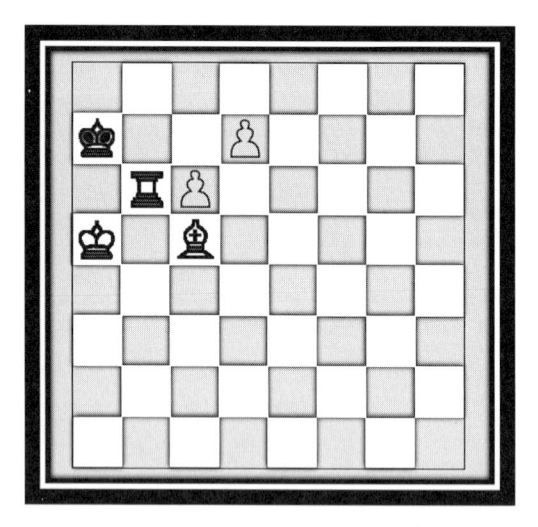

図2.2　白が一手でチェックメイト^(訳注4)

出典：Richard Haddrellによるパズルを参照にした．

示されたパズルを考慮されたい．白が一手でチェックメイトするとしよう．解答として，白が彼（もしくは彼女）の最も前に進んだポーンを8ランクまで進めて，盤上で白のビショップから黒のキングまでの対角線をブロックしているルークを持ってきて取り替える．それにより黒のキングはチェックにさらされ，ルークが8ランクを抑えているため，どこのマス目にも移動できずチェックメイトになる．

　いかなるチェスプレイヤーも，この「解答」は正当な駒の動きではなく，チェスのルールに明らかに反すると答えるだろう．しかし，2005年5月に出された**チェスの法則**に表示された，次のポーンのプロモーションルールを考慮されたい．「ポーンが当初の位置から最も先のランクに到達した際，それは同色のクイーン，ルーク，ビショップまたはナイトのいずれかと同じ動きをする駒と交換しなければならない（FIDE 2005a: rule 3.7.e）」．この解答は，原則としてポーンをルークと「交換する」とはどういうことかを合理的に解釈すれば，確かに正当化し得る．当然，ポーンのプロモーションの規則が何を意味するかを定めるための解釈に関する規則が加えられるのではないかと考える者もいるだろうが，有限主義が正しければ，それは単純回帰に陥る．なぜなら，解釈の規則それ自体が解釈の必要な

用語を含むからである⁽²⁴⁾（特に米国の会計規制のように，金融市場を司る膨大な量の規則がまさにこの回帰の状態に陥っていると言える）．

　金融市場を分析する手立てとしての有限主義の顕著な優位性は，分類や規則へ準拠するための原則の柔軟性（金融業界で働く大多数が既に良く知っている）を浮き彫りにするというよりは，原則の柔軟性自体に注目し，実務上それを制限している要素に目を向けさせることにある．科学哲学者であり社会学者でもあるデビッド・ブルアは，私が既に第1章でも部分的に引用した一節で，以下のように述べている．

> 意味有限主義によれば，我々は場面が移り変わる度に意味を生成する．我々は自身の概念や規則を何にでもいかように適用し**得る**．…「論理」や「意味」がそれを妨げるわけではない．…その妨げの根源にあるのは，直観であり，生物学的本質であり，感覚経験であり，他者との相互作用であり，直近の目的であり，教練であり，制裁に対する予測や対応等々であり，心理学から社会学に関わる要因全般である（Bloor 1997: 19-20, 強調は原著）．

　例えば（外壁，武器，拘置，書法など）あらゆるテクノロジーが，社会秩序の形成に貢献するという見方に慣れ親しんでいるアクターネットワーク理論家は，ブルアの上記リストに「事物」や「テクノロジー」を追加することを望むだろう．私もそれは正しいと思う．先ほどのチェスのパズルを考慮されたい．チェスの競技大会で同じ状況が生じ，競技者が直観を押し殺して上記の「解答」に近い動きをすれば，実際にその成功を妨げるのは「他者との相互行為」だけだろう．対戦相手や競技大会主催者がそれを認めないだろう．だが，コンピューター上でチェスをしている場合には，技術的な制限が伴う．少なくとも，誰かがチェスのプログラムのソースコードにアクセスし，コードを書き換える能力を持たなければ，

---

(24) 2005年の夏，明らかにここで議論された解釈を遮断するため，ポーンのプロモーションの規則が変更された．「新たな」という言葉が付け加えられ，現在は「新たなクイーン，ルーク…と交換する（FIDE 2005b: rule3.7.e, (強調は追加)）」となっている．しかしながら，パズルの解答は場合によってはまだ正当化され得る．古い木製のチェス一式で対戦していたが，一部を紛失してしまって，盤上の白のルークが現代のプラスチック製のものに取り替えられたと想像されたい．それは「新たなルーク」ではないだろうか．

その動きはコンピューターへ入力し得ない．第6章で見るように，会計にも同じことが当てはまる．他者からのみならず，機械からも制限される．

指針7：経済学は何かを行う

　市場を研究する広範な社会科学の中でも，例えば経済社会学者などは，しばしば自身を経済学者の競争相手であると見なす．金融社会論がそうである理由はない．例えば，あらゆる体系的な学問（行動ファイナンスを含む）と比較しても成功を収めている現代の金融経済学は，市場の分析により名声を得ているが，金融社会論はその名声に異議を唱えるべきではないと思われる．

　この様な姿勢は，科学社会論をバックグラウンドとする者にとっては自然である．物理に関する哲学者も歴史家も社会学者も皆，自身を物理学の競争相手であるとは思っていない（自然科学により生み出される知識を競争にさらせないともさらすべきではないとも言っているわけではない．科学に従事することは，知識を競争にさらすことであり，その社会学的な分析とは異なる）．しかし，そのような姿勢が単に支配的な研究分野を従順に受容するようになってはならない．市場の物的社会学は，経済学と対話しつつも，必要があれば何らかの提言をなすべきであろう．

　金融経済学に関連する将来有望な問いは，その研究成果が単に記述的もしくは分析的なだけでなく，部分的に「遂行的」な成果になると見る仮説の探究である．「遂行的」という言葉は，哲学者のJ. L.・オースティンにより生み出され，基本的に何かを行う発話（誰かが謝罪の言葉を述べれば，それは「詫びる」ことになる）と，「雨が降っている」という状況報告の発話を区別する時に用いる（Austin 1962を参照されたい）．例えば，経済モデルは時としてモデルとは完全に独立した実体として市場を単に表現するのではなく，市場参加者によりツールとして用いられる．場合によっては，そのツールの幅広い利用が市場を大規模に変える（MacKenzie 2006）．したがって，「遂行性」の概念を経済学に適用すれば（既にCallon 1998により行われ，影響を及ぼしている），金融経済学が世界を新しい方向へ発展させて成功していると見る仮説が提示される．金融経済学は，規制構造や価格決定のソフトウェア及び売買戦略等に組み込まれることで，それが合理的に望ましい実証的説明を提供する状況を創り出している．

経済学が遂行的であると提示することと，経済学的思考が人々に影響を及ぼすということは，全く同じではない点に留意されたい．経済学の学位を取得する者や経済学の影響を受けたMBA達は，しばしばそうでない人々と異なる考えを持つという意味において，経済学は人々に影響を及ぼす．だが，上記で強調したように，価格決定やリスク管理システムに体現された経済モデルは，システムの利用者がモデルを信じず理解せずとも，もしくはその存在を知らなくても効果を持ち得る．経済学は単に思考としてではなく，手続きや有形の人工物に体現される．

私は別の所で金融経済学の遂行性についてある程度論じているので[25]，本書では指針である「経済学は何かを行う」別の例を提示する．排出許可証の市場を確立する際に，経済学及び経済学者が果たした役割である．これは非常に明快な指針の実例である．金融経済学により分析される多くの市場とは異なり，排出量市場はそれまで存在しなかったからである．それは経済学者により発明された．経済学自体が何かを行うことを立証する立場からは魅力的な事例とは言えないかもしれないが，この市場は現在も環境政策ならびに政治の中枢を占めており，その出現は注目に値する．

指針8：イノベーションは直線的ではない

排出量市場の誕生に経済学者が果たした役割の中でも興味深いのは，その発明が技術的イノベーションの「直線的」観点から描写されるような単純なものではなかったことである．さらに，「経済学の遂行性」をその直線的観点から捉えた場合（この概念に対する批判者の一部がそうであるように），誤解を生むことも興味深い[26]．問題を単純化して言おう．直線的観点のもとでは，科学者が自然界の特徴を発見するのが第一歩となる．次に，その発見の実践性を技術者が推測した上で発明につなげる．その発明が後に普及することにより，社会や経済にも影響を与える．

イノベーションに関するこのような直線的観点のあらゆる側面は，数十年も批

---

(25) MacKenzie（2006）及びMacKenzie, Muniesa, and Siu（2007）を参照されたい．
(26) ゆえに，Mirowski and Nik-Khah（2007）は，Nik-Khahによる米国連邦通信委員会の周波数オークションにおける経済学者の役割に関する入念な事例研究を，経済学の遂行性のアイデアに対する否定として用いているが，私はそれは遂行性の直線的観点に対峙する（強い）反証であると考える．

判にさらされてきた（その欠点の多くに関する今でも有効な説明はBarnes and Edge (1982) に見られる）．この観点が単純かつありのままの形で，実際にどれほど広く信じられてきたかは謎である（Edgerton 2004）[27]．科学的「発見」の概念に関して，以前からそこにあるものに出くわすという意味で解釈する欠点には既に触れた．技術的イノベーションも，単に科学的発見の結果から導かれたものではない．技術者が科学に依拠する場合もあれば，そうでない場合もある．彼等は科学に依拠する場合，単にその含意を演繹するのではなく，むしろ独創的にそれを手段として用いる．多くのイノベーションは，その普及とともに生じる．Fleck (1994) はこれを「イノフュージョン」と呼んだ．技術の利用者は，しばしばイノベーションの重要な源になる（Oudshoorn and Pinch 2003）．技術は「状況」に適合するよう形作られ（MacKenzie and Wajcman 1999），「状況」も単純にそれら技術の採用に応じて変化するというよりは，技術に適合するよう頻繁かつ入念に再構築される（MacKenzie 1990）．

　Callon (2007) が提示するように，経済学の遂行性に関する直線的観点も，技術的イノベーションと同様に妥当とは言えない．新たな金融商品や売買メカニズムも実際にイノベーションと見なし得る（第4章を参照されたい）が，その多くはしばしば経済学にかなり依拠している．しかし，経済学だけがその背後にあるのではない．経済的イノベーションの過程の帰結は，それ以外にも多くの要素から影響を受ける．金融イノベーションは，法律構造や政治過程及び広範な文化的相違（第4章で論じる文化地理学など）といった要素により決定付けられる．事実，排出許可証の市場も経済学者の発明であると言えるが，第7章で論じるように，その姿は発明者の意図に大きく左右される．

指針9：市場のデザインは政治的問題である

　上記の直線的観点の根拠が乏しいことの帰結は重要である．技術や市場が発展す

---

(27) 直線的モデルは単なる「仮想の敵」であるというエジャートンの主張に対する反論については，Hounshell (2004) を参照されたい．ポール・フォアマンは，特に技術史の領域における直線的観点への批判を痛烈に攻撃し，例えばそれら批判（その著者も含む）が，「科学に対する敵意」を抱き，罪を犯していると提示する (2007: 62)．しかし，彼自身は直線的観点が正しいとの証拠を示しておらず，事実そうであると信じ難いところもある．

る過程が直線的モデル通りであるとすれば，技術に関する政治（もしくは市場に関する政治）は，選択肢として単純だが魅力的とは言えない．その場合，「イノベーションを無差別に受け入れる」か「従順に黙認する」か「イノベーションに抵抗する」ことになる．しかし，イノベーションの直線的観点が誤っているとすれば，イノベーションの過程や帰結を積極的に変えようとする，明敏かつ巧妙な技術をめぐる政治が生じ得る．これと同じことが，市場の政治にもまさに当てはまる．

　本書が金融市場だけでなく，炭素排出枠の新たな市場まで分析対象とした主たる理由は，市場のデザインが政治的問題になる過程を率直に例示したかったからである．市場の細部のデザインは極めて重要な影響を及ぼし，政治的にも議論を呼んでいる（温暖化の問題の重大さには全く匹敵しないが）．だが，炭素市場は単なる一つの例に過ぎない．市場のデザイン（例えば，市場を統制するフォーマルかつインフォーマルな規則）が政治的問題であることは，他の市場にも当てはまる．（「専門用語」としてしばしば部外者にはほとんど理解されないような）明らかに些細な事柄でも，大きな影響を及ぼし得る．例えば，その些細な事柄は一部のアクターや戦略に有利に働き，それ以外のアクターや戦略には不利になることがある（私が好む例は，第5章で挙げる米国の「アップティック・ルール」であり，集団に「賛成」するよりも「反対」票を投じるのを困難にする規則を意味する政治用語である）．「左翼」であれ「右翼」であれ，効果的な市場の政治に携わるには，どうしても「専門用語」に取り組む必要があり，単に市場の全体的価値や欠点に訴えかけるだけでは十分ではない．

指針10：尺度は安定しない

　上記のような市場の政治を妨げる偏見は，現象を小さく「ミクロな」現象（その細部や専門用語や個人間の相互作用など）と大きく「マクロな」現象（グローバリゼーション，ネオリベラル主義，資本主義，国家間の国際システムなど）に二分し，後者のみが政治的であると見なすことである．

　市場の物的社会学は，尺度が固定されているという次の前提には懐疑的である．すなわち，「ミクロな」現象が小規模のままであり，「マクロな」現象も大規模であり続けると見なす前提である．科学技術の分野では，実験や機械の成功と失敗を区

別する「細部」や「専門用語」がしばしば問題になる．科学技術研究の中核をなすのは，成功した手続きや機械の「ブラックボックスを開け」，通常その中に隠れた内実を分析することである（工学の専門用語では，「ブラックボックス」は不透明もしくは重要であると見なされない内部構造の仕組みを指し，与えられた入力を予測された適切な出力に変換するものと単純に見なされる）．中身が「作用する」限り，ブラックボックスは貴重な動力源となる．実際，アクターネットワークの観点によると，ブラックボックスこそが動力源である．カロンとラトゥールによる英語版のアクターネットワーク理論に関する当初の説明では，「マクロアクター」は「ブラックボックス内に位置するミクロアクター」である（1981: 299）．

尺度が変化する最も顕著な例は，「ミクロな」問題（少数の人間同士の社会関係のパターンや「専門用語」等）が大規模になる場合である．第1の印象的な例として，第5章で論じる裁定取引業者による「模倣的」売買がある．多くが互いに既知であった裁定取引業者同士の模倣的売買が，ヘッジファンドのLong-Term Capital Managementを倒産へと導き，グローバルな金融市場の大部分を麻痺させた（MacKenzie 2003）．ここでは第2の事例も提示する．それは証券価格の計算方法という実に些細な専門的事項から生じた．

1997年まで，米国の株価は8分の1ドル建てで表示された．そのため，ある株は$45⅜（45.375）と値が付けられたが，例えば$45.37や$45.38もしくは$45.40とすることは認められていなかった．2人の金融経済学者による研究William Christie and Paul Schultz（1994）は，ナスダック（National Association of Securities Dealers Automated Quotations：NASDAQ）市場におけるブローカーとディーラーの取引は，8の分数の奇数分子（⅛，⅜，⅝又は⅞）による価格提示[訳注5]がほとんど行われていなかった点を発見した．その後の4,500時間にも及ぶブローカーとディーラーの通話を録音した司法省と証券取引委員会の調査による，ブローカーとディーラーの8の分数の奇数末尾による気配に関する以下のやり取りを参照すれば，それは統計上の歪みではなく，市場の規範であることがわかる．

Trader1：君のところで，CMCAF（Comcast UK Cable Partners Ltd.）をひそかに取引しているのは誰だ？
Trader2：・・・サミーだけど．

第 2 章　金融社会論への 10 の指針

Trader1：サミーって誰だ？
Trader2：たぶん海外部門の・・・．
Trader1：何だと？
Trader2：海外部門は，その価格でこの取引をしないとは知らなかったんだ．
Trader1：もう奴は 8 分の 1 価格で取引しているぞ．参ったな．
Trader2：海外部門の恥だな・・・．
Trader1：奴は 8 分の 1 価格で取引している．君の会社の恥だぞ．
Trader2：分かっているよ．
Trader1：あのな，俺なら奴を怒鳴りつけて（卑語省略）馬鹿なことを止めさせるがね．

(Department of Justice 1996: 25-6)

　多くの市場では，価格が端数の出ない数字になるのが一般的である．さらに，人間の脳の限られた処理能力に関連して，8 の分数の奇数分子を避けることを裏付ける率直な説明が存在した．端数の出ない数字（この場合，ゼロか 25 セント，50 セントもしくは 75 セント）は人間に顕著に認知され（Yule 1927），より大きな単位（8 の分数ではなく 4 の分数）を用いる市場の規範は過誤のリスクを減らし，交渉を短縮し得る[28]（Harris 1991）．しかし Christie and Schultz は，ディーラーが株式の買い「呼値」の最も高いものと最小の売り「呼値」の間のスプレッド（差額）を，最低でも（12.5 ではなく）25 セント維持するための暗黙の共謀があったのではないかと疑った[29]．ナスダックのブローカーやディーラーが周囲のスクリーン上の価格を精査すれば，「8 の分数の奇数分子以外」というインフォーマルなルールとしての暗黙的合意からの逸脱は即座に表面化する（NASDAQ は対面の市場ではない点に鑑みれば，集合行為に関する上記の議論の観点から，この規範は興味深い．8 の分数の偶数分子を気配として用いるブローカー及びディーラーが，自身の競争相手よりも 8 分の 1 だけ望ましい売買気配を提示して市場のシェアを

---

(28)　それ以外に考えられる率直な説明として，Ingebretsen（2002: 136-7）を参照されたい．
(29)　問題は「内部スプレッド（市場全体におけるブローカーとディーラーの間の買い最良気配と売り最良気配の価格差）」であり，あらゆる個人のディーラーによる気配の差額ではない（Department of Justice 1996: 9-10）．

獲得することを控えるという，集合行為の一面が垣間見える）．

　問題は文字通り「（尺）度を越えた」． 1株当たりたった12.5セントであっても，何十億もの株式の売買を通じて集約されると巨額に上る．その刻み値を悪用した証券会社を相手取ったナスダックの投資家らによる集団訴訟が，9億1,000万ドルの損害賠償請求をもたらし，「歴史上，最大規模の民事反トラスト法による和解（Ingebretsen 2002: 153）」と報じられた．その影響も広範に及んだ．その事件は，（ニューヨーク証券取引所に次いで）世界第2位の地位を誇ると考えられたNASDAQを揺るがした．証券取引委員会（SEC）は，8の分数の奇数分子をめぐる事案に対して，市場へのアクセス及び注文受付の規則を変更すると主張して対処した．その効果として，ブローカーの仲介なく売買注文をコンピューターで直接マッチングし，迅速かつ低コストで株式を売買する機会が生まれた．これは，1990年代後半に米国で拡大した一般庶民の「デイトレード」を可能にし，それがドットコム・ブームの要因となった．株価の計算方法に関する明らかに専門的な手続きが，米国における技術的基盤や一般的な株式売買に関する文化的経済を変容した．尺度は実は不変ではなかった．

訳注
（1）　商品取引所の売買方式であり，トレーダーが売買の提示を大声で叫ぶところからこのように言われる．公開セリ売買方式とも呼ばれる．
（2）　証券取引所の取引を継続的に報告するシステムで，ティッカー・テープとも呼ばれる．以前，紙テープに穴を開ける装置を利用して情報を印字していたが，その装置がテープをかみ込む時にカチカチという音（ticking sound）を立てることからその名前が付けられた．
（3）　相場動向を予想する目的でチャートを研究すること，またはその学問を指す．
（4）　まずチェスに関するルールを概説する．一番左の列（下から1〜8ランクまである）に1マスはさんで並ぶのがキングであり，黒のキングが上に，白のキングが下にある．将棋と同様にキングが取られてしまうと負け（その逆は勝ち）になる．チェックは将棋でいう王手であり，チェックメイトはいわゆる将棋でいう「詰み」の状態を指す．次に駒の動きを説明する．キングは縦横斜めに1マス移動可能．図2.2の白黒のキングのすぐ右の列に並ぶのは白のルークであり，将棋の飛車と同様に縦横何マスでも移動できる．ルークの右隣りにあるのは白のポーンであり，将棋の歩兵と同じく基本的に前方に1マスのみの移動が可能で，相手の駒を取る時だけ左右斜め前に移動できる．ポーンにはプロモーションのルールがあり，8ランクまで進むと，他の駒と取り替えることができるとされている．白のポーンは黒のキングの右側に2マスはさんでもう一つある．ポーンのすぐ下には白のビショップがあり，将棋の角と同じく斜めに何マスでも移動することができる．
（5）　提示される価格は呼値や気配と呼ばれる．

第3章　経済的アクターの結集

(イエイン・ハーディーとの共著)

　2005年1月5日水曜日，ハーディーとマッケンジーはロンドンにおいてヘッジファンドの売買をそばから観察している．伝統的な投資手段では微々たるリターンしか得られない中で，ヘッジファンドの数と資金は急速に増加してきた．ヘッジファンドは特定の地域に集まる傾向があり，特にそれが顕著なのは，ニューヨーク（一部はマンハッタン中心部に点在するが，残りの多くはコネチカット州グリニッジといった北部郊外に集まる）と我々が居るロンドン市内ウェストエンドのメイフェアかセントジェームス内及びその周辺である．

　我々が観察している部屋は豪華でも広くもない．数百から数十億ドルを動かすヘッジファンドの割には小規模な組織であり，観察したファンドでは5人しか働いていない．その部屋は通りに面しておらず，キーボードを叩く音とファンドが抱える高性能なコンピューターサーバーの冷却用ファンの音だけがよく聞こえる．けれども，この静かな一室に世界情勢が絶えず伝えられている．

　正午現在，アジア大津波の被害者を追悼する欧州での3分間の黙祷が見られた．その間も他の市場参加者（大半が主要な投資銀行である）から電子メールが引っ切り無しに届く．メールの内容は，価格チャートやその他報道及び市場の分析や売買確認などに関するものである．各画面には，そのファンドが注視する市場における価格動向を示す数字が映し出されている．新興国債券の他に，債券発行者がデフォルトに陥った場合に保証を提供する「クレジット・デフォルト・スワップ」や為替に関する情報である．画面をスクロールする「相場表示機（ticker）」は，新興国債券の主要取引を列挙している．電話でも会話が交わされるが，その大部分は短時間で終わる．大抵の通話はファンドの中心的トレーダーが気配を求めるものであり，電話回線を通じて提示された数字が魅力的ならば，ほんの二言三言で500万ドル相当の売買が即座に約定する．場合によっては，特定新興国に対する見解を尋ねられて回答する投資銀行員の話を聞くために，スピーカーホンに切り替えられることもある．

会話やコンピューター画面で注目される事柄はそれぞれ大きく異なる．例えば，ロンドン時間で前の晩に公表された追加的金利上昇をもたらすと見なされる米国連邦公開市場委員会の議事録，その議事録公表後の世界的な下落傾向を物ともしないフィリピン国債の価格，間もなく発表される米国の非農業雇用統計，メキシコペソや南アフリカランドの為替相場，エクアドルの政情，トルコ債券市場における価格提示慣行など多くがそれに含まれる．

第2章で論じたように，経済的アクターは配置そのものである．それは人間，有形物，技術システムや手続き等に体現したモノの特別な手配である．我々が観察しているのは，たった5人の集団とありふれた技術（サーバー，キーボード，スクリーンとそのネットワーク接続）に加えて，一部の特別な計算，各種手続き及び知識体系からなる地味な配置であるが，その配置は間違いなく世界を股に掛ける．その配置は，アフリカ，アジア，ヨーロッパ，北米および南米で発行された債券・通貨・デリバティブを売買する．それが広がる世界も無限に複雑であり，コンピューター・ネットワークを通じて届けられる些細な情報の数も実に限りがない．このファンドが経済的アクターであるためには，5人全員が物理的・概念的備えを駆使して，複雑な状況を把握可能な程度に単純化し，適切に行動する必要がある．この一連の作業がいかに行なわれるのかが，本章の主題である．

ヘッジファンドの研究

上述のように，ヘッジファンドはグローバルな金融市場で地位を高めているにもかかわらず，金融経済学を除く社会科学からはほとんど視線が注がれてこなかった[1]．「ヘッジファンド」とそれ以外の市場関係者を区別する起源は，1929年に米国ウォール街を襲った市場の暴落とその後の大恐慌に端を発した一連の証

---

(1) 事実，本章及び拙稿（Hardie and MacKenzie 2007）が依拠する内容は，私の知る限りヘッジファンド業務の（短期間だが）直接的観察を含む最初の研究である（それ以前のヘッジファンドの社会学的（回想的）研究は，MacKenzie (2003) を参照されたい）．その一方，我々の分析に特に関係する金融市場のアクター及びその行為に関する別の社会学的・人類学的観察研究が複数存在する．特にKnorr Cetina and Bruegger (2002a) 及びBeunza and Stark (2004) を参照されたい．後者は第5章で引用されている．また，例えばHeath, Jirotka, Luff, and Hindmarsh (1993) やAbolafia (1996) 及びZaloom (2003; 2006) も参照されたい．

券規制強化に代表される法規制にまで遡る．1940年投資会社法は，わずかな例外を除き，投資会社による空売り（所有していない証券を売却することであり，例えば返却するまでの値下がりを見込んで，証券を借りて行われる）やレバレッジの利用（借入金を用いて証券を購入すること）を違法とした．その結果，そういった手段の行使を目論んでいた米国のあらゆる経済的アクターは，投資会社法が規定する「投資会社」とは別の組織として生まれ変わる必要があった[2]．

空売り及びレバレッジの規制は国ごとに異なり，概して過去数十年で緩和されてきた．それでも「ヘッジファンド」は，この種の拘束が最低限になるよう組織される経済的アクターと見なされる．法的要件も国際的に異なるが，英国や米国及びその他大部分の国では，「適格投資家（豊富な資金を持ち，かつ（又は）専門知識を兼ね備えた個人の集団）」としてのみヘッジファンドが容認され，それに一般市民が直接投資することは禁じられている．通常，ヘッジファンドは広告を出すことも認められていない（これは「不招請勧誘」要件として知られる）．さらに場合によっては，認可対象の投資家の数も限られる．例えば，1940年投資会社法の第3条では，認可対象の投資家の数は100以下に限られている．

初めて誕生したヘッジファンドと一般的に見なされているのは，1940年に設立されたA. W. Jones and Co.である（ジョーンズは，コロンビア大学で社会学の博士号を取得したが，彼の学術的業績とヘッジファンドは無関係なようである）．ジョーンズが収めた際立った成果は，フォーチュン誌の論説でも公になり（Loomis 1966），有名なジョージ・ソロスが率いたクォンタムファンドが後にそうであったように，ジョーンズを模倣する者も出始めていた．例えば1998年9月にほぼ破綻に陥ったLong-Term Capital Management（LTCM）などの失態が大きく報道されたように（MacKenzie 2003），ヘッジファンド産業は何事もなく成長してきたわけではないが，近年は急成長している．

1990年には，およそ1,000弱のヘッジファンドが存在し，250億ドルもの資産を運用していた．2004年までにその数は8,000を超え，およそ1兆ドルを運用していた[3]．

---

(2) 投資会社法第3条（特にパラグラフc.1）及び12条のパラグラフaに基づく．同法の条文については〈http://www.law.uc.edu/CCL/InvCoAct〉を参照されたい（2005年5月11日アクセス）．

(3) データはロンドン国際金融サービス〈http://www.ifsl.org.uk〉の情報に基づく（2005年5月23日アクセス）．

2005年1月に我々が観察を始めて以来，ヘッジファンド業界への資金流入は大規模であり続け（例えば2006年後半には，毎月約500億ドルも流入していた），2007年7月までには運用下の資産は2兆ドルを超すと見積もられた（Mackintosh 2006; Thomas 2007）．各ヘッジファンドは，初めて個人投資家の投資の本流に参入しようと企てているところだろう．これを執筆中の現在，英国金融サービス協会が提案している規則が導入されれば，「ファンド・オブ・ファンズ（その名が示すように，ヘッジファンドのポートフォリオに対して投資する）」が認可商品リストに加えられ，一般市民によるファンドへの投資が認められることになる．

　ヘッジファンドの年間管理報酬は，積極的に運用される額の1～2%であるが，ファンドは成功報酬も要求し，通常その額はファンド純資産価値増加分の20%を占める．（成功報酬が適用されるためには，普通は純資産価値がそれ以前の「ピーク（最高水準）(訳注1)」を上回らなければならない）．このような報酬体系ゆえに，過剰なリスクをとるインセンティブを抑制する目的から，ヘッジファンドのマネージャーは，自分の利得の半分程度を，自らが運用するファンドに投資することが慣例として求められる．その結果，マネージャーは儲かることもあれば，損で自らを苦しめることもある．

　ヘッジファンドは特定の証券の所有者として，時として重要な存在になり得る．例えば2005年9月前半には，ヘッジファンドがドイツを代表する企業の発行済み株式を合計で7分の1から4分の1程度保有していたと推計される（Jenkins and Milne 2005）．ほとんど全てのヘッジファンドが，受動的（パッシブ）に「買い持ち」するのではなく，積極的（アクティブ）に運用を行うトレーダーの集まりである．そのためレバレッジを効かせるのが通例であり，売買高としての投資額は，運用対象の投資家からの資本規模を上回る．2005年のヘッジファンドの売買高は，ニューヨーク及びロンドン証券取引所における売買高の4分の1から3分の1程度に匹敵すると考えられ（anon. 2005b），我々が調査を行ったファンドがその主要証券市場で売買する約半分が，新興国債で占められていた（anon. 2005a）．2007年までには，シタデル（Citadel）という名のファンドが単独で「ニューヨーク証券取引所と東京証券取引所の1日の売買高の5%以上の割合を占め（Gangahar 2007）」，「最も流動性の高い米国財務省証券すなわち米国ソブリン債の売買の10%以上を占めていた（Beales and Tett 2007）」とされる．

第3章　経済的アクターの結集

　ヘッジファンドを研究する機会を得るのは困難である．ヘッジファンド業界には要件（不招請勧誘要件）が課せられている上に，活動の選択肢を限る制限が厳しく，特に写真の公表といった個別的広報もこれまで行っていない．既述の通り，この産業は地理的にも集積している．運用する資産規模の面では，ニューヨークが常に断トツであった（今でもそうである）が，ロンドン（欧州におけるヘッジファンドの主な拠点）が急速に伸びてきている．2002年時点では，世界の大規模な50のファンドのうち，28がニューヨークに拠点を置き，わずか3ファンドのみがロンドンに陣取っていた．しかし2007年1月時点では，トップ50のファンドが立地する拠点のうち，ニューヨークの占める数は18まで低下したが，ロンドンの数は12にまで増加した（Willman 2007）．

　我々（ハーディーとマッケンジー）が研究の機会を得たファンドは，物理的にはロンドンに拠点を置いていたが，他の多くのヘッジファンドと同様，主たる登記をケイマン諸島で行っていた．運用資産の規模はおよそ平均的なものであった．我々が観察を行った2005年時点でそれは「2,500万～1億ドル」の範囲に分類され，全てのヘッジファンドの3分の1を占める規模がこの分類に相当した．それより大規模なファンドは3割より若干少なく，より小規模なものが3割をわずかに上回る程度である[4]．このファンドは，2005年初めに我々がそれぞれパートナーAとBと呼ぶ2人によって立ち上げられ，他に「ストラテジスト（エコノミストとしての素養を持つパートナーC）」，業務管理者（トレーディング室にデスクを構えるが，金融市場では「バックオフィス」と呼ばれる業務の責任を負うパートナーD）及びトレーダーのアシスタント（インターンであり，我々の観察日にも姿を見せていた）の3人から構成される．

　5人という小規模な集団内では，たった一人の研究者の存在でさえも邪魔になり，長期の研究機会を求めるのは法外だろうと感じたため，我々はファンドの売買を観察するのを2005年1月の第1週に限定した[5]．1月3日の月曜日は市場

---

(4)　(2003年末時点の)データを〈http://www.ifsl.org.uk〉から入手した(2005年5月23日アクセス)．
(5)　特定の市場（特に時価総額の低い株式の市場）の12月及び1月の反応に関して，米国では税務会計年度の期末であるという事情から異常な動きが見られる（Reinganum 1983）．我々が観察で知り得た限り，その影響は見られなかった．ただ，観察期間が暦のまさに年度初めであり，休日で市場が閉じていた直後であったことから，通常より市場が賑やかであったことは否めない．

が休みであったため，観察日数は4日であった．ハーディーは全日参加し，マッケンジーは（他の約束のため）1月4日の一部と1月5日の2日間だけ終日参加した．観察時間の大部分は単にメモを取るだけであったが，ファンドは毎朝9時に行われる「戦略」会議を録音することも許可してくれた．さらに，我々のトレーディング室における会話分析を興味深いと理解してくれ，要求したところ，会話の録音まで許可して頂いた．

各人物の行動や言動をメモすることしかできなかったこともあり，我々は観察の焦点をトレーダーであるパートナーAに絞った（パートナーBも時折売買していたが，パートナーAが我々の観察期間中は全責任を負っており，以下で「トレーダー」と指し示すのは，常にパートナーAのことである）．我々が部屋の片側の後方に座るのを彼が許可してくれたため，彼の全ての行為や彼が目を向ける視界対象を観察することができた（図3.1を参照されたい）．我々は，彼の電話による通話の全てを聞き取り，電話会議も聞き取ることができた．我々は，彼の行為の流れを妨げないよう質問の適切な機会を窺いつつ，事あるごとに各行動の説明を求めた（Heath, Jirotka, Luff, and Hindmarsh (1993) は，ディーリング室で他者の行為の流れを妨げない心得を概説している）．

トレーダーは密着した観察にも驚くほど平静な様子であったが，我々の存在は明らかに彼や彼の同僚に影響を与えていたと思われる．だが注目すべきは，我々の観察の焦点が，実際の売買の核となる行動に絞られていたことである．ヘッジファンドにおける投資家は，しばしば自分の出来不出来を月次成績で判断し，（観察したファンドがそうであったように）相対的に新しいファンドには特にそれが当てはまる．したがって，そのような状況下では，たった4日の売買でさえ極めて重要になり得る．成果に直結する業務に集中力を欠くことは多くの犠牲が伴う点に鑑みれば，我々の存在はトレーダーと同僚の行動の支障にはなっていなかったという印象を抱いている．

パートナーA，B，C及びDへの補足的インタビューならびにハーディーとパートナーAの間のインフォーマルな話し合いを通じて，我々は上記観察を補足した．パートナーAは，我々の観察期間中に送受信した電子メールのメッセージを大部分転送するのを許可してくれた（彼自身が転送するメールを選んだわけではない．我々がメッセージを完全に転送する時間を確保していなかっただけであ

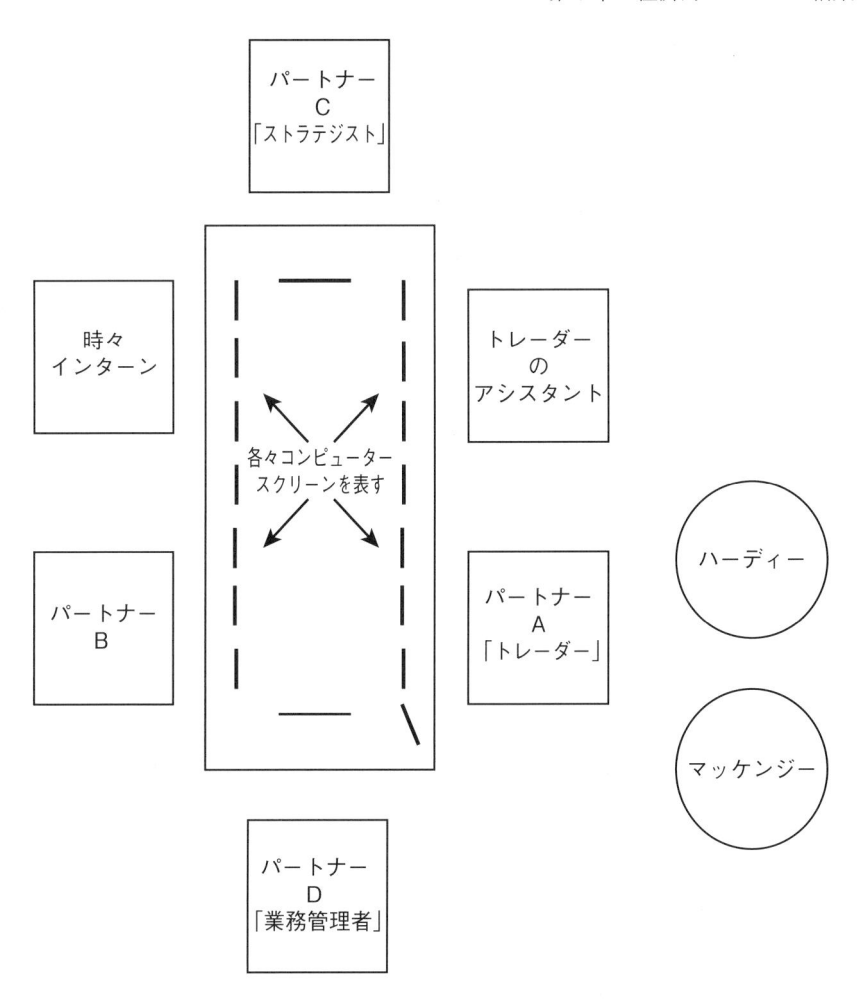

図3.1 ヘッジファンドのトレーディング室のレイアウト

る).印刷された電子メールは,大きなレバーアーチファイル8冊に上った.

　我々の観察は実に短期間であり,あらゆるヘッジファンドが各々異なる特徴を持つ可能性が高い.したがって,この特別なファンドに関する研究を本章の文脈に位置付けるため,我々は他のヘッジファンドや投資銀行におけるトレーダー,そのようなトレーダーを管理するサービスを提供する者,及び現在ではヘッジ

ファンド業界内の支配的な投資家層である「ファンド・オブ・ファンズ」の人々まで雪だるま式に増やしたサンプル（スノーボール・サンプリング）にも調査の幅を広げる（インタビュー回答者は51人に達する）．我々が観察したファンドのトレーダーや，その同僚を指し示さずに引用する場合，それは幅広いインタビュー相手からの引用である．

売買の整理

　配置は整理とも言い換えられるため，まず部屋のレイアウトに言及したい．2005年1月時点において，そのヘッジファンドはオフィスビルの一角の質素な2部屋を賃借していた．そのうち一部屋は午前9時からの会議等に加えて，電話会議にも使用された．我々が大部分の行動を観察したもう一つの部屋は，次の2点を除き，標準的な事務職員用の部屋と見間違うほどであった（図3.1を参照されたい）．第1に，部屋の真中に長方形を描くようにデスクが置かれ，椅子に座ると互いの顔が常に向き合うことになり，プライバシーへの配慮がない．第2に，座席の数よりも多くのコンピュータースクリーン（ディスプレイ）が部屋に設置されている．トレーダーの席の目の前には，4台ものスクリーンが置かれていた．スクリーンの多さが座る者の視界を幾分遮るため，パートナーBはしばしば立ち上がってトレーダーと話をした．だが，真ん中を向き合うこの部屋のレイアウトがコミュニケーションを促し，互いの行動の透明性を高めていることがわかる．

　このファンドは「新興市場国」に特化していた．トルコ，レバノン，フィリピン，南アフリカ，ロシア，ハンガリー及びラテンアメリカ諸国などは，グローバルな金融システムの中核を占める国であるとは言い難いが，大規模な資本市場を有する（アイスランドのように，発展はしているが中心的大都市の周縁に位置する国も新興市場国と見なすことがある．ただし，このファンドはそのような判断は下していなかった）．

　ファンドが特化する全ての国の政府は，自国通貨または外貨で債券を発行する．債券とは，典型的に発行者が元金（元本）を定められた「満期」日までに「利息（通常は定期の固定金利）」とともに支払う義務を負う，売買可能な債務証券である．それは先進国と新興国の両方がほとんど常に直面する歳入不足を埋め合わせ

る主たる手段でもある．効果的に債券を発行することが出来れば，政府による決定の自律性が高まる．すなわち，現時点でインフラ，教育，健康及び戦争等に投入できる資金はもっぱら将来にしか返済し得ず，満期が到来した既発国債を償還するため，各国政府は繰り返し新規に国債を発行して充当している．投資家が購入しようとする債券の価格と利息は，政府の債務償還コストに直接影響を与えるのみならず，財政均衡のための最終的な政策選択にも影響を及ぼす（Hardie 2007）．

　我々が研究したファンドは通貨も売買するが，売買の核となるのは債券や債券先物（「先物」は標準的な取引所売買の契約であり，経済的に将来に特定の価格で特定の資産を売買する契約に等しい）及びクレジット・デフォルト・スワップ（既述のように，債券発行者のデフォルトに対する保険契約におおよそ類似する）である．ファンドが売買する債券は，国と満期日（場合によっては利息）によって識別される．トレーダーは，投資銀行のセールスに電話でこう問い合わせる．「ブラジル国債14年の価格をお願いします．イチヨンです．」ここで聞いているのは，2014年満期のドル建てブラジル国債の「ビッド」（買値）と「オファー」（売値）の気配である．（「イチヨン」と呼ぶのは賢明である．2040年に満期を迎えるブラジル国債も頻繁に売買されており，両者を間違えると重大なことになるからである）．さらにそのトレーダーは「彼（その投資銀行のトレーダー）に5（百万ドル）のビッドをお願いできますか？」と具体的に尋ねる．この質問から，ファンドのおおまかな取引額の規模が想定できる．提示価格が魅力的ならば，電話かメールで少しやり取りするか，ブルームバーグのメッセージが契約を確定する．

　このように一見容易かつ手軽に取引が遂行され得る背後には，単にトレーダーを観察して尋ねるだけでは確かめられないものが存在する．ここで我々はこれまで金融社会論が大方軽視してきた（Lépinay 2004は例外とする）**配置**の一面を取り上げる．売買の「バックオフィス」部門である．トレーダーは契約を締結する際，パートナーDと自分の間にあるデスクに置かれたフォルダー内の「取引記録簿」に契約の概要を書き込む．パートナーDの目の前にあるスクリーンの一つに，ファンドが導入している売買を把握する電子「記録簿」とポートフォリオ管理システムが表示される．そのシステムは他のシステムと同様，画面上のプルダウンメニューを通じてアクセスできる「証券マスター」を内蔵し，システムの利用者が売買する可能性の高い全ての証券の特徴が，電子上で自動更新される（ヘッジ

ファンドに技術システムを提供するあるインタビュー回答者の企業は，2006年1月現在で22万もの証券マスターを扱っており，利息や元本支払いの都度，毎日更新されるようである）．ファンドの円滑な業務遂行を確認するパートナーDの地味だが極めて重要な役割は，プルダウンメニューを用いて適切な証券マスターを検索し，その取引が売却か購入か，売買高や価格及び取引相手の身元といった詳細を電子取引簿に入力することである．

パートナーDの仕事とは別に，ファンドの「バックオフィス」が物理的に存在しているわけではない．上記の売買把握システムは，ダブリンにメインオフィスを構える別の「管理業者」にファンドの売買記録を送信する．その管理業者が提供するサービスの一つに「照合業務」がある．この業務はファンドとその取引相手が行った取引の内容が実際に一致しているか確認する．トレーディングの世界では，取引の内容が不一致（「ブレーク」と呼ばれる）となるのは珍しくない．当事者同士で詳細を詰めないうちに，売買を手直ししながら進めることもある．互いの証券マスターが同じ証券を指示しているように見えて，実は異なることもある（ハイテク管理サービスを提供するある企業の1,300人の従業員のうち，ムンバイに拠点を置く680人が，ロンドンとニューヨークの夜を跨いで作業し，その多くが出来る限りブレークを発見して解消しようとする）．同じく重要なのは，トレーダーとそのアシスタントが行った日々変動するファンドの資産価値の計算をチェックするのに，管理業者の従業員と技術システムが売買把握済みデータを用いることである．その計算がファンドの業績を左右するため，これは極めて重要である．

ファンドは「プライムブローカー」である国際的に有名な投資銀行とも電子接続している．ファンドが売買に合意すれば，プライムブローカーは必要な金銭や証券に対する権利の電子記録を送信する（例えば，現在は債券が紙の証憑であることは滅多にない．それは電子データベース上の証券となっている）．プライムブローカーの銀行は，ファンドから何も支払われなくてもわざわざ電子送信を行い，補足的にファンドの売買を促進する．ファンドの取引相手も，単にファンド自体の信用だけではなく，売買の背後に立つ銀行の信用も頭に入れている．

このように，ファンドの技術的システムを通じて銀行へデータが送信されるため，銀行はファンドが抱えるリスクやキャッシュフローを監督できる．日々のト

レーディング業務終了時，銀行のシステムはファンドの口座が保有する多くの売買持ち高を「スイープ（一覧）」し，余剰資金はオーバーナイト物の有利子預金に振り替える．ファンドが空売りしている（これは所有していない証券を売却している状態を指す．上述のように，この点こそが，ヘッジファンドが経済的アクターたる最たる所以である）場合，たとえそのファンドがその株式を「借りるのが困難」であっても，自行の保有分か他から入手するなどして，空売りに必要な分をファンドに貸し出すよう尽力する．

分散認知

　したがって，ファンドの売買実行の成否は，トレーディング室に物理的に存在しない人物や技術システムに依存する．どの売買を実行するかを見分けるのも同様である．ファンドは経済が複雑で政情も錯綜した広範囲にわたる国々の通貨や国債を取り扱い，その中には元本の受け取りが相当先の債券も含まれる．例えば，30年債を発行した国の財政状態が，満期時に最終的に元本を償還し得るほど健全か，もしくはその政府自体に支払う意志があるか，一体誰が自信を持って答えられるだろうか．

　その決断は当然困難であり，それに潜在的に関連する情報の量も膨大である．その情報の多くは，トレーディング室のスクリーンから直接入手できる．Knorr Cetina and Bruegger（2002a）が示すように，デスクに座りスクリーンに注目するトレーダーやその同僚達は，流入する情報をほとんど絶え間なく選別し続ける．その情報は多くの国々から発せられる．一部は定量的情報であり，とりわけファンドが売買を行う多くの市場での価格変動データがそれに該当する．定性的な情報もあり，例えばトレーダーの一台のスクリーン上には，ロイターによる記事の見出しが示されていた．彼がそれを見ようとクリックすれば（以下に示す理由により，彼はそれを滅多にしない），マニラにおけるコメ市場の動向に関するロイターの説明が表示されるか，長く沈滞していたエジプト政治の目覚めなどを知り得た．

　したがって，5人（一日だけ居たインターンは，積極的な役割を担っていなかった）は複数の市場の概要及び世界中の無数の出来事の表示に対面していた．もし情報の処理・計算及び記憶を可能にする無限の能力を人間が有しているとす

れば，何の手助けがなくても，部屋に伝えられる情報から最適な売買ポートフォリオを生み出せたことだろう．第2章で言及し，ハーバート・サイモンもかなり以前に強調している（Simon 1955）ように，人間の能力は限られているため，重要な作業は技術システムと複数の人間に分散されることになる．すなわち，トレーディング室で実際に起きているのは，まさにHutchins（1995a; 1995b）の意味する「分散認知」である．

例えば，全ての債券トレーダーが用いる技術的ツールに，「利回り計算法」がある．複雑に変化する債券価格には，より統一的な測定基準に基づく迅速な換算が常日頃必要とされる．利回りを基点にすることで，異なる債券が比較可能になる．債券価格の提示や債券オークションの買値も，ドルやその他通貨の金額ではなく，実際は利回りに基づくのが一般的である．今日の金融市場では，利回り計算は日課になっており，「ブラックボックス」としてソフトウェアが重要な役割を果たす．だが，我々は観察2日目にある事件に直面し，突如としてそのブラックボックスが眼前に現れた．

トレーダーがアシスタントに対し，ソフトウェアを使ってリラ価格に換算された利回りでトルコ国債の価格気配を出すよう依頼した．アシスタントは標準的な定義として，債券の現在の市場価格で満期までの残存期間に提供される年平均投資「利回り」を用いて計算を進めた．その投資収益率は，債券の利息と元本の現在価値の合計が市場価格に等しくなるよう反復計算に基づき割引率を算出して計算される．しかし，トレーダーはアシスタントの計算の誤りにすぐ気付いた．アシスタントが「ローカルな知識」の重要な一片を持ち合わせていなかったのである．トルコ国債市場における慣行では，利回りの標準的定義ではなく，市場価格のパーセンテージで表示された年利が使われていた．

トレーダー：トルコ短期国債の利回りは複利ではなく単利だよ．君は知らなかったのか？
アシスタント：知りませんでした．

誤りを正されたことにより，上記トルコの利回り計算法は，このヘッジファンドの社会技術的**配置**の一部となる．ここでの計算法の構成には，異なるものが入

り混じっている．プログラミングの専門知識，市場慣行に関する知識及び満期が定められたトルコ国債利息の特殊な事実に基づく知識の混交である．2人の人間がそれを生み出した．トレーダーは基本的にそれを自ら計算することもできたが，実際はその作業をアシスタントに任せなければならず，その作業が十分に行われているのか評価する必要もあった．この状況が唯一普段と異なる点は，トルコの利回り計算法が形成されている場に，我々も居合わせたということである．Hutchins（1995a: 374）が航海術に関して次のように述べたことが，ヘッジファンドにも当てはまる．「頻発する問題に対する部分的解決策が具体化し，仕事の物質的・概念的ツールや業務の社会的組織の一部として蓄えられるにつれ，業務の形態は進化する」．

その部屋に居た人々の認知と行為が分散されていたという意味での「業務の社会的組織」は，我々の観察からも十分明らかになった．例えば，次のようにトレーダーは，（おそらくたまたま）忘れてしまった情報に関する事柄を頻繁に同僚に尋ねていた．「私がいくらで売買したか覚えていますか？」，「先月の（米国の）失業率はいくらでしたっけ？」（Hutchins 1995a: 134によれば，「記憶も共同で行われる」）．トレーダーが勤務時間にオフィスから外出する（短時間のものがよくある）際，彼は市場の動向を観察してもらうよう同僚に依頼する．トレーダーが戻った後，彼の最初の言葉はいつも「今どんな状況ですか？」か「市場はどう？」である．

パートナーCがしばしば担うのは，新たなデータの公表にトレーダーの注意を引き付ける役割である．パートナーBも主要市場の進展を頻繁にトレーダーに直接提示する．「おい，また110でトレードできるぞ」あるいは，「やった．フィル（フィリピン国債）が売られている．このメッセージを読んでいないのか？」．後者のような助言が多くの場合含意するのは，適切な売買に対する見方である．それがトレーダーの見方と合致しない場合，簡単な議論がよく交わされる．

パートナーB：ランド（南アフリカランド）の動きを見たかい…．
トレーダー：見たよ．予想通りだ．どうした．取引をやめたほうがいいと思っているのか？

しかしそれ以外の場合，トレーダーはコメントするだけ（「ああ，それは見たよ」など）であり，全く返事をしないこともある．

トレーダーは自分の見方に確固たる自信を持つが，自分以外の特に「ストラテジスト」や「パートナーC」が，自分にはない専門知識を有することも認識している．パートナーCの役目は，新興国の経済及び政治の進展だけでなく，（以下で掘り下げるように）それ以外の国の経済の進展にも注目することである．（それだけとは限らないが）そのほとんどが，米国に関する内容である．例えば，米国の月次雇用統計公表後に，以下のようなやり取りが起こった．このデータの公表には，我々の観察期間中で最も多くの注目が集まった．やり取りの間，トレーダーとパートナーCは同じ画面を見ていたが，トレーダーは同時に一部のブラジル国債の購入を完了しようとしていた（会話中の途切れは，主に話し手がその売買について電話で話していることを示す）．

パートナーC：クリスマスセールはあまり動きがないような感じだね．誰に聞いても，値下げ販売や店じまい，新商品の注文が多かったという話だ．雇用統計が予想を下回ったのも，小売業で2万人の人員削減があったからだ．

トレーダー：…景気は良くないということか….

パートナーC：小売業には厳しい時期だよ．いつもの年と違って今年の12月は人を雇用していないし，値引き販売をしているようだ．

トレーダー：…そしてこの数字だ．この数字から見て全体として米国債はどう反応すると思うかね？他の要素は一切考えずに，この数字だけで判断するとした場合だが？

パートナーC：米国債についてだけ？

トレーダー：そう．米国債はどう反応する？上がるか，下がるか，変わらないのか．

パートナーC：一言でいえば，変わらないと思う．

トレーダー：なるほどね．意見をありがとう．でも市場の専門家はこの数字を分析して，インフレの兆候を暗示するとは思わないか？それとも，そんなことは起こらないと思うか？

第 3 章　経済的アクターの結集

パートナーＣ：一言でと言われたので変わらないと答えたが，少し付け加えておこう．今しがた言ったように，クリスマスは動きが鈍かったが，小売業にとっては全般的にまずまずだったんじゃないか．値引きしても商品を販売できたんだからね．これはインフレと12月商戦にとってプラス材料だよ．…でもな，時間当たり賃金が予想を少し超えたことも併せて考えないと．

トレーダー：なるほど．

パートナーＣ：それで？

トレーダー：これが数字を読み通して考えてみるということなんだな…．

パートナーＣ：そう，だから変わらないと言ったんだよ．インフレに関してどちらにも動く可能性があるからだ．

　これは米国債市場に係る経済状況に関連した意見交換である．その他の意見交換として，トレーダーとパートナーＢ及びＣによる売買の特徴に関する議論がある．こういったやり取りは，しばしば本当に何気なく始まり，集団的な決定に次第に向かっていく．

トレーダー：やっていいものかな．対（米）ドルで台湾ドルを売買するつもりだが．君はやらない方がいいと思っているんだろう…．

パートナーＢ：彼（パートナーＣ）は，対ユーロでトレードすることを勧めるだろうな．

トレーダー：しかし，それは大きな変更だな．一晩でその様に変えられないな．少し考えようか．もしかすると，変えられるかな…．

パートナーＢ：何を変えるの？

トレーダー：つまり，ドルをロングして，ユーロをショートするということだよ．ドル/ユーロは例えば120（1ユーロ＝1.20ドルの為替相場）にはならないと考えている場合の話だ．もしドル/ユーロは135に向かうと思うなら，君はこの取引は勧めないよね．

パートナーＣ：私なら，3つのシナリオからこのユーロでの取引を勧めるね．そのうち1つは，この台湾ドルの取引は…欧州で機能するというも

55

のだ．もう1つは，それは米国でも成功しているというシナリオ．
トレーダー：なるほど．
パートナーC：そして最後はユーロについて…ユーロはもっと運用しないと．
トレーダー：僕の考えを言おう．メキシコペソでも同じことを考えたが，ユーロだけをショートするより，今の段階では対ドルとユーロのバスケットで売買した方がいいよ．
パートナーC：私はドルに対する見方を全般的に変えたと言っているわけじゃない．台湾とアジアをちょっと考えてみたんだ．台湾か，それ以外のアジアかのいずれかだ．もし，そのシナリオが今年中に実現すると考えるならば…．
パートナーB：僕は実現すると思う．
パートナーC：私も信じる．
パートナーB：しかし，ここで議論しているのはアジアを買うか買わないかじゃなくて，どの通貨をショートしてアジアを買うかだ…．
パートナーC：…今年のドルの見通しについて多少なりとも不透明だと感じているなら，私はやはり，対ユーロでの台湾ドル売買が双方の利益となる選択だと思っている．

　認知と感情が完全に区別されることは滅多にない（Damasio 1995）．上記のような議論が一定の解釈をもたらし決定が導かれる場合でも，トレーダーが同僚と相談せずに決定を下す場合でも，同僚はしばしばトレーダーに感情的サポートを提供する．トレーダーの仕事は多額の資金（ファンドへの投資家と同様に彼自身や同僚の金まで）を危険にさらす行為であるため，ストレスが伴う．既に下された意思決定へのサポートは，頻繁に明言される．「あの売買は良かったね」とか「ああ，あの売買には相当満足しているよ」といった言葉が掛けられる．価格が期待したように動かない場合でも，以下のような同僚のコメントがトレーダーを支え，集中力を維持するよう勇気付ける．「まあ，あれは君のせいじゃないよ」，「くよくよしていても金は増えないよ．忘れて次行こう」．時には，この言葉のような励ましが率直に示されることもある．「他に買いたいものはないかい．何か他に売るものはないかい」．

第3章　経済的アクターの結集

多現場認知

　ファンドの意思決定を特徴付ける認知過程は，トレーディング室内の人間や技術システムの枠を越えて広範に分散している．潜在的に重要な情報を選別するという必然業務も，異なる国や大陸など様々な場所で行われる．時にはこの選別の結果が，投資銀行との電話会議や電話・ウェブを通じた遠隔会議で伝えられる．とはいえ最も一般的なのは，他者による選別の結果がメールで届けられるケースである．4日間の観察期間中にトレーダーが受信したメールのメッセージの大部分がそれに該当し，その中身は売買確認や価格提示など，特別な目的があったわけではなかった．単に提示価格を伝えるメッセージにも，市場の進展に関する些細な意見が頻繁に含まれていた．

　得てして，これらのメールはKnorr Cetina and Bruegger（2002a）が注目する双務的なメッセージではなく，複数の受信者に対するメールである．トレーダーが述べるように，「ある意味そのメールを受信することは，…異なる20人の人間と情報を共有する状況に居るようなものだ」．以下は，そのようなメールのサンプルである（アスタリスクマークが付されている項目は，電子メールに添付されたブルームバーグ・ニュースなどから提供される記事の見出しである）．

（送信者1）2005年1月4日14時58分：『チリ裁判所，誘拐と殺人の罪でピノチェトを起訴』＊ ついに…
（送信者2）2005年1月5日0時30分：本日のハイライト
ブラジル：本日発表される経済指標では，12月のFIPE[訳注2]消費者物価指数（CPI）（[送信元銀行の予想は] 0.6%）とFX（外貨）フローに注目．
メキシコ：ペソは当社の推奨目標11.45に迫る．ペソがこの水準に一段と接近すれば，USD/MXDの買い持ち高の手仕舞いを推奨．
（送信者3）2005年1月5日2時34分：EM（新興市場）の売りにもかかわらずROP（フィリピン国債）は急伸．金利も上昇！テクニカル要因か….
（送信者4）2005年1月5日07時19分：（フィリピン国債は）他の新興国債に比べ非常に底堅い．スプレッドは8－10（ベーシス・ポイント）縮小．
（送信者3）2005年1月5日07時38分：「ドル建てフィリピン国債10年物価格，財

政赤字縮小で上昇」＊　－Latam（ラテン・アメリカ）の昨夜の動きにもかかわらず市場は過熱状態．もし，赤字縮小が唯一の上げ要因であれば，市場参加者の反応を評価するどころか，認識が甘いと言える．11カ月の財政赤字が1,600，年換算で1,750億ペソ…もちろん，年間の財政赤字幅は1,700～1,900の間で落ち着く可能性が高かったため，これはまったく意外なことではない．

（送信者5）2005年1月5日08時22分：フィル（フィリピン国債）が売りを浴びているが，値下がりはまだ1/4ポイントに過ぎないので，更に売りが続くと思われる．

（送信者3）2005年1月5日08時24分：（フィリピン国債は）単に買われ過ぎ．

（送信者6）2005年1月5日11時26分：ブラジル国債がブローカーの直撃を受けている．27年，40年，34年（満期）

　トレーダーが受信するこれらのメールメッセージには，通常，目の前のスクリーンを通じて直接入手可能な情報が含まれている．トレーダーはロイターやブルームバーグ・ニュース及び他の情報サービスを利用し，ブラジルの消費者物価指数がいつまでに公表されるか，ドルに対するメキシコペソの為替レート，ブラジルやフィリピン共和国の国債価格及び公表済みの両国の財政赤字の規模などを容易に把握できる．

　したがって，このようなメールのメッセージは，利用可能なデータ項目の特定の一部分にトレーダーの注意を向けさせる役割を果たしている可能性が高く，明示的にも暗黙的にも「フレーミング」と呼ばれるデータ情報の解釈手段を提示する（Beunza and Garud 2004を参照されたい）．トレーダーやその同僚だけでは，利用可能な全てのデータ項目を精査するのはほぼ不可能である．絶え間なく届く「助言」がその必要性を減らし，直接行動するきっかけを与えることもある．1月5日の朝に大量のメールを受信した（上記に引用した送信者3，4及び5からのメッセージを含む）後，トレーダーは8時半にフィリピン国債の価格が下がるという結論を出し，それを500万ドル（USドルで表示）で送信者3の銀行へ空売りすると決め，（香港に拠点がある）取引相手に次のようなメールを送った．「（価格は）変えてないですよね．ロンドンがそれを売ります」．

第 3 章　経済的アクターの結集

　先程引用したメッセージは，それぞれ明らかに異なる．送信者 1 は新たな情報への注意を促し，個人的意見を提示している．送信者 2 は後に公表されるデータへの注目を求め（受信する多くのメールがこの目的である），所属する投資銀行のメキシコに関する売買に係る率直な助言を提供する．送信者 3，4，5 及び 6 からのメッセージは，市場の進展に関する報告もしくは分析の形をとる．率直な助言ではないが，受信者が大胆か長期志向であれば，送信者 6 のメッセージを受けてブラジル国債を購入するだろう．

　これらのメッセージの発信元となった人物自身も疑いなく経済的アクターであり，彼等はそれを受け取った者がいかに行動するかにしばしば関心を抱く．実際には，市場参加者は売買に関する考えを流布させる際，「自分の台本（自分が取るつもりの持ち高や思い描く美徳）を語る」ため，それに伴うある程度の「脚色」や誇張を割り引いて考えることが期待される（Biggs (2006) が「サンドバッグ行為」と表現する，自分の持ち高を手仕舞っているのに，それを推奨する行為は許し難い）．しかし，ここまで論じた多くの情報交換（例えば，フィリピン国債に関するメールのやり取りなど）が実に多くの目に触れるため，異質な見解を提供する機会主義的な動きが表面化し得る．トレーダーが言うには，「そういった動きは明らかに目に付いてしまう．…なぜなら，他の全員が反対の事を言う時に，ある人だけが A と言う場合は目立つからだ」．

　さらに，一部の記事の出所や選別が他所より信頼され，かつ権威的であったりする．トレーダーは次のように指摘する．「より多くのことを知っている者や気が利いて抜かりがない者もいる．…一部の人間はより単純である．勘やその類いに基づきある種の意思決定を下す者もいる．…だから，人それぞれ異なるスタイルを持ち，この人間はいつも正しいとか誤っているとか分類できない．…だが，彼等はもちろんあなたも彼等のスタイルや彼等がいかに考えるかについて何らかのバイアスがかかるだろう．あなたもそれを考慮して決定することになる」．パートナー B も同様に指摘する．「全ての人と毎日繰り返し話すうちに，誰が正しい考え方を持ち，誰がそうでないかある種の感覚を身に付けるようになる…そうだね，この人物は市場の優れた情報を手に入れるが，あの人はそうでもない，そう感じるようになるだろう」．

情報選別のための厳選

　ファンドのトレーディング室及びそこから電子接続している別の場所でも行われる情報選別の特色を存分に記述することは，本章の範囲を越える．ここでは２つの側面だけを論じる．第１に地理的側面であり，いわゆるファンドの注意が及ぶ驚くべき範囲である．例えば，午前９時にファンドで行われた戦略会議では，実際に米国まで注意が向けられていた．既出のように，ファンドはブラジルやフィリピンといった国々の債券を売買するが，米国におけるクリスマス前の小売市場の動向などにも細心の注意を払う．それが特に異常な事ではないということを，我々はフォローアップ・インタビューで確認した．パートナーＣは，ファンドが意思決定を行う際に国際的要素を勘案するウェイトは大体全体の３〜４割を占め（実際はほとんど米国に関する事柄），特別な新興国を考慮する割合はおよそ６〜７割であると推算した．

　「利回り」の測定基準のおかげで，世界中で発行される膨大な数の債券を迅速かつ容易に比較することができる．例えば，ブラジルやフィリピンで発行されたドル建て国債の利回りは，類似する米国財務省証券の利回りと比較できる．さらに，ブラジルやフィリピンのデフォルトの可能性は，財務省証券に対する国債利回りの「信用スプレッド」として簡潔に表示される．実際，新興国債の価格提示は，しばしば比較可能な財務省証券に対する利回りのスプレッドの形をとる．

　新興国債を米国債や欧州諸国債に対するスプレッドに基づき評価することは，他の事情が同じならば，前者の相場が後者の相場の動きと並行して動くことを意味する．だが，我々が観察したファンドは，例えば米国債と欧州諸国債先物の相殺持ち高をとることで，その直接的連動を「ヘッジ（回避）していた」．それでも，間接的な関係は維持される．米国債の投資家が低い利回りしか得られないのであれば，（追加的な「スプレッド」を提供する）新興国債がより魅力的になる．その帰結として，新興国債の信用に対する認識が改善され得る．より魅力的な債券には，債券サービスコストの低さと安定的財政均衡が付き物である．さらに，満期までが長期に及ぶ債券の売却可能性は高く，頻繁な借り換えに内在するリスクも低減することになる．対照的に，米国債の利回りが上昇すれば，新興国債はその魅力の一部を失い，上記の望ましい流れとは逆に，政府の信用低下と信用ス

プレッドの拡大が懸念される[6]．

　結果として，米国の金利や債券利回りは，新興国債の利回りの全体的水準に影響を与えるだけでなく，財務省証券に対する利回りのスプレッドにも影響を与える（我々が観察したファンドもその影響を受けていた）．新興国債について我々が観察した行動の大部分は，1月4日から5日にかけて夜中に公表される予定だった米国連邦準備銀行の金利設定の場である公開市場委員会の12月の会議の議事録と関係していた．上述のように，議事録は金利上昇の可能性が明らかに高まったことを示していた．そのため，我々が観察した1月5日の朝，ヘッジをしていたにもかかわらず，トレーダーがその議事録を真剣に読んでいたのは当然のことであった．その議事録は，当初フィリピン国債が不可解に同調的に下落しなかったことや，第5章で論じるブラジル国債の価格決定のアノマリーに関する情報を含んでおり，新興国債の「投げ売り」を解釈するための手掛かりになった．

　もちろん，上記の現象は最も馴染み深い概念である「グローバリゼーション」の一端を示す．だが，ここで注目すべきは，グローバリゼーションが計算を通じて部分的に作用する点である．測定基準である「利回り」がなければ，異なる政府により発行される債券を全ての特徴に照らし合わせて比較するのは手間がかかり，極めて困難である．利回り計算法（もしくは，その前身として銀行が用いた融通の利かない「利回り簿」による算出）を含む配置は，そのような手段（まさに第1章で提示したオプション価格モデルを含んだ配置）を欠く配置とは異なる．「利回り」の測定基準は，グローバルな債券市場の構成に特に貢献している．

　認知における情報の厳選に係る第2の側面は，ファンドが投資する債券を発行する新興国の政治に注意が及ぶ範囲である．ある時トレーダーが，反体制派の人民主義者であり，過去にエクアドル大統領を務めたアブダラ・ブカラムが（敵対者と同様に自分自身も）狂人 *el loco* へと変貌したことに関するニュースを注意深く読んでいた．その内容はメールでも配信されていなかったため，債券を売買する国の政情を考慮するのがいかに重要であるのか，我々はトレーダーに聞かずにはいられなかった．

　「信用が低下すればするほど，政治が重要になる」と，彼は簡潔かつ漠然と答

---

[6]　新興国債スプレッドをめぐる内生及び外生的要素の相対的影響に関する議論については，例えばManzocchi（2001）やEichengreen and Mody（2000）を参照されたい．

えた．国債に関して政府のデフォルトの可能性が高まるほど，その国の政治に関する情報が重要になる．我々が理解し得た限り，ピノチェトが最終的に公判に付されるかどうかは，単なるチリの政治的報道であり，個人的な満足（や不満）に関わる情報源にとどまる．対照的に，*el loco*がパナマから追放されてエクアドルに亡命するかどうかは，異なる種類の情報である．トレーダーが言うには，エクアドルは「信用を最も欠いた国」（エクアドルは1999年に国債のデフォルトに陥った）である．そのような状況下では，「たった1人2人の動きが事態を急変させる」．

トレーダーが独りで一報道記事を読むのに数分を費やすことなど，もちろん些細な情報である．しかし，トレーダーが教えてくれたその情報は，Mosley (2003) の網羅的研究と一貫している．債券市場における重大な違いは，デフォルトが合理的に想定される政府と，デフォルトはどうしても考えられない政府の間に存在する．エクアドルは前者に該当する．英国や米国は後者の範疇に属する．チリは部分的ではあるが後者の範疇に含まれ，しばし苦心の歩みを続けてきた．債券投資家は，国家のデフォルトやインフレ及び金利に関する決定等の側面から両範疇に目を配るが，後者の国々における「政治」は，それら要素に影響を与えそうな場合にのみ関心が向けられる．モズリーのインタビュー回答者の58％が，それら国々の選挙は考慮に入れる一つの要素であると言及しつつも，実にその10分の9はさほど重要ではないと述べた（Mosley 2003: 56）．それに対して，あるインタビュー解答者は「新興国では政治は只事ではない」と述べた（Mosley 2003: 129）．例えば，エクアドルの政治はチリのそれとは異なる種類の注意が必要になると見るトレーダーの我々への説明は，さらなる違いの存在を示唆する．彼のエクアドルの政治に対するこの配慮は，何も特別なものではなかった．2005年4月，エクアドルは「政治的緊張の高まり（Weitzman 2005）」から，債券発行の計画を廃止しなければならなくなった．

結論

配置の概念は，経済社会学が昔から抱える懸念を拭い去るわけではない．例えば，社会的ネットワークは今でも明らかに重要である（実際，それは**配置**の一部をなす）．例を挙げれば，証券を借りるのが困難な場合でも，プライムブロー

カーが保管銀行と良好な関係を保っていればそれが可能になる．それでも配置は，経済社会学の知的蓄積を拡張するのに一役買う可能性を秘めており，「社会的」連関と同様に「技術的」連関にも特に力点を置く．

しかし，経済社会学が無分別に拡張することにもリスクが伴う．相互に関連した世界の中で配置を探求する作業には，明らかに限りがない．たまたま20年ぐらい前，一時アクターネットワークの概念が英語圏の科学技術研究をある程度席巻したように，配置の概念も平凡な記述や物語を説明するだけの単なる専門用語になり得る．したがって，慎重な選択が肝要である．例えば，未だ明らかではない配置の側面や，配置の構造及び配列の違いが経済行為に与える影響等にも焦点を当てる必要がある．

最も根本的なところでは，配置の概念は経済的アクターたる条件に我々の目を向けさせる役割を果たす．すなわち，それはしばしば軽視されがちなアクターをアクターたらしめている下部構造を明らかにする．なぜ現在8,000ものファンドが存在しているのか．もちろん，その理由には経済や政治的変遷も含まれるが，ヘッジファンドの設立が20年前と比較して相当容易になっていることも重要である．リアルタイムの売買把握の相互連結やその他システムのおかげで，管理業者及びプライムブローカーによるサービスの標準化や自動化及びリスク管理が成し遂げられた．その結果，それらのサービスが（「零細企業」とは異なる）産業規模で，安価に供給されるようになった．

経済行為の下部構造として，第2章で行為者の華やかな一面と表した売買とは異なり，雇用の機会を非常に見つけやすい点を指摘するのは有益である．この点について，我々は金融業の雇用の正確な内訳を知るわけではないが，トレーダーは数少ない少数派であることは明らかである．非常に多くの業務が，配置の中で別の役割と関わる．性別のバランスも異なる．トレーディングは未だに主として男性の役割であるが，それを支える下部構造にも女性の姿が増え始めた．下部構造となる業務の地理的位置付けも異なり，少なくとも華やかな所とは言えなさそうである．例えば，アイルランド共和国は売買所としては無名だが，「オフショア」な法的権限と好都合な税制のみならず，安定した情報伝達のインフラも手伝ってか，おそらくヘッジファンドを管理する世界的代表地となっている（「ハリケーンがある地域にコンピューターを置くのは…良いプランではない」と管理

業界のインタビュー回答者は述べ，税制の便宜があるケイマン諸島もこの点で魅力的ではないと説明する）．アイルランドでは，英語を話す熟練したスタッフや弾力的な規制が提供される．「ダブリンでは規制監督者の所を訪ねて…コーヒーを飲むこともできるよ」と，同じインタビュー回答者は話してくれた．

スムーズに機能している下部構造は通常目に見えない．我々はトレーディング室における出来事にただ注目するだけでなく，ファンドの経済行為の下部構造の入念な探求を試みた．とはいえ，奥が深いヘッジファンドの世界では，突如として，その下部構造の問題が自由な行為を阻むこともある．ゆえに，そのような世界でリスクを管理する主たる手段は，契約の担保を「市場価値で評価する」ことである．契約を担保する市場価格が当事者同士がそれぞれ望むよう変動するため，担保となる資産は両者の間で移動する．それは毎日頻繁に生じる．

あるインタビュー回答者が述べるには，「担保の要件に適合する手持ちの中で最も流動性の低い担保」を差し出すことにより，そのような「市場価値評価の要求」に対処するのが妥当である．したがって，ヘッジファンドが難なく保持している「箱」（貸し出しや担保に提供していない保有証券）には，最も流動性の高い資産が残ることになる．このことは通常の環境下ではさほど重要ではないが，ファンドに資金が必要になった時（例えば，投資家による資金引き上げや，現金支払いが必要な市場価値評価の要件等）には突如として重要になる．特に，担保として差し出した資産の返還をいかに迅速に要求し，売却可能にするかを直ちに決定する技術システムが備えられていない場合には，大変な事になる．第1章でも述べたように，金融資産は抽象的な権利や義務であり，直接消費し得るものではないが，ヘッジファンドがその状態を即座に確認できる技術システムを有するかどうかは，自由行為という経済行為者の重要な一面にも影響を及ぼし得る．

市場が下降局面に入ってきた．いたるところから市場価格で評価するよう要請されており，今あなたは何か売らなければならないとしよう．その動向を見て，「ああ，一体何を売ったらいいんだ」とあなたはただ呟く．完全完備な世界では，ある意味自分の手持ちを調整しつつ，ポートフォリオから流動性の高いものを売却するだろう．たとえ，担保がどこに確保されているか，またそれがいつ手元に戻るか不明でも，担保を差し出した人物の信義をただ

信用し，1週間待てばいずれ戻るからと，さほど気にすることもないだろう．市場が普通の状態ならばこれでいいが，市場が激しく変動する場合，今すぐに売らなければならなくなる．この場合，あなたは「畜生．このままでは，（どの流動性の低い資産が売れるか）わかるまでに一ヶ月かかってしまう．しかたがない，この（流動性の高い）米短期国債2年物を売るか」などと嘆く．結局…ヘッジファンドに備えがなければ，流動性の一番低い担保のみが残ってしまう．あなたがそれを保有していることは，購入時に市場の注目を集めたため市場もお見通しだ．そして，あなたが売り始めると，市場参加者も「まずいな，奴はあの銘柄を30%も持っている．俺たちも処分したほうが良いな」と反応する．

経済行為を可能にする条件を構成する配置と同様，それに伴う認知や行為の分散もアクターの属性を形作る．例えば上述のように，利回り計算法を備えた経済的アクターは，債券の比較を等しく容易にする手段を欠くアクターとは異なる．第2章で指摘したように，より一般的に言えば，標準的なファイナンス理論が（モデル化のために）想定する投資家は，無制限の認知能力を備えた完全に合理的な個人であるが，この観点には「行動ファイナンス」から異議が唱えられる．行動ファイナンスの領域でも投資家は個人であると想定されるが，第2章で述べたKahneman and Tversky（1979）や彼等の「プロスペクト理論」に集約されるある種の実験よれば，投資家は体系的な認知的バイアスの制約も受ける．例えばそのようなバイアスは，認識するのが利得か（多くの被験者はリスク回避的であり，手に入れた物を失う機会を避けたがる）損失か，それぞれの状況下で異なる行動を選ぶ体系的傾向や，ギャンブルで被った損失を取り戻そうとする傾向である．したがって，トレーダーは損失が発生している持ち高を決済して損失が現実になるのを避け，価格の回復を期待して辛抱強く持ち続けようという衝動にかられる．トレーディング業界用語で言う，ポジションとの「結婚」状態である．(Fenton-O'Creevy, Nicholson, Soane, and Willman 2005).

ゆえに，売買から生じた損失に焦点を当てた感情的サポートや支持に明らかに共通する事柄は，理論的にも重要である．その効果の一部は，上記に示した「プロスペクト理論」のバイアスを打ち消す効果があるかもしれない．確かにトレーダーの

文化は，そういったバイアスを内省的に理解している．例えば，シカゴ商品取引所のピットでは，トレーダーは時に自分の同僚の持ち高と「密接な関係」になりそうなことを知らせるため，メンデルスゾーンのウエディングマーチを口ずさむことがある（Zaloom 2006）．我々の幅広いインタビューも，トレーダー（と特に売買管理者）が「密接な関係になる」危険性に用心していることを確認した．この話の一般的主旨に留意されたい．トレーダー個人が自分の同僚や上司から影響を受けること，トレーダーが内省的文化を持つこと，及び認知と行為が人々や技術システムの中で分散していることは，経済的アクターが標準的ファイナンス理論が想定する十分に合理的行為者であることに影響を及ぼしている可能性がある．

しかし，経済的に合理的な行為が常に安定をもたらすとは限らない点にも留意されたい．配置の構造や構成の別の効果として，伝播のリスクが想定される．ある一国の金融危機は他国へ伝播するが，わずかな貿易しかしておらず，ほとんど関係がない国々にさえ伝播する．わずかな資産しか持たなくても，多くの国々に対する投資を同時に可能にする現代市場の技術的インフラにより，ヘッジファンドやそれ以外の経済的アクターの極めて選択的な情報処理の手順も最適なものになる（Calvo and Mendoza 2000）．我々も確かにその入念な選択を観察した．例えば，ファンドが扱う多くの市場の一つであるハンガリーに対する理解を深めるために，ファンドがハンガリー語を話すエコノミストを雇うのはどう考えても効率的とは言えない．

結果的に，多くの国々で手広く投資するアクターにとって，最適な戦略は模倣することかもしれない．あるアクターが別のアクター（特に対象となる分野を熟知する専門家と見なせる者）の売買を観察し，出来るだけ速やかに同じ行動をとることが賢明と言える．我々はこのファンドでそのような模倣を目撃していないはずだが，我々の観察（及びトレーダーに対するメール資料）により，特定の部類のアクターに関する情報が流布していたことの十分な確証は得られた．それよりも観察が困難なのは，なぜアクターが売買するのかである．例えば，ある一国における資産の売却は，単にその国とは全く経済的な関係がない国で損失が発生しているという理由から行なわれる．そのような売却は，その国の優劣に関わるいかなる情報も伝えていないのかもしれないが，「悪いニュース」が伝わっていると誤解されることもあり得る（Calvo and Mendoza 2000）．

第3章　経済的アクターの結集

　技術システムがもたらす売却や価格下落に対する極端に早い対処の過程は，意外な接点を生み出す．例えば2006年2月22日，債券格付機関であるフィッチのアイスランドの見通しに関する悲観的分析が，南アフリカランドからインドネシアルピアなどに及ぶ通貨の下落を引き起こした．例えば，ブラジルのレアルは一時3パーセントも下落した（Johnson and Simensen 2006）．2006年の2月及び3月には，地理的に離れたアイスランド，ハンガリー及びニュージーランドが連れ添って共に下落した．この重大な現象は，「キャリー取引」と呼ばれるヘッジファンドの主要商品によるものであった（我々が観察したファンドはそのような戦略に従事していなかった）．けれどもこのファンドの売買は，典型的に円のような利率の低い通貨を借り，アイスランドのような利率の高い国の債券や資産に投資する．利率の高い国の通貨の価値が著しく下落すれば，このキャリー取引は損失を含むことになる．2月20日時点のアイスランドクローナとドルの交換比率は，2月22日に9％も下落した．2月22日に起こったのは，「アイスランドによる損失を取り戻すため，利益が出る持ち高を切った投資家による新興国間の伝播（Johnson and Simensen 2006）」によるものであった．

　最後に，エージェンシーとは何だろうか．アクターネットワークに基づく経済社会学それ自体は，エージェンシーの属性を考慮しない．その代わり，それは配置の構造と構成を含んだ要素により形作られ，導かれると見る考え方に従う．ここでアクターネットワーク理論や有形の物体などの非人間的実体へのエージェンシーの帰属に関わる周知の論争はさておき，人間へのエージェンシーの帰属のみを考えることにしたい[7]．もちろん，エージェンシーはトレーダーなどの個人に一般的に帰属されるが，より「高位の」実体にもしばしば帰属される．例えば，我々のヘッジファンドは法的実体であり，第2章で論じたように，契約法は契約に関わる個人ではなく，ヘッジファンドにエージェンシーを帰属する．

　一部の状況下では，特定の経済的アクターから市場全体にエージェンシーが帰属する市場の配列も存在し得る．例えば，2007年夏に始まった信用危機の最中，ヘッジファンドや他の経済的アクターは，自身の一連の行動に関する選択肢が皆無に近く，望ましい売り時ではないのに資産を売り払わなければならなかった．

（7）　この論争に関しては，Collins and Yearley（1992）を参照されたい．

ただ「市場」にエージェンシーの属性を与えることが実際に普通になるのは，それが右翼と左翼の政治的論説に巻き込まれる実体になる時であろう．よりうがった見方をすれば，人間の経済的エージェンシーとしての属性は，時には特殊な脳の構造のような「内部」にも帰属する．その帰属の達成には，特に磁気共鳴の脳断層撮影（MRIスキャン）のような特別な技術的備えを含む**配置**が必要であり，「神経経済学（例えばSanfey et al. 2003を参照されたい）」のような魅力的な新分野がその領域に該当する．

エージェンシーの属性など内輪だけの話であり学術的問題のようだが，実際は金融市場の参加者にも周知の問題である．トレーダーへの報酬の多くを占め，賞与として彼等が手にする部分は，企業の利益への個人的貢献を反映することが前提になっている．**配置**は集合的であるため，この「個別化（特殊な要素に対するエージェンシーの帰属）」は問題を生む[8]．予想通り，この個別化がしばしば卑しい嫉妬や激しい対立の根源になる．このことが社会学の題材として示唆に富むことは，Godechot（2004; 2007）により巧みに示されている．

エージェンシーの属性に関する上記の実例は，**配置**の概念の全体的有効性を映し出す．それが吟味された手法で用いられれば，経済行為者の構成や現代の経済生活を形作る重要な関係性を見出すのに役立つ．その結果，同じ現象にも新たな見方が加えられ，意外な関係や土台が発見される．**配置**が市場を構成する．市場がいかに成り立っているかを考察することは，金融社会論や市場の物的社会学一般に課せられた重要な責務である．

訳注
（1）これはハイ・ウォーター・マーク（high water mark）と表現される．
（2）FIPE（Fundacao Instituto de Pesquisas Economicas）は，ブラジルの経済調査研究財団であり，消費者物価指数を発表する．

（8）このように考える点に関して，ファビアン・ムニエサに感謝する．

第4章　デリバティブ：仮想の生成

　調査したヘッジファンドが，USドルやユーロの金利変動により直接生じる損失のヘッジ（低減もしくは帳消し）を企てていたと，（ハーディーと私は）前章で指摘した．ファンドのトレーダーは，自身のコンピューターの売買画面を立ち上げてマウスをクリックし，シカゴ商品取引所や欧州の取引相手と債券先物を売買してヘッジを達成していた．それこそ数秒もかからない単純作業だが，その背後には複雑な経緯があるため，本章の主題として取り上げる．

　40年前，金利リスクのヘッジは全く容易ではなかった．先物の売買画面が存在しなかっただけではない．シカゴ商品取引所が扱っていた先物は，小麦のような有形の農産物だけであり，今日の金融先物や他のオプションといった金融デリバティブは，取引所で売買されるどころか，存在すらしていなかった．1970年1月の時点では，組織的な金融デリバティブ取引所は，世界中どこにもなかったのである．

　1970年代当初に誕生した金融デリバティブの売買は，今日の水準からすればほんのわずかな規模であり，場当たり的に行われていた．それは，株式市場の陰に隠れた二次的な取引として，たまに「店頭」で銀行間の直接交渉により売買されていた．それ以降の金融デリバティブ取引所の隆盛は，世界の金融市場の大転換を顕著に象徴している．2006年6月末には，世界で合計84.4兆ドル（地球上の全人類一人当たり13,000ドルにほぼ匹敵する）にも上るデリバティブが取引所で売買され，急速に伸びたその総計額は，8年間でおよそ6倍にまで増加したことになる（図表4.1参照）．その契約の多くは，別のデリバティブのリスクを相殺するために締結される（ゆえに自己相殺的な側面があり，総計額は実は不明である）が，1970年代初期以降の変化が特に著しい．

　言うまでもなく，デリバティブに関する学術論文のほとんどは，その価格決定を主として研究する経済学者によるものである（他にも金融イノベーションの経済学に関する多くの「制度的」文献や，なぜ一部のデリバティブが成功し，他が失敗するのかに関する有益な文献もある．以下で両方を参考にする）[1]．だが近

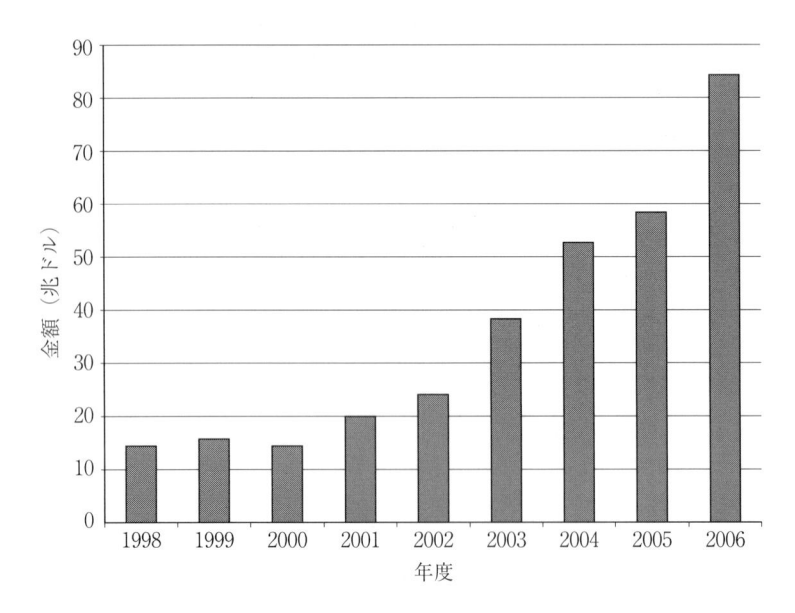

図4.1　1998年から2006年までの6月末時点の取引所売買の発行済みデリバティブ総額
出典：国際決済銀行〈http://www.bis.org〉の半期ごとの統計データに事後修正を施した．

年，人文地理学者や人類学者ならびに社会学者のデリバティブに対する注目度が急速に高まっている[2]．

そういった社会学的な研究に共通する問題意識は，「デリバティブの不可解でどこか想像的であり…仮想的な特徴（Arnoldi 2004: 23）」にある．金融証券は全て「その価値が証書や電子的データベースへの入力といった有形の実体そのものではなく，証券がもたらす世の中の将来の状態に対する権利（例えば，企業からの配当や政府からの国債利息などを受け取る権利）に由来するという意味で「仮想的」である．ゆえに，そういった証券のデリバティブの価値も抽象的な権利に由来する．そのため，デリバティブ市場の発展は，貨幣形態の抽象化が進展した形態であると理解できる．Pryke and Allen（2000）は，デリバティブは「貨幣

---

(1) 例えば，Tufano（2003）及びBlack（1986）を参照されたい．
(2) 特にTickell（1998; 2000），Pryke and Allen（2000），Maurer（2001; 2002），LiPuma and Lee（2004; 2005）及びArnoldi（2004）を参照されたい．

第4章　デリバティブ：仮想の生成

の『新たな想像』」であると指摘する．

　だが，そのような「抽象的」又は「仮想的」な資産がいかに生み出され，売買可能になったのだろうか．現代的「仮想」概念を我々に提供するコンピューター技術（とりわけ「仮想メモリ[3]」）の発展により，仮想性は今や精巧かつ洗練された高価な物的効果である．本章では，仮想性がいかに物的に生成するか，以下の3つの側面から探求する．第1に，金融と技術的イノベーションの類似点（及び相違点）であり，これは経済学的研究の**主題でもある**（例えばSilber 1981）．だが，そういった研究の中で披露される技術的イノベーションの見方は狭量過ぎて，例えば政治的観点が欠落している．デリバティブをイノベーションと見ることは，いかに「経済学は何かを行う（第2章で挙げた7番目の指針）」かの観点を提供し，イノベーションが生み出す知的財産戦略や，イノベーションの成功が見込まれる場合に想定される「利用者」の利害を考慮し，対立する利害の妥協点を見出すことにもつながる．

　探究すべき第2の論点は，デリバティブの「文化地理学（Thrift 2000）」である．「イスラム教の」デリバティブに関するマウラーの業績（Maurer 2001やMaurer 2005も参照されたい）は例外として，デリバティブに関する地理的かつ人類学的文献は驚くほど似通っている．そのいずれも，少なくとも大都市中心部であれば，「場所」がさほど問題にならない世界を暗黙的に前提としている．だが，たとえ大都市中心部でも，空間的かつ文化的位置は重要である．投資とギャンブルの間の関係が法的に様々に調整される（de Goede 2005を参照）ように，金融市場は独自の「内的」文化を刻み込んでいる．デリバティブと賭け事の関係は，漠然とした文化的問題ではない．デリバティブは賭け事とは異なると考えること（もしくは，一定の状況下でそれを賭け事だと認めること）は，デリバティブの物的生成の極めて重要な一面をなす．その一面こそが，どのデリバティブが売買可能であるかの判断に

---

(3)　大抵のコンピューターシステムは，高速の「メインメモリ（プログラムがアクセスし，修正することが出来るもの）」と低速の「セカンダリ・ストレッジ」の両方を用いる．前者は初期のコンピューターには高価であり容量が限られていたが，後者は直接アクセスできない代わりに大容量である．1950年代後半及び1960年代前半にかけて，コンピューター科学者は，より大容量の「アドレス空間（「仮想メモリ」）」へのアクセスを可能にし，プログラムをメインメモリの限られた物理的容量から解放する方法を通じて，両者の間でデータを自動的に移転するオペレーティング・システムをデザインする方法をあみだした．

加えて，デリバティブが抽象的かつ仮想的になり得る範囲にも影響を及ぼす．

議論すべき第3の論点は，事実性である．デリバティブ契約の仮想的特徴としてますます強調されるのは，契約の当事者による原資産の受け渡しの要求や無理強いが不可能であるため，それが現金の移転のみで決済され得る点である．そのような特徴ゆえに，支払うべき金額を決定するのに用いる測定は，「事実」でなければならない．それは受容可能な実体の表現（表示）でなければならず，操作の対象であってはならない．この類の最も重要な事実（既に第1章及び第2章で言及した英国銀行協会のLIBOR：ロンドンの銀行間市場金利）に焦点を当て，2007年から2008年にかけて噴出したLIBORをめぐる激しい論争に言及する．

本章は主たる実証的題材として，1970年以降の英米における金融デリバティブ取引の発展と，英国における金融スプレッド賭け産業の登場を取り上げる．デリバティブ取引やスプレッド賭けの特性を考えれば，両者の相違を見出す研究には先入観が持たれる．すなわち，店頭取引に関する国際的相違が確かに存在すると思われるが，それを識別するのは困難かもしれない．だが，英米を比較対象国に選ぶことで，そのような先入観は緩和される．両国の全体的金融システムは極めて類似した姿を現し，「資本主義の多様性」に関する文献（例えばHall and Soskice 2001）でも，通常一緒くたにされる．したがって，米国と英国におけるデリバティブ売買の間に見られる差異は，その他の点で類似する2国間の差異となる．いまや大幅に拡大して栄えるフランクフルト，ストックホルム，サンパウロやシンガポールのみならず，ロシアや中華人民共和国といった他の多くの台頭する国の金融デリバティブ取引を含めてこの種の検討が行われれば，より多くの異質性が見出されると思われる．

本章の主題に移る前に，対象とする主たる組織や年代及び情報源を簡単に紹介した方が良いだろう．体系化された金融デリバティブ取引創設の契機となった現代的試みは，1970年にニューヨーク国際商業取引所が始めた通貨先物であろう（「先物」は標準化された取引所売買の契約であり，特定の資産を特定の価格で将来の一定時点に購入しようとする当事者と，それを売却しようとする当事者との契約に経済的に匹敵する）．その試み自体は失敗に終わったが，シカゴ・オプション取引所が1973年にシカゴ商品取引所から分離新設されたように，1972年にシカゴ・マーカンタイル取引所の国際通貨市場が通貨先物を引き継いだ（オプ

第4章 デリバティブ：仮想の生成

ションは先物とは異なり，権利は与えるが義務を課さずに，資産を決められた価格で特定の日時かそれまでに購入する（もしくは契約の形態によっては売却する）．1970年代中期には，シカゴ商品取引所の他にも，米国の複数の取引所が金融デリバティブの売買を開始していた．

国際商業取引所やシカゴ・マーカンタイル取引所及びシカゴ商品取引所は全て，もともとは農産物取引所であった．1982年に創設され，英国で最終的に最も成功を収めた金融デリバティブ取引所であるLIFFE（ロンドン国際金融先物取引所）は，画期的な発展を遂げた．1978年にロンドン証券取引所が立ち上げたオプション売買市場が，1992年にLIFEEに吸収された．1991年には，当時ロンドンの商品取引所として名を馳せていたロンドン先物オプション取引所が，不動産と住宅価格に関するデリバティブを立ち上げたが，それ自体も1996年にLIFEEに吸収された（住宅や商業用不動産及び土地は，株式や債券の総額に匹敵する規模に達しており，不動産デリバティブは特に注目に値するが，その市場はごく最近まで極めて小規模であった[4]．不動産を対象としたデリバティブの低迷が，それ以外を対象としたデリバティブの成功に結び付いたと考えれば，分析対象として興味深い）．

金融スプレッド賭けは，賭元であるジョー・コーラル氏により提供されるFT（Financial Times）30種株価指数に対する賭けを契機として，スチュワート・ホイーラー氏により1974年に確立されたIG（インベスターズ・ゴールド）インデックスにより，その勢いを増した．1981年，IGインデックスはFTSE[訳注1]（Financial Times-Stock Exchange）−100及びダウ・ジョーンズ・インデックスのスプレッド賭けの提供を始めた．その他にも，シティ・インデックス社が1983年に金融スプレッド賭けの提供を開始し，カンター・インデックス社などの会社もつい最近この業界に参入した．スプレッド賭けはデリバティブである（まさに指数先物や通貨先物のように，株式市場の指数や為替相場といった数値に依拠した価値に関する契約である）が，後に論じる理由から，巧妙に賭け事として構成されていた．

本章は4つの情報源に依拠している．第1に，シカゴ商品取引所（Falloon 1998）やシカゴ・マーカンタイル取引所（Tamarkin 1993; Melamed and Tamarkin 1996）及びLIFFE（Kynaston 1997）に関する現存する史料である．第2に，デリ

---

[4] 不動産デリバティブの近年の成長に関して，ダーラム大学のスーザン・スミスによる研究が進行中である．

バティブ売買の企ての失敗を暴露することに意義を見出す業界誌である．第3に，英米における金融デリバティブ取引所の発展に中心的役割を果たした人々及びイギリスで金融スプレッド賭けを行う者に対して著者が行った，27回の口述史的インタビューである．第4に，ロンドン銀行間市場やそこでのブローカーの役割及びLIBORに関する12人へのインタビューと，それに伴うブローカーのオフィスや銀行のディーリング室及びLIBORの形成過程の短期的観察である．本書の各所で示すように，議論の展開の中で最も重要な個人的役割を果たした人物を除いて，インタビュー回答者を匿名にしている．

イノベーション

　今日商品として売買されている金融デリバティブの大多数は，1970年代には存在していなかった．特に組織的な取引所を通じて売買される商品でさえも，順調に「進化」を遂げたのではなく，発明されたと言えるだろう．実際，とりわけ新設のLIFFEのような今日の金融デリバティブ取引所は，その設計を強く意識した熟慮の賜物である．金融と物理的技術のイノベーションは同一ではないため，両者を比較して分析するのは有益であると思われる．以下では，両者の主な相違を3点論じる．

　まず，金融と技術に関するイノベーションの類似点から論じることにしたい．19世紀以前，我々が現在思い浮かべる「科学」は，技術的イノベーションにはほとんど役に立っていなかった．だが，今ではその役割は著しく増大している．金融にもそれが当てはまる．1970年以前には，アカデミックな経済学はデリバティブの売買にほとんど影響を及ぼしていなかったが，1970年以降はその役割が重要になっている（MacKenzie 2006）．

　第2章で論じたように，技術的イノベーションに関して広く知れ渡っている見解は，科学が真実を「発見」し，技術者がその実用可能性に取り組むことで科学を「応用」し，その結果生み出された製品が利用者に画一的に「普及する」という「直線的モデル」である．このモデルは一般的な議論では未だに影響力を有するが，現代の技術的イノベーション研究の中ではあまり評判が良くない（例えばBarnes and Edge 1982; Fleck 1994; Sørensen and Williams 2002; Oudshoorn and

Pinch 2003).その代わりにそういった研究は,「科学技術が実体のない知識としてではなく,体系化された専門知識として（しばしば人々への伝達を通じて）作用する点」,「科学は単にエンジニアが応用するのではなく,むしろ創造性を引き出す源である点」,「利用者のニーズや「局所的な実用的知識（Fleck 1994)」に対する細心の注意がイノベーションの成功には不可欠である点」及び「（フレックが「イノフュージョン」と呼ぶ）多くのイノベーションは通常「普及」する過程で生じる点」などを指摘してきた.

　技術的イノベーションのこのような側面は全て,デリバティブのイノベーションにも特徴付けられる.カロンは次のように述べる.「経済学の遂行性」は,単に「（研究室や大学に）限られた」経済学者によるものではなく,専門家であると同時に素人でもある「現場の経済学者」が介在する「共同行為」である（Callon 2007).特にデリバティブの売買をギャンブルであると見なす主張に対峙して,アカデミックな経済学はそれに専門的な正統性を付与して支持してきた（MacKenzie 2006).ところが,取引所売買のデリバティブの主要なイノベーションは,リチャード・サンダー氏のような,カリフォルニア大学バークレー校からシカゴ商品取引所に移り,アカデミックな世界から転じて市場に仕事を求めた経済学者と,彼のマーカンタイル取引所の取引相手であったフレッド・アルディッティ氏やリック・キルコリン氏らを必要とした.

　現場の経済学者らは,単に経済学を「応用」したわけではない.彼等はデリバティブの代表的な3大利用者と密接に関わり,イノベーションの過程に介入することが使命であると自覚していた.この3大利用者には,為替や金利の変動リスクから自らの組織を保護することに従事する「ヘッジャー」,そういった変動を正確に予測して利益を得ることを望む「投機家」及び「ビッド（買値）」と「アスク（売値）」の差額から稼ぎを得ようと売買に備える「マーケットメーカー」である.

　ヘッジや投機及びマーケットメーキングは,人や組織の分類というよりは,活動の分類である.例えばマーケットメーカーは,自分の持ち高をヘッジするか,熟慮の上で投機的な持ち高を選択することが多い.世間に広く知られたデリバティブによる大失敗があったが,それはヘッジの道を踏み外した組織が,後に投機の方向へ舵を切ったことによる結果である.それでも,「ヘッジャー」や「投機家」の分類は,デリバティブ取引への参加者が織りなす「素人の社会学」の一

部をなし,その中で「マーケットメーカー」は特別な責務を果たす.

　取引所で売買される革新的デリバティブは,この3利用者全てにとって魅力的である必要がある.例えば国際商業取引所の通貨先物取引の契機は,ブレトン・ウッズ体制に基づく為替固定相場制の終焉と時期を同じくする.相場変動が,ヘッジャーや投機家及びマーケットメーカーに対し,市場に参加するインセンティブを与えたのである.しかし,ヘッジャーの要望を満たすほどには,契約の練り込みや宣伝に十分な努力が注がれなかったようである.「契約の細部が銀行のトレーダーや企業の財務担当者にとって魅力的でなければならなかった…先物契約が成功を収めるためには,最低でも20から25％の小売業の参加を必要とする.単に投機家だけのための市場など成立し得ない(Melamed and Tamarkin 1996: 174やBlack 1986も参照されたい)」.

　取引所売買のデリバティブは標準化された商品であるため,次のような詳細を前もって定めておく必要がある.各契約がいかに多額になるのか,「ティック・サイズ(最小の価格の幅)」,「(存在すると仮定して)日々の価格変動の幅とトレーダーの持ち高に課される制限」,「委託証拠金(取引参加者がデリバティブを売買するか,価格変動後に契約を訂正する際に,取引所の清算機関に預託しなければならない金額)」の要件,契約満了日,及び原資産の引き渡し又は現金決済の手続きである[5].

　デリバティブ契約に関する詳細を首尾良く選択するためには,時には対立する利害に慎重な注意を払うことが必要になる.例えば,ヘッジャーと投機家の利害,取引所の所員と外部の顧客の利害,ならびに「ロング」と呼ばれるデリバティブの買手とそれを売る「ショート」の間の利害対立などである.彼等の利害は容易に決定し得ず,不変でもない.経済的実験の結果を契約の設定に生かそうとすると,どうしても手の込んだ研究が必要になるだろう(Muniesa and Callon 2007を参照されたい).つまり,金融デリバティブ取引所にとって重要な企業家的活動は,自らの利害に基づき新たなデリバティブの売買を目論む外部の顧客と取引所所員の両方を説得することである(MacKenzie 2006: 154-5を参照されたい.また,シカゴ・マーカンタイル取引所とシカゴ・オプション取引所の歴史につい

---

(5)　例えば,Sandor and Sosin (1983: 260-7) を参照されたい.

第 4 章　デリバティブ：仮想の生成

ては，173-4を参照されたい）．

　このような方法により利害が顕在化し，「翻訳された（Latour 1987）」としても，利害対立の可能性は残るため，契約のデザインは（技術的デザインのように（Winner 1980）），どうしても政治的問題となる．それは単純な決断で解決し得るものではなく（過度に一部の利害を優先すれば，他の利害関係者が売買を避けることになり，重大な問題を引き起こす），調整と妥協が必要になる．例えばリチャード・サンダー氏は，シカゴ商業取引所の最初の金融デリバティブであるモーゲージ債の先物に関して定めた引き渡し手続きを指し，「複雑で骨の折れる手続きだ．それはロングとショートの両方に困難をもたらしているだろう．その意味では公平であり，成功している理由なのかもしれない（Sandor and Sosin 1983: 267）」と述べた．

　売買への参加を促す企画や宣伝及び奨励（しばしば対面の集会を通じて行われる）は，特に新たなデリバティブ契約の駆け出し時には喫緊の課題である．なぜなら，取引所売買のデリバティブは，Arthur（1984）やDavid（1992）が技術的イノベーションの中に見出した「好」・「悪」循環の影響を受けるからである．この影響の典型的な例は，QWERTYキーボードの優勢である．QWERTYキーボードは，電子文書の作成にはどう見ても最適とは言えない．その起源の動機は，隣接するキーが続けて押される頻度を最小化し，タイプライターのレバーの機械的な絡み合いが生じるのを減らすことにあった．だが，QWERTYは英語圏の世界でキーボードに「組み込まれ」，その競争相手は「締め出された」．今後，別の候補がQWERTYに取って替わりそうな機会は皆無に等しい．

　現行の技術やデリバティブ取引が単にあるがままの状態であることから優位性が与えられ，ロックイン[訳注2]が生じる．QWERTYの優位性は，何百万もの利用者がキーの位置に親しんでいることや，異なるキーの配置を使い始める最初の数週間に直面する困難さにある．内燃機関の優位性には，（そのライバルではなく）それ自体に注がれてきた1世紀にわたる膨大な研究開発の努力や，ライバルが新たに一から造り出すために必要な燃料の供給・維持のための巨大インフラが含まれる．

　デリバティブ取引所を例にとれば，既存の売買高が大きい方向へビジネスが流れる傾向がある．売買高の大きさは，流動性（大規模な取引でも価格に大きな影

77

響を与える事がなく，迅速かつ容易に処理され得る）や取引コストの低さ及び頑健な市場価格を意味するからである．ゆえに，QWERTYのケースのように，特定のデリバティブを通じて立場を確立した取引所に，他が挑む事が困難になる（Silber 1981: 132）．例えば，ロンドンは総じて外国為替で確固たる地位を占めていたが，LIFFEがシカゴ・マーカンタイル取引所と競合して始めた通貨先物は成功しなかった（Kynaston 1997: 95-6及び126-7やLeslie and Wyatt 1992: 91）．それよりも，目立った競争相手が存在しなかったデリバティブ（つまりFTSE-100先物や英国及びドイツ国債先物）により，LIFFEは生き残りに成功した．

だが，金融と多くの技術的イノベーションの間には違いもある．大多数の物理的技術の事例と比べても，税務処理がデリバティブの成功には極めて不可欠であった．例えば，1980年9月の英国税法改正までオプションは「消耗資産」と見なされ，売買で利益が出ていても，損失が出ていても，キャピタルゲインに対する納税義務が発生することがあり，ロンドンオプション売買市場の顧客への魅力は当初は限られていた（Steen 1982）．対照的に，金融スプレッド賭けには，英国内の顧客の儲けは非課税であるという大きな魅力があった．スプレッド賭けを行う企業は賭元として納税義務を負うが，それは大した額ではないか，企業が顧客と売買する価格の差額に吸収されていた．

金融イノベーションは，大部分の技術よりも「リバースエンジニア(訳注3)」が容易である（Tufano 1989: 230; Allen and Gale 1994: 53）．争いや訴訟のリスクを最小化するため，デリバティブの詳細は出来る限り明確に示されることになる．デリバティブの売買や価格決定及びリスクヘッジには暗黙知が必要とされるが，そのデザインを複製することは容易ではない．革新的技術（特に容易に複製**されてしまう**製薬技術など）は，特に特許権として知的財産法で模倣から保護されている．対照的に，革新的金融商品（デリバティブの価格決定モデルなど）の法的保護は，ごく最近まで限定されていた．例えば米国では，金融商品やモデルは「ビジネス手法」及び（もしくは）「数学的計算」の範疇に入ると考えられ，特許の可能性は切り離されていた．知的財産法がオープンアクセスの推論（**特許**はその例外であった）から，私有財産優遇の推論へと一般的にシフトしたこと（Merges 2000）から，ようやく最近になってようやく金融イノベーションが保護されるようになった．

第4章 デリバティブ：仮想の生成

　重要な判例は，*State Street Bank & Trust Co. v. Signature Financial Group*[6]である．これはSignature側に与えられた米国特許5,193,056番（1993年3月9日）に関する判例である．当該特許は，投資信託が共通の投資ポートフォリオで用いる「ハブ・アンド・スポーク[TM]」という，資産価値を算定し，費用を配分する情報処理システムに認められた．State Street側は，当該特許を無効とする決定を求めたが，特許に関する裁判の「国家管轄権」を持つ連邦巡回控訴裁判所[7]は，1998年7月にSignature側の主張を優先した．State Street側は，連邦最高裁判所への上告を求めたが，1999年1月にその訴えは棄却された．

　この*State Street*判決まで，グローバルな資本主義システムの中心をなす金融デリバティブが，わずかに限られた知的財産権として認められる法制下で発展してきたことは驚くべきことである．この法制は，(a)インセンティブを低下させることでイノベーションを遅らせたか，それとも(b)QWERTYのような「一番乗り」の優位性が十分なインセンティブになり，複製や適用を促して，イノベーションを強化してきただろうか．この問いは，ここでは立ち入らない特許に関するありがちな論争だが，デリバティブのイノベーションに関する並外れた速度は，(b)の傾向があったことを窺わせる．とにかく明らかな事は，複製が実際に容易であったということである．特殊なデリバティブは，少なくともつい最近まで訴訟の恐れなく頻繁に模倣された．同様に，IGインデックスも，他者が類似するスプレッド賭けの契約を提供することを防げずにいる．実際，ほとんどの取引が模倣されている感がある．例えばLIFFEは，英国の先駆者よりもシカゴの取引所（特にマーカンタイル取引所）を綿密なモデルとした（Kynaston 1997, Leslie and Wyatt 1992: 91）．

文化地理学

　LIFFEの設立は，例えばAbolafia（1996）のエスノグラフィーの主題「売買は経済的活動であるとともに文化的活動でもある」を際立たせる．シカゴの金融デリバティブ市場が，母体となった農産物先物取引から受け継いだのは，「ピット」に

---

[6] US Court of Appeals, Federal Circuit, 149 F.3d 1368.
[7] 〈http://fedcir.gov/about.html〉を参照されたい（2006年12月4日アクセス）．

おける熱狂の中で対面で行われるオープンアウトクライ式の売買であった．シカゴの売買文化は，ニューヨーク証券取引所のそれとは大きく異なっていた．シカゴのマーケットメーカーの中には，競合するニューヨークの「スペシャリスト」に相当する者は存在しなかった．シカゴではしばしば不公平であると見なされたが，ニューヨークの「スペシャリスト」達は，未執行の注文が残る「板」にアクセスする特権を享受していた（その分，秩序ある市場を維持するために，特に売買注文に一時的不均衡が生じた場合，自らの元手で売買していた）．

　シカゴの荒々しさや無秩序と，1980年代前半までロンドンで支配的であった「紳士資本主義（Thompson 1997）」との間には，非常に大きな隔たりがあった（「ビッグバン」と称される1986年の規制緩和は，その隔たりをなくす重要な契機となった）．献身さと金融の才覚と切れ味鋭い売買こそが，シティの自己表現に欠かせないことなど過去の話であると見なしがちだが，ウェーバーの言葉を借りれば，ロンドンの金融エリート達は「ステータス・グループ」を形成していた（Weber 1970; 2000a; 2000bを参照されたい）．ロンドンのオプション取引市場の発展に欠かせない人物であったデビッド・スティーン氏は，私のインタビュー（2001年7月21日）に対し，ロンドンとアメリカにおける一般的気質の違いを，以下のように見事に表現した．

　　彼等（米国人）は，ここに居る（我々）よりも金儲けに強く執着する．…私が若い頃，パブリック・スクール[訳注4]に入り，特にオックスフォードやケンブリッジに進んでいれば，社会的ステータスについては，本当に他に何も心配する必要はなかった．どこへでも行けたし，どこでも受け入れてくれただろう．身分にふさわしい場があった．

　社会的に認められた立場に居ると，時に「6ペンス（tizzy）の貪り（「tizzy」は6ペンスを表す19世紀英国の俗語である）」と呼ばれるような，狭量な金銭的利益の追求を軽蔑するようになる．スティーン氏は「株の売買を通じて一株で6ペンスの利益を貪る人々」もいると評した．ロンドンとは異なり，シカゴでは6ペンス（tizzy）でも精力的に貪る価値があると考えられていた．

　シティの伝統的なダークスーツや黒靴とは一線を画し，売買時に鮮やかな色合

いの上着を象徴的に取り入れたLIFFEは，紳士資本主義ではなくシカゴの文化を明確に強く支持した（ただしLIFFEはユニオン・ジャックが描かれた上着の着用だけは認めなかった．「（国旗を背負ったトレーダーが）英国ポンドを売り利益を稼ぐ姿（Kynaston 1997: 73）」がテレビに映り，裏切り行為と見られることを恐れたためである．LIFFEのトレーダー達は，いつも紳士であるというよりは，挑戦的なイーストエンド[訳注5]の住民か「エセックス・ボーイズ」であった（Zaloom 2003及び2006）．

　ロンドンオプション取引市場（LTOM）は，LIFFEよりもさらに両面価値的であった．その設立も同様にシカゴに感化された（シカゴ・オプション取引所の成功に感化されたが，その設立に拍車をかけたのは，ロンドンの株式オプションがアムステルダムで売買されるかもしれないという脅威であった）．しかし，LTOMとロンドン証券取引所の関係が強過ぎたため，シカゴの売買文化の華やかさは十分に取り入れられなかった．1986年にシカゴからLTOMに移籍したマーケットメーカーは，「茶色い靴を履いていたため，初日にフロアで罵られた」ことを振り返る．自分の同僚達も当然苛立っていたが，彼はそこでシカゴでの態度や慣行をそのまま取り入れようとするのは楽ではないと悟った．

　このような違いがもたらす経済的帰結を追求するのは容易ではない．1970年代後半から1980年代前半にかけて，LTOMのマーケットメーカーの「ビッド」と「アスク」の価格スプレッドは大きく（Gemmill and Dickins 1986），シカゴのそれを遥かに上回っていた．この差に関して，シカゴの過度な競争的風潮が，未だにある程度紳士的な世界に取り込まれる中で失われたからだと解せる．しかし，それは正しくはないだろう．というのも，スプレッドの大きさには別の説明が可能であるからである[8]．例えば，LTOMとその母体であるロンドン証券取引所の間には，経済的に極めて深い溝が存在した．特に証券取引所の「仲買人（マーケットメーカー）」は，取引所の規則により，大口取引の約定後90分間は何も開示する必要がない権利を得ていた．それにより，その間に大量の株式を捌くのが容易になっていた．開示の遅れは，ロンドンオプション市場のマーケットメーカーに困難をもたらした（米国には，そのような遅延開示に匹敵する権利は存在

（8）　Baker（1984a及び1984b）が見事に示しているように，シカゴの競争的風潮が現実に激しい競争をもたらす程度は実は一様ではない点に言及しておくのは有益であろう．

しない）．その間，彼等はオプションの持ち高をヘッジし得る価格に決して絶対の自信を持ち得なかったからである．したがって，ビッド・アスク・スプレッドの大きさは，ヘッジの難しさに伴うリスクを考慮した結果によるものだと解せられる．

より明確なのは，デリバティブ市場が埋め込まれている広範囲にわたる文化から受ける影響である．いわゆる，法制度に残存するギャンブルに対する敵対心である．1845年英国賭博法の第18条は「ギャンブルや賭け事につながる全ての契約又は合意は…無効であり法的効力を持たない」と規定し，ギャンブルによる債務は法的には回収不可能であった．米国はさらに厳格であり，大部分の州（シカゴのデリバティブ市場に関して重要なイリノイ州を含む）ではギャンブルは違法である．

金融資産のデリバティブを売買するために開設された組織的取引所の歴史は浅いが，デリバティブと同様のものが長い間場当たり的に売買されており，農作物のデリバティブ（例えば小麦先物）のために開設された取引所は19世紀から存在する．したがって，正当なデリバティブ契約と賭け事を法的にいかに区別するのかという問題は長きにわたり存在し，容易に解決し得るものではない．実際，デリバティブは原資産の価格変動に対する賭けに似ているとも言える．デリバティブが賭け事であると法的に規定された場合，デリバティブ契約は米国で違法となり，英国でも履行不可能であっただろう．

18世紀の英国における法的原則では，正当な契約と賭け事の一般的区別は，オマリーが「取引の物質主義的理論」と称するものに特徴付けられていた．それは，「取引行為には，物的価値かその（物的）価値に対する権利の要素を幾らか含まなければならない（2003: 239-40）」とするものであった．ゆえに，デリバティブの「抽象的」かつ「仮想的」特徴（既述のように，これが近年のデリバティブをめぐる理論的議論の主要テーマである）は，実を言うと最も長期にわたる法的な障害である．正当な取引には物的価値に対する権利の移転が伴うべきであるという原則により，証券オプションの合法性は危機に瀕する．証券オプションの法的権利は，物的価値との二重の隔たりがあり，存在するとしてもたかだか所有権かその他の権利に対する主張に止まる．この問題は，証券デリバティブに限ったものではない．小麦先物は最終的に物的資産の所有権の移転が伴うのは自明だが，

第4章　デリバティブ：仮想の生成

実務上，小麦や他の商品先物契約は通常現金で決済された．小麦の引き渡し（もしくは小麦所有の主たる証拠となる倉庫受領証の引き渡しも含む．Cronon 1991を参照されたい）は稀であった．

　研究者らがその細部を突き詰めていなかったという理由もあり，19世紀の法的原則は英米両国で「物質主義」が薄れ，デリバティブにとっては好都合であった．「意図テスト（Swan 2000: 212-13）」として知られたものにより，正当な契約と賭け事の間に再び境界線が引かれた．つまり，契約の当事者同士が当該資産の受け渡しを意図していたならば，たとえその受け渡しが実際に行われなくても，その契約は賭け事ではなく合法かつ履行可能となった．先物のトレーダーが商品の引き渡しを意図していたと主張するのは容易であり，単に状況が一変したとの理由でそれを行わずに済んだため，農産物の先物取引を批判する農家にとって，その「意図」は「空虚な法的虚構」のように映った（O'Malley 2003: 243）．それにもかかわらず，「物的取引に関する18世紀の原則」を復権しようとする批判家らの努力は失敗に終わった（O'Malley 2003: 244）．

　有形の商品に関する先物やストック・オプションの売買は，上記の意図テストをパスした（ストック・オプションは株式証書の手渡しで決済し得たため，引き渡しと見なされることになった）．しかし，抽象的特徴を有する複雑な金融デリバティブにとって，まさにその意図テストが問題になった．例えば，株式指数は数的な抽象物である（それは単一企業の株価ではなく，株価の平均である）ため，指数先物を構成する最も容易な方法は，現金のみによる決済を可能にすることである．だが，その受け渡しの意図を主張することなどほぼ不可能であり，契約は結果的に賭け事に該当すると規則で定められることになる．その結果，シカゴの取引所は1960年代後半から株式指数先物を導入しようと熱望していたが，1982年までそれを達成することができなかった（それに必要不可欠な法や規制の変化がいかに生じたかに関する議論は，MacKenzie 2006にある）．

　イングランドでは，LIFFEが意図テストと1845年賭博法（現在でも法令全書に掲載）に直面することになり，当初はLIBORに基づく金利先物が問題となった．繰り返しになるが，問題は平均金利であるLIBORの引き渡しが不可能なことにある．LIFFE自体は，それは法的に妥当な複合商品であろうと案出した．つまりそれは，銀行間市場でローンと類似する預金の受け渡しを要求する権利で

ある「ロング」が付された現金決済の混合商品であると解した（LIBORが「要約する」市場については以下で論じる）．1982年7月，LIFFEは「そのような契約は法的に賭け事ではない」との弁護人意見のお墨付きを得た（Kynaston 1997: 58）．1984年には「買手と売手が受け取りや引き渡しを望む株式を指定する（ことが可能な）LIFFEの新たなFTSE-100先物が，同様の複合商品として考案された．それは「現金のみの決済を排除しようとした賭博法による影響を再度恐れた結果であった（Kynaston 1997: 131）」．

　1986年になってようやく，キナストンが論じるようなLIFFEと貿易産業省との「伝統的に良好な（1997: 155）」関係により，金融サービス法の規定（第63条）が導入され，英国におけるギャンブル問題が一気に解決した．当該規定は，投資ビジネスを構成する契約は，それが法的な意味で賭け事であるという根拠から「無効又は履行不可能」にはなり得ないと規定した．この規定により，現金のみで決済し得るデリバティブに係る障害が取り除かれた．意図テストに抵触して賭博と分類されるデリバティブがあったのかもしれないが，そういったものも当時は法的に履行可能であった．

　しかし，1986年の当該規定は偶然にも別の結果をもたらした．それは，英国における初期のスプレッド賭け産業（その後に個人客に対するビジネスとしてLIFFEに匹敵するほどに成長する）を，1987年の株式市場の崩壊から救出した．ギャンブルが英国では合法なままであったため，IGインデックスがデリバティブ売買とギャンブルの類似性を，問題（米国やLIFFEにはそうであった）から頼みの綱に変えることができた．上述のように，デリバティブを税の優遇がある賭け事へと生まれ変わらせたのである．

　IGインデックスやその競合対象が顧客に提供する標準化された契約のうち，最も一般的なものは先物に類似する（主たる違いは，契約が顧客同士ではなくスプレッド賭け企業と直接結ばれるという点にある）．例えばFTSE-100の契約の場合，企業は顧客がインデックスを「買い」得る価格もそれより低い「売り」得る価格も提示する（取引所のマーケットメーカーがそうであるように，スプレッド賭け企業の収益は，主に2つの価格のスプレッドから生じる）．インデックスが上昇すると信じる顧客はインデックスを購入し，スプレッド賭け企業にインデックスを売却する時にはスプレッドは拡大していると期待しながら，インデックス

第4章　デリバティブ：仮想の生成

ポイントごとに一定額（典型的なのは5ポンドずつ）を投じる．インデックスが下降すると信じる顧客は，インデックスを売り始め，買い入れることで賭けを閉じる（例えばVintcent 2002を参照されたい）．

したがって，取引所売買の先物と同じように，スプレッド賭けも最初の限られた「差額」に対する委託証拠金が，大きな損益となり得る．スプレッド賭け企業は，自身の顧客全体と類似する持ち高を選ぶことにより（しばしばLIFFEや他の取引所の先物を利用する），結果としてさらされるいかなる大きな市場変動を回避する．だが，1986年まで顧客が企業に対して負う債務の総額を法的に回収することは不可能であった．IGインデックスは，発生が見込まれる損失を相殺するのに十分大きな証拠金を顧客に要求することで，そのリスクを抑制した．しかし，その証拠金の水準の算定には，予想される市場変動の規模を見積もることが必要であり，あまりに多額の証拠金を要求すれば，顧客は離れていってしまう．

MacKenzie（2004）でも述べているように，1987年の危機は予想していたよりも甚大な市場変動を伴い，IGインデックスの顧客の多くが証拠金を超える債務を抱えることになった．当時，IG社は今日のような財政的健全性とは程遠く，容易に倒産し得た．その顧客が全体的に「ロング（価格が上昇するのに賭けて買い増し）」しており，そのヘッジも多額に上った．大幅な価格下落が意味したのは，ブローカーに即座に支払うべき顧客の多額の債務である．しかし，顧客の多く（ギャンブルの債務は強制的に回収されないと考えていた）は，IGインデックスへの債務支払いを拒否するか，そもそも支払えなかった．この点に関して幸いだったのは，IGインデックス側が金融サービス法の第63条を強調して，顧客に債務を返済するよう仕向けることができたことである（2005年3月1日のスチュアート・ホイーラー氏へのインタビューによる）．

事実性

つまり，「文化」は単にデリバティブが売買される「状況」に現れるとは限らない．賭博法といった問題を通じて文化は形作られ，売買に関する細かな作用とも関連し合う．そういった作用の中でもさらに重要なのは，デリバティブの原資産となる資産や利率もしくは他の数値の特質である．

85

既述の通り，現代の金融デリバティブ取引の契機となった農産物先物取引所にとって，この点で最も急を要した問題は，あらゆる特定の有形物を考慮しなくても十分に売買ができるよう，原資産を標準化することであった．シカゴの小麦売買では，標準化の特徴は先物売買との共進化の過程で現出してきた（Cronon 1991）．その後も標準化は新たな契約形態を計画するのに無視できない一面となった．例えば，シカゴ商業取引所のモーゲージ債先物や，1977年8月に導入され「取引所でそれまで最も成功した契約（Fallon 1998: 251; Zaloom 2006はシカゴ商業取引所の債券先物取引の優れたエスノグラフィーである）」と見なされた米国財務省証券先物などである．これらの先物取引に関して，債券それ自体は標準化し得なかったため，発行が異なる債券を対応させるという難題に対処する必要性が生じた．「最割安銘柄」債券の突然の枯渇（時として故意の「スクイズ（締め上げ）」による）は，全ての債券デリバティブトレーダーが用心すべき周期的問題であったが，即座に見事な解決策が講じられた．

　現金決済のデリバティブ契約のみがそのような問題を回避することができ，直接引き渡すことができない実体であるデリバティブの発展を後押しした．まず株式インデックスがそれを成し遂げ，現在は例えば天候や人間の寿命などを含む幅広い数値もこれに含まれる[9]．しかし，現金決済自体はある種異なる問題を提起する（それは「意図テスト」に伴う法的な障害とは全く別のものである）．現金決済の合計額を決定するのに用いられる測定が，例えば価格であれ，インデックスの水準であれ，金利又は天候や寿命その他の数値であれ，事実でなければならないことである．

　事実性（つまり，事実に対する信認）は，表示の妥当性に等しい．現金決済に用いられる測定が，デリバティブを支える市場や相場変動を表していると純粋に信じられるからこそ，リスクヘッジにデリバティブを用いる者が（市況が望ましくない時には）デリバティブから得られる利得を，原資産市場やその相場変動から生じる損失と相殺しようとする．

　例えば，この表示の妥当性をめぐる問題は，ロンドン先物オプション取引所に

（9）　天候デリバティブについては，Pryke（2007）を参照されたい．寿命デリバティブ（未だ大部分が計画段階である）への潜在的需要は，年金受給者が予想よりも長生きするかもしれないリスクを年金基金がヘッジしようとする要望から生まれる．

第4章 デリバティブ：仮想の生成

おける不動産先物に関する失敗の要因の一つになったと思われる（Patel 1994）．住宅価格先物に用いられた測定は，Nationwide Anglia社の住宅価格インデックスであったが，それはその会社が貸手になっている取引のみに基づくインデックスであった．実は，それはイギリス住宅市場の全体的相場を測定する複数ある候補の一つに過ぎなかった（今日でも住宅価格の変動に関して，異なるインデックスが著しく異なる推計値を提供している）．さらに，住宅市場が終始極めて異なり得る地方では，住宅市況の国内平均は，ヘッジャーにとってさほど重要ではない．例えば，建売住宅を建設中だが期待価格で売れないのを懸念するディベロッパーが，そのヘッジャーに該当すると考えられる（2006年には，シカゴ・マーカンタイル取引所が，特定の都市に特化して同等不動産の反復的販売の分析に基づくインデックスによる住宅価格先物・オプション市場を開設したが，この種の契約が長期的に見ていかに成功したかを判断するには早計過ぎる）．

対照的に，LIBORは元となる市場の妥当な表示であるといつも受け取られていた測定値である．それはシカゴ・マーカンタイル取引所のユーロドル契約やLIFFEのポンド短期金利先物などの重要な取引所売買のデリバティブ契約の基礎となり，店頭取引の金利スワップ市場でも中心的な役割を果たした（典型的なスワップは，当事者Aが当事者Bに契約期限まで固定金利を支払い，BがAに変動金利を支払う．中でも最も一般的な変動金利はLIBORである）．スワップ市場は全てのデリバティブ市場の中でも最大であり，その存在は取引所売買のデリバティブの巨大市場でさえも小さく見せる．第1章でも述べたように，LIBORに依拠した契約の合計額は，2006年までに170兆ドル（地球上の人類一人当たり2万6千ドルほどになる）を超える結果に至った．この点を考慮すれば，私の知る限り，LIBORが社会科学の研究の俎上に一度も載らなかった（それに関係するMason（1999）の詳細な資料が未公刊なだけである）のは驚きである．

LIBORは，特定の期間内に特定通貨に関して，主要な銀行がロンドン銀行間市場で他行から資金を借り入れ得る金利である（多くの通貨や期間が含まれるため，LIBORは単一の数字ではなく，複数の数字の集まり（例えば6か月物米ドルLIBORなど）である．ここでは残念ながら論じ得ることはできないが，大部分の重要な事実が「ニューヨーク」ではなく「ロンドン」の金利である理由は，文化的・政治的地理学的には興味をそそる問いである）．

いかにLIBORが形成されるかを理解するためには，銀行間市場に関する手短な議論を要する．その議論に重要なのは，第2章で論じた「声による仲介」の役割である．彼等は銀行のトレーディング室と類似する部屋にあるデスクの前に座るが，周りが密集している上に，騒々しく耳障りである．各ブローカーのデスクには「ボイスボックス」があり，各行のディーリング室に陣取る彼等の顧客のデスクにある類似するボイスボックスと特定の電話線で接続されている．

　場合によっては銀行間の直接交渉で契約が締結されるが，銀行間で預金の引き渡しや受け取りを望む銀行のディーラーは，それよりも頻繁に彼（彼女）のボイスボックスを用いてブローカーと話す．その際，相手をするブローカーは，次の3つのうちどれか1つを行う．(a)取引相手を見つけるべく彼（彼女）のボイスボックスを利用する，(b)彼（彼女）の同僚に対して注文を叫ぶ，(c)「ボードボーイ（今でもそう呼ばれている）」に対し，ブローカーのデスクを取り囲む大きなホワイトボードの一つに注文を書き出すよう依頼する．

　これに対しブローカーは，銀行のディーリング室の取引相手に，銀行間預金の現在の買値と売値を示す画面を提示する．その画面には，銀行間市場において刻一刻と変化する最も重要な数字が表示される．しかし，ブローカーが画面に表示する利率には，判断の要素も介在する．全ての銀行が等しく扱われるわけではない．それぞれ信用格付けが異なるため，各行の信用リスクに関する部署は，典型的にあらゆる取引銀行に対して預け得る資金量に制限を課している．ゆえに，例えばブローカーは自分の顧客が貸し渋るような信用格付けの低い銀行が情報源である場合，知っている最も魅力的な利率でも画面に表示しないことがある．

　銀行のディーラーは，画面に表示される利率を解釈する際にも判断を下す．あるディーラーは，いかにLIBORを見積もるのか問われて，以下のように話した．

>　「例えば16行（LIBOR算出パネルに含まれる銀行：下記参照）の中で…3行が積極的な金利を出しているとする．ブローカーからの情報で，まずはこの3行から資金を調達することになる．その次に，貸し出しを望まない銀行に対して，「この金利ならば魅力的だ」とアピールできるだけの水準にまで金利を引き上げなければならない．このようにしてスプレッドが生じるため，(LIBORが推定する) スプレッドは，市場で取引される実勢金利ではなく，

第 4 章　デリバティブ：仮想の生成

資金が実際に調達されると想定される金利をもとにしている」．

　このようなLIBORの見積りに伴う判断は，デリバティブの現金決済に用いられる測定の事実性に関する別の一面を浮き彫りにする．それを操作しようとする企てに対して，その測定は頑健と言えるだろうか．LIBORが指標となる市場に直接関与しない者は，それにバイアスを持たないだろうが，事実に基づく判断を下すのに必要な細かな知識を欠いているだろう．そのため，結果に「利害」が絡む関与者に依拠するほか仕方がないのである．

　シカゴ・マーカンタイル取引所は，1981年の12月にLIBOR決済のユーロドル先物市場を開設した際，チーフエコノミストのフレッド・アルディッティ氏が考案した独自の日次調査結果を出し始めた．指定された一連の銀行がLIBORの推計値を提供するよう求められていたが，平均を算出する前に最高値もしくは最低値が除外されるため，どの銀行も高低の推計値を提供するだけでは，結果を左右することができなかった．「初めのうちは，それなりの不満が見られた」と，当時の取引所代表であったレオ・メラメッド氏は私に話してくれた．だが，「その（LIBOR）「決定」の魅力は，それが金利の「真実」の価格であると圧倒的に認められていた点にある[10]」．

　1985年には，英国を本拠地として英国で取引を行う国際的銀行で構成される英国銀行協会が，（他の「LIBOR」も時には参照するが）最終的に他の全ての決定に取って替わる中央集権的な日次LIBORの「決定（アルディッティ氏によるものと大枠は類似する）」を導入した．同協会の外国為替及び貨幣市場諮問委員会は，銀行の「評判」，「ロンドン市場における活動規模」及び「関連する通貨に関する専門知識」に基づき，「信用状態への一定の配慮」を加えつつ，各通貨について8，12，16の銀行を選抜した（Mason 1999: 3-4）．

　各営業日の午前11時10分までに，LIBOR算出パネルは，テレレート社（現在はロイターの一部）に対し，「ちょうど11時前の時点で，対象となる通貨及び期間に関して，合理的な市場規模のもと銀行間で提供される金利で借り入れを依頼されて受諾した場合（「無担保」かつ「英国ウェールズ法制下で」）の借り入れ利率

---

(10)　レオ・メラメッド氏から著者への2006年1月13日のメールの内容に基づく．

(Mason 1999: スライド8及び9)」を報告する．その後，報告された利率が上から4等分され，最高と最低の4分の1は検討から除かれるとともに，第2及び3四半の中間値が算定される．その中間値こそが，英国銀行協会のLIBORであり，午前11時45分頃には，主たる全ての市場ネットワークを通じて世界中に発信される．

　その決定に利用される情報には，不正確な情報が含まれる恐れもあるが，その中から事実が生み出される．「我々は**彼等**（算出パネルに含まれる銀行）に対し，**他行**がいかなる数字を出しているか述べるよう依頼する」し，「あらゆるローンが実際にその金利に基づく必要はなく」，何が「合理的な市場規模」を構成するのかも，事細かに定義されているわけではない（Mason 1999: 4-5, 強調は原書）．その決定は，いわば**社会学的**に頑健であるようデザインされている．その情報を作り出す銀行自体も，英国銀行協会によるLIBORに依拠した大規模なデリバティブのポートフォリオを保有する可能性が極めて高く，その価値も最終的にはLIBORの数字の影響を受ける．だが，最終的なLIBORの数字と同様に，各銀行の提供情報も他に伝わる．あるインタビュー回答者は，他行が全て増加させるかそのままであったのに，以前よりも提供する数字を1ベーシスポイント（1％の100分の1）減らした銀行への疑念を表しつつ，ある日の3カ月物ポンド建てLIBORに関する情報を私に見せてくれた．つまり，特異かつ操作の意図が見える情報が，市場に公に表示されることになる．さらに，最高と最低の4分の1が除外されるため，常に過度に特異な情報は計算から除かれる．最終的に，英国銀行協会の諮問委員会が算出パネルに含まれる銀行を精査し，疑わしい情報を繰り返し提供する銀行は，きまり悪く排除されることになる．あるインタビュー回答者が言うには，この種の制裁は以前から行われてきたようである．

　しかし2007年から2008年にかけて，LIBORの信頼は過去に例をみないほどの難局に陥った．最高最低の4分の1を除外するだけでは，全ての銀行に影響を与える問題からLIBORを守ることができなくなった．最初のノーザンロックに続いて，ベア・スターンズが救済を要し，ほとんどあらゆる銀行が危機に瀕していた．LIBOR算出パネルに含まれる銀行も高金利でしか借り入れできないことを表に出すのを足踏みしていると疑われ始めた．それら銀行も危険な状態にあるのではないかとの噂によるものである．それにより，銀行が「群れをなし（自行の情報を他行が予想する情報に近付け続け）」ており，LIBORの下降バイアスを

第 4 章　デリバティブ：仮想の生成

作っているとの懸念にもつながった．ウォールストリート・ジャーナルはそれを顕著に批判した．例えば2008年4月16日の記事は，3ヶ月物ドル建てLOBORが本来の「あるべき姿」から30ベーシスポイントも低いと主張している．英国銀行協会は粘り強くLIBORを擁護した．LIBORに対する代替案もあった（例えば，自行が借り得る利率の報告ではなく，他行が借り得る利率を報告させるといったもの）が，協会は即座の場当たり的な変更を頑なに拒否した．そういった事態から，別のインデックスに基づく新たなデリバティブへの関心も高まった．例えば2008年6月には，LIFFEがEONIAと呼ばれる銀行間の翌日物ユーローローンの加重平均金利の先物契約を開始した．

結論

　地理学や文化人類学及び社会学の理論に根差した金融デリバティブに関する研究の貢献は，ともすれば議論している商品を単に描写するだけの傾向に陥る．それは，明らかに抽象的な商品に関する抽象的な研究に過ぎない．しかし，シカゴ・マーカンタイル取引所で金融デリバティブを扱わせたレオ・メラメド氏の言葉を借りれば，そういった商品の市場には「良いアイデアだけでは不十分である」．「その市場を立ち上げて維持していくには，計画，計算，無理強い及び頑固さが必要だ．うまく進行していそうな時でも，さらなる力強い後押しが欠かせない（Melamed and Tamarkin 1996: 295）」．

　そういった計算やテコ入れ及び後押し（ある洞察によれば，それは無理強いともとれる．MacKenzie 2006を参照されたい）は，仮想性の物的生成に重要な役割を果たしている．それは「デリバティブ契約の設計」，「正当な取引とギャンブルの間の法的境界線」，「トレーディングの地域的文化」及び「デリバティブの現金決済に本質的な事実性がいかに生み出されるか」といった事項と関係する．このような事柄は，理論的研究に関する「大きな問題（例えば，リスクの範囲や分散又はグローバル化やコモディティ化の見通し）」に関心を抱く者にも重要であるはずである．その問題に対して十分に根拠のある回答を導き出すためには，物的社会学が扱う細部と結び付けて考える必要があるのは明らかである．

　例えば空間性に関する問いには，微妙な回答が要求される．確かに，グローバ

ルな金融統合は，現実に起こっている現象である．だが，それは「地理学の終焉」を引き起こしたわけではない（O'Brien 1992）．例えば，LIBORはグローバルな事実であるが，それは・ロ・ン・ド・ンの銀行間で提供される金利でもある．さらに例を挙げれば，スプレッド賭けは携帯電話の画面とキーを使って何千ものグローバルな資産（日経インデックス，ブレント原油，金，炭素排出枠など[11]）に関する安価なデリバティブ契約を結ぶ英国民の急増をもたらした．単純な処理には10秒弱しかかからず，通常の契約は5秒ほどで約定する．これに該当する経験は米国民にはなく，英国民にとって生きた市場を経験する効果は大きい．2006年には，英国でおよそ40万人がスプレッド賭けの口座を持っていた（Brady and Ramyar 2006）．現在では，「ヘッジレット（スプレッド賭けと類似しているが，賭け事とは分類されない）」として，米国で英国における金融スプレッド賭けの成功の再現が試みられているが，それが本当にうまくいくかは不明である．

　デリバティブの物的社会学は，本章で述べたこと以外にも多くの側面を持つ．第5章で論じるのが，裁定取引がいかにデリバティブの価格を原資産に結び付けるかどうか（さらには，時にいかにそれが失敗するのか）である．本書で論じるどころかほとんど触れなかったが，同じく重要なのは，特に「優れた物体かつ技術でもある身体が，デリバティブ取引に果たす役割（大声で行う注文から電子取引へのある意味衝撃的な転換は，Zaloom 2006で論じられている）」，「清算機関の重要な機能（Millo, Muniesa, Panourgias, and Scott 2005）」及び「規制システムの構造的役割」などである．取引が確立されてから間もないかどうかに関わらず，分析を英米以外の世界における多くの主要なデリバティブ取引まで広げることは明らかに重要である．イノベーションや文化地理学及び事実性の問題を，単に取引所売買のデリバティブだけではなく，店頭取引市場（金融機関同士の相対売買）の文脈で検討することも必要であろう．ともあれ，本章の予備的分析が，デリバティブの仮想的特徴に単に魅了されるのではなく，その仮想性がいかに物的に生成されるか，深い洞察が求められることを示していると願いたい．

---

(11) 例えば〈http://www.igindex.co.uk〉を参照されたい．

第4章 デリバティブ:仮想の生成

訳注
（1） フィナンシャル・タイムズ社とロンドン証券取引所の合弁会社である．
（2） 技術の発展においては，その立ち上がりの時期の事情によって選択された方式をその後になっても変えることができない現象がしばしば見られる．これをロックイン（鍵をかけられた状態）と呼ぶ．
（3） 機械を分解したり，製品動作を観察したり，ソフトウェア動作を解析するなどして製品構造を分析し，そこから製造方法や動作原理，設計図，ソースコードなどを調査する事．
（4） 英国で主として中・上流子弟のための私立中等学校の通称．寄宿制で，中世以来の伝統を有する．
（5） ロンドンの東部地区．もとは低所得者層の住む地域．

第5章　裁定取引の物的社会学

(ダニエル・ベウンザ，イエイン・ハーディーとの共著)

　前章で論じたデリバティブは，現在もグローバルな金融の世界で中心的役割を果たしている．デリバティブとは，そもそもその価値が「原」資産の価格や指数水準，為替相場，金利その他の数値に依拠した契約または証券を指す．金融の他の領域と同様に，デリバティブに関する事実に対する信認も肝要になる．デリバティブ市場が信用するに足るものであるためには，デリバティブの価格が恣意的もしくは操作対象であってはならず，とりわけ資産価格や指数や相場その他関連数値からなる資産の市況を十分に反映していなければならない．

　デリバティブ市場が機能するために重要なのは，特定の物的な手続きが，先物やオプションその他デリバティブの価格と原資産を結び付けられるかどうかである．それには裁定取引が必要になる．本章で我々は裁定取引の物的社会学の展開を試みる．以下で論じるように，「裁定取引」は様々な意味を含む用語だが，本章では「同一資産の価格差や類似資産の相対的価格差を利用し，低リスクで利益を得ることを目的とした売買」という，市場参加者の定義に従う．例えば，デリバティブの価格が原資産の市況の想定から著しくかけ離れて変動する場合，裁定取引業者が介入し，その価格差を利用する．彼等は「割安な」商品の購入と「割高な」商品の売却を通じてその差違を限定するか削減し，デリバティブ市場と原資産の市場を再び関連付ける．

　デリバティブ市場のように裁定取引が重要な役割を果たす例は，多くのそれ以外の市場でも同様に見られる．歴史上の古典的な例として，金の裁定取引が存在した．サウジアラビアにおける金の価格が輸送費を含めてもニューヨークでの価格を上回る場合，裁定取引業者はニューヨークで金を買い，それをサウジアラビアで売ることで儲けを手にすることができた（サウジアラビアで金が安い場合は逆が成り立つ）．購入と売却をできるだけ同時に行うことにより，裁定取引業者は「ディレクショナル」な売買[訳注1]のリスクはとらない．その結果，金の価格が上昇するか下落するかに関わらず儲けが得られることになる．

裁定取引には，技術的資源や継続的努力に加えて，金融市場における大部分のアマチュア投資家の能力を凌ぐ専門知識が要求される．それは市場におけるプロの領分であると同時に，売買の重要な形態をなす（米国のアカデミックな読者に身近な話題を挙げるとすれば，ハーバードに代表される最も権威ある大規模大学の基金を運用するファンドの多くは，腕利きの裁定取引専門家集団である）．事実，裁定取引は例えば市場の見通しやグローバルな程度の判断を下支えして市場を**構成する**．国際的な金の裁定取引が可能であるため，地理的に離れた市場で異なる価格が生まれることなく，「世界相場」に基づく金の世界的市場が創設される．

　市場を構成する際，裁定取引は経済及び政治システムに幅広い影響を及ぼす．例えば1990年代後半，ヘッジファンドや投資銀行内の裁定取引業者は，イタリア政府が発行する国債と，特にドイツのような他の欧州諸国で発行された国債がますます類似すると認識し始めた．様々な理由（イタリア国家の財政効率性に対する懸念やそれに伴う国債デフォルトの恐れを含む）から，イタリア国債の価格はドイツのような国と比較すると伝統的に低く，高い国債費がイタリアに課されていた．裁定取引業者がイタリア国債を買い始めたところ，その相対価格は上昇し，イタリア政府の国債費支出も減少した．1988年にイタリア財務省が創設した下述のMTS電子債券売買システムによる流動性に支えられた結果，イタリアは欧州経済通貨同盟（EMU）のマーストリヒト基準を満たすことができた．つまり，裁定取引業者の信念には自己承認的側面があった（彼等の信念に基づく売買は，イタリアのEMU加盟という結果をもたらした．すなわち，裁定取引は一国の市場ではなく，欧州国債市場の創設にも寄与したのである）．

　裁定取引の失敗は，その成功と同様に重大である．戦後の金融システムの最も重大な2度の危機の渦中に生じた失敗がそれに該当する．1987年の株式市場の大暴落と1998年のLong Term Capital Management（LTCM）のヘッジ取引をめぐる大混乱である．前者の致命的な点は，株式市場と重要デリバティブ市場（株価指数先物）の関係（通常は上述した裁定取引の対象となる）の断絶であった．後者のLTCMの事例では，裁定取引の持ち高を無理して手仕舞ったことが，突如として全く関係のない資産にも強く相関した価格変動をグローバルに引き起こし，一部の市場機能が麻痺した．

　裁定取引をめぐっては，学問的に大きな偏りが存在する．経済社会学，経済人

類学，経済地理学や国際政治経済学として知られる政治学の一部や，それらの専門的小派として金融市場を取り上げる分野でも，これまでほとんど関心が寄せられてこなかった（数少ない例外として，Miyazaki 2003; Robotti n.d; Beunza and Stark 2004; Hardie 2004及びMacKenzie 2003が含まれる）．対照的に，現代の金融経済学で引き合いに出される中心的な理論メカニズムが「裁定証明」である．それによれば，安定した価格パターンのもとでは，裁定機会が得られないと仮定される．そのため，価格が特定のパターンから乖離する場合には，裁定が可能になることが立証されて示される必要がある．現代の資産価格理論（特に，オプションのようなデリバティブの価格決定理論）は，ほぼ全てこの種の「裁定証明」に依拠している．その典型的なものは，フィッシャー・ブラック，マイロン・ショールズ及びロバート・C・マートンが開発し，ノーベル賞受賞の対象となったオプション理論である（Black and Scholes 1973; Merton 1973）．彼等のモデルのもとでは，オプション価格は正確に複製し得るという事実に基づき決定される．つまり，世の中のありとあらゆる状況下で，オプションと同じ成果をもたらす原資産や現金の保有または借入れからなる継続的に修正されるポートフォリオを構築できるという事実である．オプション価格はこのポートフォリオ複製のコストと等しくなるはずであり，さもなければ裁定取引が可能になる．

　ブラック，ショールズ及びマートンらによる功績ならびに主流の金融経済学一般における「裁定取引」の概念化と，本章で焦点を当てる市場慣行としての裁定取引は異なる．伝統的な経済学者は全く資本を必要とせず無リスクな取引が裁定取引であると定義するが，市場で行われる裁定取引は，常にいくらかの資本を必要とし，取引相手が義務を果たさないリスクが伴う（Hardie 2004）．事実，純粋主義者は，我々が本章で想定する売買を「裁定取引」と見なすべきではないと主張するだろう[1]．

　しかしながら，純粋主義的な考えにも犠牲が伴う．純粋主義的な「裁定取引」の定義としてブラック・ショールズ・マートンによるオプション価格決定が要求する教義的なファイナンス理論上の裁定取引でも，現実の取引相手を捉えていない．また，純粋主義的定義だけが答を出すわけではない．金融経済学者（特にア

---

[1] 純粋主義者は「裁定取引」という言葉を，後述のように「相対価値の取引」と置き換えるべきだろう．

ンドレイ・シュライファーのような行動経済学者）は，裁定取引の定義をより現実的なものに変えた場合の影響を調査し始めている（例えば，Shleifer and Vishny 1997を参照されたい）．経済学者の中にも，この課題が極めて重要であるとしっかりと考えている者もいる．したがって，伝統的な見方によれば，市場を効率的にするのは裁定取引であり，それを妨げることは，効率的市場仮説（すなわち，成熟した資本市場では，市場は入手可能な価格関連情報を全て即座に反映すると考える）という現代の金融経済学における中心的教義の正当性には疑問が投げ掛けられることになる．

我々が以下で提案するのは，裁定取引の限界に関する経済学の文献と我々が提唱する裁定取引の「物的社会学」との間に，潜在的に実り多い関係が存在するということである．第2章で論じたように，物的社会学は，他の何よりも技術システムと他の有形物や実体（物的実体と見なされる人体も含む）が社会関係において果たす役割に注目する．もちろん，その役割は広範に及ぶため，全ての社会学が物的社会学であるべきだが，社会理論はしばしば有形物を抽象的に扱い，実証的問いもほとんど有形物自体に焦点を当てることがない．我々の主張では，裁定取引を適切に理解するには，「有形」及び「社会的」側面の両方を考慮する必要があり，その2つを分けて考えることはできない．裁定取引は「有形」であると**同時に**「社会的」過程でもある．

裁定取引の物的社会学を進展させる際，本章は3つの情報源に依拠する．1つ目はベウンザがデビッド・スタークと共同で行なったフィールドワークであり，既にBeunza and Stark（2003; 2004; 2005）として論じられている．ベウンザとスタークは，米国や欧州及びアジアの26カ国で128の事務所をグローバルに展開する，非米系投資銀行Lower Manhattanの裁定取引を行うトレーディング室にて参与観察研究を行った．当該研究は，34ヶ月にわたって65回にも上るトレーディング室への半日の訪問に基づく．その間，両氏はトレーディング室内の10席の売買デスクのうち，4席（合併裁定取引，統計的裁定取引，特殊状況及び顧客デスク）を詳細に観察した．彼等はトレーダー間の狭いスペースに座り，トレーダーの説明に耳を傾け，ランチを一緒にとりながらジョークも交わした．彼等は選び抜かれたトレーダー達に対して私的に（通常，トレーディング室のすぐそばの小さな会議室であった）詳細なインタビューを実施し，入手情報を補足した．観察

の最終年には，両氏は売買デスクの一画にコンピューターや電話を提供され，その場に普通に溶け込んでいた．

　第2の情報源は，私の裁定取引に関する研究である．それは，(a)ファンドの危機とそれが示す裁定取引の限界に対する理解を主たる目的としたLTCMの研究や(b) Callon (1998) の言う意味で裁定取引が金融理論を「遂行する」範囲を推測するのを目的とする，特に金融理論に深く根差したオプション裁定取引の形態に焦点を当てた研究からなる．これらの研究は，問題意識に関連する売買を行う26人の裁定取引業者に対するスノーボール・サンプリングによる半構造的インタビュー，LTCMが売買を行っていた市場が危機に陥った数ヶ月の価格変動の分析，及び既存のオプションの価格決定に関する計量経済学的な分析に基づく（MacKenzie 2003; 2006を参照されたい）．

　第3の情報源は，本書で議論される複数の問題に焦点を当てたハーディーとマッケンジーによる研究であり，競合するトレーダー間の情報の流れや，トレーダーとマネージャーの関係，及び十分に長く保有していればほぼ確実に利益を生むことになる売買が手仕舞わなければならなかった状況を取り上げる．51人ものスノーボール・サンプル（ヘッジファンドと投資銀行のトレーダー，それらトレーダーを統括するマネージャー，事務管理のサービスを提供する者，及び資金をファンドに融通する「ファンド・オブ・ファンズ」）へのインタビュー[2]に加えて，第3章で触れたヘッジファンドの短期的観察も本章の研究に関連する．

　我々が次節で述べる裁定取引に関する発見は，この期間中の観察から得られたものである．だが，選択された事例は単純であり，どの事例も我々が論じようとする問題を全て捉えきれていない．実際，本章における我々の目的は，3つの情報源に基づく研究を体系的に論じることではない（それぞれここで論じる範囲よりも多くの論点を持つ）．むしろ，我々の目的は自分達の観察やインタビューその他の情報源及び裁定取引に触れた金融社会論の成果に基づき，裁定取引の物的社会学を概説することにある．

---

(2) 51人のうち3人のトレーダーに対するインタビューは，私の以前の研究でも行っている．

ブラジルの14sと40s

　2005年1月5日，ハーディーとマッケンジーは第3章で言及したヘッジファンドの売買を観察している．朝の会議の直後，パートナーBはブラジル国債市場の奇妙な点に気付く．ロンドン時間の昨夕に報じられた米国連邦準備銀行の公開市場委員会の議事録は，さらなる金利上昇を生む兆候であると市場参加者が睨み，ブラジル国債市場は概して下げ基調である．ところが，「14s（2014年に満期を迎えるドル建てブラジル国債）」の「価格が上昇」しており，他の債券と比べて割高になっている．「その値でそれを売却してくれ」，パートナーBが切り出す．

　トレーダーはすぐにそれに対応せず，自分のアシスタントに「14s」と「40s（2040年11月に満期を迎えるドル建てブラジル国債）」の過去3ヶ月の価格チャートを作成するよう依頼する．時間の経過に伴い，トレーダーは14sの売りと40sの買い持ち高を取る．彼はアシスタントが作成した価格チャートを含むエクセルファイルを投資銀行内の連絡係に送り，それを他者へも配布するよう勧める（本章の後半で，この行動の理由を論じる）．

　2040年に満期を迎える債券は，2014年に満期を迎えるそれとは全く異なるように思われる．2つの満期日の間にある四半世紀には，様々な事が起きるだろう．しかし，2040年満期の債券は「繰り上げ償還可能」である．つまり，ブラジル政府は早期に元本を支払い2015年にも償還できる．もしブラジル国債がそのままの価格で売買され続ければ，ブラジル政府は安価な借り換えが可能になり，早期の償還が理に適うことになる．要するに，「40s」は2015年にも満期を迎え得るため，それぞれ表す数字は異なれども，「14s」と「40s」は互いに極めて似通う．

　1月5日の朝，誰もこのことを口に出さない．ブラジル国債市場に慣れた投資家であれば誰でもそうであるように，それはトレーダーとパートナーBも当然「既知の」事柄に過ぎない（ハーディーはアカデミックの世界に戻る前は投資銀行で働いており，当初ブラジル国債の「40s」の売り出しに関わっていたため，その事を知っていた．ただ，それをマッケンジーに小声で説明する必要があった）．それにもかかわらず，トレーダーのアシスタントが作成したチャートは，売買を裏付ける根拠を可視化する物的表示となる．彼がトレーダーの望み通りにチャートを作成してみると（取り敢えずそのチャートは14sと40sの価格を示すが，

トレーダーが望めば価格差も表示する），2つの債券価格は想定通り互いに連動しているように見える．だが，40sの価格が14sの価格よりも大体常にわずかに割高である．その理由も専門家の間では一般的知識となっている．40sが最も流動性の高いブラジル国債であり，最も容易に売買できるため，例えば手っ取り早く持ち高を得て売り抜きたい者には最も魅力的に映る．実際に後のインタビューによれば，パートナーCはブラジル40sが新興国債全体の「資産クラスのベンチマーク」であると論じた．「人々が新興国市場に対し肯定的（もしくは否定的）であれば，彼等は40sを売買する」．

　トレーダーのアシスタントが作成したチャートを正しく読むためには，右から左への「時間」の流れを認識する必要がある（最も古い日時は右端である）．それさえ理解すれば，トレーダーが何を見ているか，誰でも明確に把握できる．直近の売買高は14sが40sよりも高くなっており，その差異は前日（1月4日）に急激に増大していた．トレーダーは上述の投資銀行の連絡係との後の電話だけでその原因を十分推測できるほど，自分の市場に精通している．米国連邦準備銀行の議事録が引き起こした相場の下落は，流動性の高いブラジルの40sに集中している．事実，連絡係がトレーダーに告げたように，異常なほど「リアルマネーの奴等（ヘッジファンドよりも大規模な機関のトレーダー）が40sを空売りしていた」．

　したがって，トレーダーが自信を持って仮定する（連絡係にも電話でそれを明言する）のは，14sが40sよりも高いという事実は，一時的な価格差に過ぎないということである．14sを空売りして40sを買うことで，トレーダー（実際に他者も）は（市場参加者間にとっての意味で）裁定取引を遂行する．その価格差は通常成り行きで解消すると期待されるが，特に他者もそれを利用しようと目論む場合（おそらく，投資銀行の連絡係が，アシスタントが作成したチャートを他にも配布したことによる），その過程の速度が著しく速まることもある．昼過ぎまでに，トレーダーは合計で14sをおよそ1,300万ドル空売りするとともに，40sを1,300万ドル分購入する．午後3時頃には，彼は「それは自分の望み通りに動いた」と言いふらせる（価格差は縮まり始めている）が，「手仕舞うほどではなかった」．彼はその持ち高を保持し続け，さらに価格差が縮まるのを期待している．週末になってようやく，彼はかなりの利益を手にすべく，自身の持ち高を決済することになる．

このトレーダーが**していない**事に留意されたい．金の裁定取引業者と同じく，彼は「ディレクショナル」な見方を持っていない．彼はブラジル政府の政策の予想も，ブラジル国債のデフォルト可能性の見積もりも，インフレや将来の金利の動きの予測も行わない．14sと40sが極めて似通っているため，これらの要素が互いの債券価格に与える影響もほぼ等しくなる．さらにトレーダーが組み合わせる「買い（long）」と「売り（short）」持ち高により，その効果も消失することになる．トレーダーが投資銀行の連絡係と電話で話すように，その売買は「市場リスクゼロ」である．つまり，その収益性（「少なくとも上記の売買では0.5ポイント）は，ブラジル国債価格の全体的な上昇及び下落の影響を受けない．事実，彼が我々に教えてくれたように，その持ち高は完全にリスクから解放されているわけではなく（以下を参照），市場での主要なリスク要因から隔離されているため，リスクは小さく収まる．

　ハーディーが売買の理論的根拠について尋ねた際，トレーダーは（金融経済学者のように）「この売買が（行われること自体）非効率性を示している」と述べた．一時的ではあるが，価格は２つの債券の相対的流動性といった，容易に入手可能な情報以外のものを反映する．トレーダーの動機は単に自分のヘッジファンドための金稼ぎかもしれないが，彼の行為は差異をなくし，「非効率」な影響を打ち消すのに役立っている．その点では，彼の売買は無リスクとは言えないが，金融経済学で想定される裁定取引と類似する．

裁定取引の物性

　価格は事物である．全ての価格と同様に，トレーダーがやり取りしていたもの（に加えて彼のアシスタントが用意し，配布対象となったチャート）は，有形の実体であった．コンピューター画面の様式や電話で伝えられる数字も同様にそうである．価格の体現形態も多様である．発話を構成する音波，紙面上のペンや鉛筆による筆跡，コンピューターシステム上で２進数を表し，電話線の音を符号化する電気のインパルス，騒がし過ぎて声が聞こえないトレーディング・ピットにおける「オープン・アウトクライ」売買のための手指示など，いずれも物的である．価格が一人の人間から別の人間に伝達されるか，あるコンピューターの売買

システムから別のそれへ伝達されるとしても，有形であることに変わりはない．

　価格の物性が裁定取引にとって重要なのは，価格の有形物への体現の仕方が，その伝達の範囲や速度に影響を与えるからである．裁定取引の古典的形態は，異なる地点における価格の違いを利用していた．例えば，商品及び通貨の裁定取引業者であったJ. Aron & Companyは，サウジアラビアとの電話線を常時開設していたため，金や銀の価格差が生じるのを出来るだけ迅速に発見して利用できた（Rubin and Weisberg 2003: 90-1）．

　価格配信システムの発展（特に1973年にロイターにより導入された「モニター」システム）は，Aron社のような企業が主として当時の電報や電話を通じて利用していた社会的ネットワークや，それ以前の伝達技術を通じて享受していた時空間に係る優位性を大幅に低下させた．例えば，当時のトレーダーが2つの電話回線を開設し，ある資産を他から安価で購入し，別の取引相手に売却して裁定取引を遂行していた可能性は皆無に近い．「『モニター』の導入後，価格（当初は為替相場，後に他の多くの価格も同様に）はシステムに接続する全ての人間が，グローバルに即座に入手可能なものになった（Knorr Cetina and Bruegger 2002b: 395）」．

　だが，価格配信は価格の伝達速度の差異を完全に取り除いたわけではない．現在はその速度が伝統的な裁定取引のように分速や時速ではなく，秒速やマイクロ秒速で測定されるとしても，その違いは未だに重要である．例を挙げれば，価格伝達がわずか2秒遅れただけでも，ベウンザが調査した銀行の競合相手の指数裁定取引デスクは，数百万ドルもの損失を被った．指数裁定取引（例えば，1987年の大暴落の核心をなした裁定取引形態がこれにあたる）は，S&P500インデックスや株価インデックスなどの先物指数の価格差を利用する．Beunza and Stark (2004) の論述によれば，問題となった日は，競合相手には株価指数がロイターのサーバーからやや遅れて伝達されていた．その間，先物価格は通常の速さで伝えられており，魅力的なミスプライシングが続く兆候（市場が一貫して上がり続けた日であった）を見せていた．その明らかな好機を目の当たりにし，競合相手の裁定取引業者達は巨額の売買を行い，多額の損失を出した．調査に応じたトレーダーの一人が説明してくれた．「彼等が買っていた間に我々は売っていた…彼等が痛手を負うまで，うちのトレーダー達は注文を続けていた．何が起こった

のか彼等が認識する1時間の間に，我々は200万ドルを稼いだ」．

ベウンザが調査した銀行におけるトレーダーの2台のUnixワークステーションとブルームバーグ端末の配置方法は，伝達速度と時間の正確さがいかに重要かを物語る．彼のUnixのワークステーションは，毎日原子時計と時間が一致するようになっている．3台のスクリーンのうち1台の画面上部には，端から端まで繰り返し動くスラッシュサインが取り付けられている．それは「価格フィード（価格情報が到着する速度）」を把握するための「パルスメーター」であり，価格の到着が止まると，その動きも止まる．彼の別のUnixのワークステーションには，「速度計」として機能する5色を示す正方形があり，注文がネットワークを通じていかに迅速に到達するかが示される．もし緑を示していれば何も問題なく，黄色であればネットワークの過密（輻輳）により交渉が遅れていることを示し，赤であればサーバーが妨害されていることを示す．さらに2つの「CPUメーター」が，銀行における注文情報の通信状況を測定する（Beunza and Stark 2004）．

価格変動を体現する有形的実体の速度は，物理的・技術的理由だけで決まるわけではない．例えば，初期のニューヨーク証券取引所へのモデム接続に関して，取引所の加盟会社が高速のモデムにこぞって投資し，優位性を得ようと企てた．そういった最速のハードウェアを求めるコストのかさむ競争を抑制すべく，9.6キロボーの「速度制限」が設定された．ベウンザによる観察中，2001年9月11日のテロリスト襲撃で影響を受けた一部の銀行で，この速度制限が問題となった．それら銀行が有していた9.6キロボーの伝達システムは作動不能になったが，それより速度の遅いモデムを市場で入手することも不可能であった（Beunza and Stark 2003）．

しかし，そのような意図的な競争の障壁はあっという間に形骸化している．コンピューターネットワーク上の伝達の遅れに対して，裁定取引業者と，別の方法で売買を最適化する自動注文システムを用いる業者の間で「軍備競争」が始まった（Bear, Hod, Enness, and Graham 2006）．この軍備競争には，主たるハードウェアの物理的配置が問題になる．特に，トレーダーによる証券売買の注文と，取引所の注文照合システム上での売買実行の間のわずかマイクロ秒の遅れでも最小限にするのが極めて重要である．そのため，各企業は出来る限り取引所のシステムに物理的に接近し，直接接続し得るコンピューターシステムを保有するため，プレミアムを支払うことをもいとわない．取引所におけるフロア上の対面売買の

終焉は，売買に参加する人間の体がもはや一箇所に位置付けられる必要がないことを意味するが，身体の分散化に伴い，技術システムが再び集中化している[3]．

また，時に裁定取引の実行に重要なのは，同時に物理的かつ社会的になり得る価格形態である．経済学の理論では，価格は通常実数で表示される（直線上の一点に該当する）が，市場慣行としての価格の物理的体現は，整数の比で表示し得る有利数一般であることもある（Mirowski 2002 543）．そういった場合に認められる一組の数字は，しばしば日常で用いられる貨幣の表示方法とは異なる．

例えば第2章で論じたように，1997年6月まで，米国の株価はドルの8分の1単位で表示された．このような価格の最低単位は，裁定取引を実行し得る刻み値の大きさに影響を与える．1997年6月以降，ニューヨーク証券取引所がドルの16分の1まで価格単位を引き下げたため，インデックスの裁定取引のきっかけとなる定型的刻み値の幅が狭まり，数多くの指数裁定取引が見られた（Henker and Martens 2005）．2001年に証券取引委員会（SEC）が分数から小数（ドル及びセント）の端数へさらなる移行を要求した結果，裁定取引がそれまでよりも促進され，指数裁定取引業者による激しい競争を生んだ．「昔は16分の1の値に付け込んで金を稼げたのにな」と愚痴をこぼし，損失を被ってしまう企業もあった．

裁定取引の遂行に関わる物的実体の中には，裁定取引担当者の身体も含まれる．一方の当事者が金や通貨またはその他資産を購入すべくもう一方の当事者と電話で取引を約定する際，別の当事者にそれを高値で売却することを同僚に伝える会話が電話の相手に聞こえてしまうと，その成功は困難になる．ゆえに，この場合（及び金融市場における多くの電話による通話）に重要なのは，同僚と会話する際，電話またはボイスボックスのマイクのスイッチを切るということである．ディーリング室で用いられる電話には，通常これを容易にするようイヤホンの後ろに親指で操作するスイッチが取り付けられており，たとえ同時に漏れ聞こえる会話をしていない時でも，多くの人間がそれを使い，電話回線の向こうの相手が喋っている最中はマイクのスイッチを切る．それは，興奮や緊張状況でも忘れることのできない身体の習慣となっている．

電子上で行われる裁定取引にも，身体能力が問われる．電子上で売買するには，

---

[3] この点はフアンパブロ・パルドグエラに負っている．

対象となる資産に対する「ビッド（買い注文）」や「アスク（売り注文）」を入れる必要がある．一般的にこの行為は，コンピューターのマウスを用いて，各価格水準についてビッド（しばしば青表示）とアスク（しばしば赤表示）の数字を示す画面上の一点をクリックして行われる．活況時には，これら数字や水準は青や赤のバーが上下するのとともに一秒ごとに変化する．もし裁定取引の機会が数秒しかないのであれば（実際，しばしばそうである），継続的な注意と迅速な身体の動きが要求される．人類学者であるカイトリン・ザルームは，先物トレーダー見習いのある女性とその同僚が，業務に不可欠な周到な注意や迅速かつ正確な行為を体に覚えさせるために，コンピューター上で金価格の裁定取引のシミュレーションを繰り返し練習させられたと述べている．彼女らは「反応の速度を高めて手と目を同時に動かすために，自分の自由な時間に市販のテレビゲームもする」よう奨励された．彼女達が絶対にしてはならない行為は，「fat fingering」と呼ばれる．これは例えば「買い注文を入れる（定められた価格で購入注文を申し込む）」ためにマウスを左クリックする代わりに，誤って右クリックし，不意に対象となる資産を現在の市場価格で購入してしまうことである．経営陣の目的は，「私達の指が，経済的意思を流れるように伝達し，ディーリング室と現実をつなぐパイプとして作用するよう鍛えることにあった（ザルームによる彼女等との個人的な意見交換に基づく．Zaloom 2006を参照されたい）」．

　裁定取引で身体的側面が最も重要になるのは，オープン・アウトクライの売買を「ピット」で行う時である．そこは伝統的に八角形で，すり鉢状に階段がある．数十人から数百人ものトレーダーがピットの階段に立ち，声やアイコンタクト，さらに複雑な手指示方式で交渉を行う．シカゴ（オープン・アウトクライ売買の主戦場）では，その迅速さが裁定取引（arbitrage）に不可欠であったため，手指示言語は「アーブ（arb）」と呼ばれる．例えば，売買を行う企業がシカゴとニューヨークの金先物の価格に標準的な裁定取引の機会を見出す場合，企業ブースから手書きの注文書を持った事務員をピットに走らせるよりは，「アーブ（手指示）」でトレーディング・ピットに指図した方が早かった（Lynn 2004: 57-9，またZaloom 2006を参照されたい）．

　互いの体がどこに位置するかは，オープン・アウトクライ売買での裁定取引に極めて重要である．例えば，2つの主なオプション形態は，コール（定められた

「行使価格」で購入するオプション）とプット（定められた価格で売るオプション）であるが，コールとプットの価格差は，「転換」と呼ばれる裁定取引に利用される（転換の際，トレーダーはコールオプションを売却するのと同時に，行使価格と期限が等しいプットオプションの他に対象となる株式やその他原資産を購入する）．アメリカン証券取引所のオプション裁定取引業者は，同じ株式のコールに応じる「スペシャリスト（指定された主要トレーダーである）」とプットに応じるスペシャリストの間に立つことが有利に働くと考えた．転換や同様の裁定取引の機会を発見して利用するには，それが最適な体の位置であった．

オープン・アウトクライの売買にとって，有形の体をどこに位置付けるかが重要な理由は，（第2章でも述べたように）ピットやトレーディング・フロアでは身体が非常に強く意識されるからである．激しい押し合いやよくある殴り合いは，しばしばピットに特有の，特別な空間での覇権争いである．背の高さや大きな声が有利であるばかりでなく，靴のような日常品さえも重要である．シカゴのトレーダーがよく履いているのは，自分の身長を高く見せるシークレットシューズである．だが過去10年間でオープン・アウトクライの売買は急速に減少し，消滅する日も近いだろう．それにもかかわらず，それに取って代わる画面上の売買でも，体の位置は未だに重要である．裁定取引には一組（または何組もの）の株式売買が伴うため，要求される専門知識は，しばしば多くの人間に偏在している．ベウンザが分析したトレーダーと投資銀行のトレーディング室に居る他のスタッフメンバーの体の位置は，必要な相互作用を促しつつ，悪影響を及ぼす恐れのある相互作用が生じないよう極めて意識的に計画されていた（Beunza and Stark 2004）．

例えば，銀行の顧客デスクが顧客の注文を執行する際，「特殊状況」デスクは銀行のために複雑な複合的戦略を提供し，顧客と直接接触することはない．この2組のトレーダーは向き合って座り，キーボードとコンピューターモニタだけが間を遮る．顧客デスクが意見を出すのは，なぜ顧客がそれを行おうとするのか考える時である．例えば，顧客デスクの代表が述べたのは，ある顧客がある株式を大量に購入する場合，「彼は私の知らない何を知っているのか」自ら問いを発することになる．有形のデスクが近接しているため，疑問を抱かせる顧客の注文の解釈が，デスク間で迅速かつインフォーマルに相談されることになった．

私（顧客デスクの代表）はそれを見て言ったんだ．「彼はなぜあんな注文を出すのか」．私はジョシュ（自社のトレーダー）と話したが，その真意は分からなかった．「あの男が変わってるんだろう」，我々はそう考えた．それは内部における情報交換であった．我々はただ自分達が望ましいと思う売買を考えていた….

「それはまるでひらめきに近い」と顧客デスクの代表は言った．「我々が最終的にどういう考えに至るかは定かではない．私自身，そういった顧客らに「買い」だと言い切ることも出来たが，その5分後にそれは「売り」だったと結論付けることもできた」．

対照的に，銀行のトレーディング室に居た4人の「統計的裁定取引担当者」は，慎重に他と一定の距離を保っていた．「統計的裁定取引」は，常に変動する証券価格の動きのパターンを見出す（これは理論的に重要である．なぜなら，価格変動の予測可能な統計的構造の発見・活用・除外を通じて，予測不可能なランダムネスを除外し，金融経済学の専門用語上「弱度に」効率的市場を作り出す．だが，統計的裁定取引担当者も，その構造のランダムさが，その方法で完全に取り除かれるとは思っていない）．統計的裁定取引担当者が利用する構造は，減多に（もしくは決して）決定的なものとは言えない．彼等も全くの偶然よりもましであれば良いと望む．結果として，異なる統計的裁定取引担当者が異なるパターンを利用すれば，投資活動のリスクは最小化され，彼等の売買が（おそらく同じ考えを共有しているため）あまりに一様になる場合，そのリスクは増大する．ある年長トレーダーは次のように述べた．「我々は『統計的裁定取引担当者』と会話しようとはしない．彼等は離れて座っているし（Beunza and Stark 2004を参照されたい）」．

裁定取引の社会性

価格は事物であるのみならず，社会的なものでもある．あらゆる形態の裁定取引の成否が，他者の将来の行動に依存する．価格が異なる「同一資産」の価格差を利用する古典的な裁定取引でさえ，他者が義務を果たすことに依存せざるを得ない．例えば，裁定取引業者が金の購入契約を結んだ場合の金の引き渡し義務や，

金の売却に伴う代金の支払義務が存在する．リヤドとマンハッタンにおける金が「同一である」かどうかの確認についても，他者が行う手続きに依拠せざるを得ない．金をある地点から別の地点へ輸送する必要もあるだろう（証券が証票であった時代には，異なる地点間の輸送や輸送中の紛失リスクは，裁定取引業者が考慮すべき問題であった）．

金の「同一性」を確保する純分検定は，門外漢の市場参加者から「ブラックボックス（その詳細が知られていなくても，信用できる手続き）」と見なされているが，現在では証券の「輸送」もトレーダーには常にブラックボックスのようである．しかしながら，多く（おそらく大部分）の裁定取引の形態は，「同一」資産ではなく「類似」資産の価格差を利用する．例えば，ブラジル14sと40s，株式と株式指数先物，株式と株式オプション，イタリアとドイツの国債，新規発行（新発）国債とそれ以前に発行された（既発）国債，国債と名目的な政府保証の付いたモーゲージ債，法的には異なるが2005年を目途にロイヤル・ダッチ・シェルグループとして経済的に統合された2社の株式の価格差などが挙げられる．しかし，少なくとも短中期的には，ブラジル14sと40sやロイヤル・ダッチとシェルの株式が資産として類似するかどうかは，市場でそれらを同等と見なして売買する他者に依存するため，裁定取引業者はそれをブラックボックスと気安く見なすことはできない．

金融資産の「類似性」は常にある意味，理論に依拠する．問題となる理論が，時にはブラック・ショールズ・マートンらによるオプション価格決定のような精巧な数学モデルであることもある．場合によっては，その理論は極めて特殊であり，現実的である．例えば，40sがブラジルで最も流動性が高い国債であり続けることや，欧州諸国の一体感がイタリア国債をドイツ国債に酷似させる事項などがそれに当てはまる．

したがって，裁定取引に従事するためには，トレーダーは自身が依拠する理論が正確であるか，また少なくとも実際の行動の根拠として十分理にかなっているか確認する必要がある．トレーダーは他者を説得する必要に駆られるか，それを望むことが多い．投資銀行とヘッジファンドにおける我々の観察によれば，見込まれる売買とそれを支える理論に関して，組織内外から届く（双方向の情報の動きが頻繁に生じる）売買に関する分析をめぐって多くの議論が見られた．それらの議論の多く

で最も重要な役割を果たしたのは，40sと14sの間の価格差の近年の傾向を示すチャートや，ヒューレット・パッカードとコンパックの株価比較を図示した「スプレッド図」（ベウンザの観察によれば，2001年から02年にかけて期待されたが確信には至っていなかった2社の合併の機会を利用しようとしたリスク裁定取引業者がこれに注目した）といった価値の物的表示であった（Beunza and Muniesa 2005）．しかし，物的表示だけで結論に至ることはさほど多くない．というのも，他のトレーダーが何をしているかなどの情報（ブラジル国債市場における「リアルマネー」の動きに関する情報など）も，理論の妥当性を判断するのに重要となり得る．

トレーダーが裁定取引の持ち高をとる場合，他者を説得する必要性が必ずしもなくなるわけではない．しばしば，裁定取引業者が利用しようと目論む価格差が縮小前に拡大することがある．それが彼等に損失をもたらすのは明らかである（例えば，1998年の9月にLTCMをめぐる危機に見舞われたハーバード大学基金の裁定取引活動は，ウォールストリート・ジャーナル（Sandler 1998）の報告によれば，一時10億ドルを超える損失を発生させていた）．時には，実際に現金や株式（もしくは少なくともその電子的記録）が流出する明らかな損失が発生する．例えば，売買参加者が持ち高を取り続けるために維持すべき「委託証拠金」を調整する取引清算機関の日常業務の結果としてそれが生じる．それ以外の時でも，実際には何も流出しないが，銀行やヘッジファンドの「時価評価（売買持ち高を再評価することであり，現在では少なくとも日次で行われる）」により，持ち高が損失を示すことがある．どちらの場合であっても，裁定取引を支える理論が正確で**あれば**，損失は一時的で済む（流出は流入に取って代わり，「紙上」の損失は実現利益へと姿を変える）が，裁定取引担当者がその持ち高を取り続けて大丈夫なのか，その理論を確認する必要がある銀行やファンドもあるだろう．

銀行のような大規模な組織では，裁定取引に取り立てて重要になる支持者は，裁定取引担当者の上司もしくはマネージャーであり，彼等は通常監督する業務の「P/L（損益）」の数字に注目する．「売買仲間内での格言がある」と，あるトレーダーとマネージャーが我々に教えてくれた．「ホワイトシート（損益計算書）は嘘をつかない」．そこに表れた損失は実際に発生しており，それを想定して対応すべきである．ところが，裁定取引担当者の視点から問題となるのは，ホワイトシートは少なくとも一時的には嘘を付くことである．裁定取引担当者が共通して口に

出す不満は，利益をもたらすのが確かな持ち高でも，損失が発生している時点で換金するようマネージャーから指示されることである．「教科書的な」裁定取引にも，そのリスクが伴う．Miyazaki (2003) による日本の証券会社におけるトレーダーの調査によれば，追加的に先物委託証拠金を預け入れなければならない時に発生する見かけ上の損失のせいで，指数裁定取引の持ち高を放棄するよう強制されることもある．裁定取引と投機の間の境界が曖昧であることを理解すれば，そのようなマネジメント行動はある程度納得できる．さらに，裁定取引担当者が実際に価格変動に投機しているかどうかをマネージャーが確かめるのも困難である．最も高名な「不良トレーダー」であるベアリング銀行のニック・リーソンとソシエテ・ジェネラルのジェローム・カービエルの2人の裁定取引担当者は，知らぬ間に大規模な投機家になっていた．

　ヘッジファンド内では，典型的にマネージャーと裁定取引担当者がそれほど明確に区別されているわけではない．LTCMのような大規模なファンドでも，2者の役割ははっきりとしてない．もっとも銀行に比べれば，ファンドに対する投資家の目が厳しい．ヘッジファンドは純資産価値の変動を投資家に月次で報告するが，銀行は四半期に一度かそれよりも少ない報告で済む（法人化されている管轄にも依存するが）．また，ヘッジファンドの売買に伴う損失は，銀行のように他の収益源でカバーされることはない．自らが選び出した（頻繁に除外もする）ヘッジファンドに投資家の資金を配分してますます重要な役割を果たす「ファンド・オブ・ファンズ」は，月次よりも頻繁にヘッジファンドからの報告を要求できる．時には毎日それを要求することも可能である．ゆえに，裁定取引に従事するヘッジファンドの大きな損失（「紙上」の損失でさえも）は，直ぐに表面化する．あるヘッジファンドのマネージャー（それ以前はインベストメントバンカーであった）は，銀行では「なぜ特定の持ち高をとるか主張し得る」が，ヘッジファンドの投資家は「それを考慮しない．彼等はただ数字（純資産価値の変動）だけを見る」と話してくれた．そのため，ファンドには投資家が資金を引き上げる恐怖がいつも存在し続ける．つまり，「金銭を失うことに対する許容限度は極めて低く，…我々はひと月でも損失を出すことは許されない」．

　銀行における裁定取引担当者が，一時的な損失から自らの持ち高を放棄しなければならないリスクは，マネージャーが売買の根拠となる理論を理解して容認し，

かつ損失が実際に一時的なものであると信じてくれれば低下する．ミヤザキが調査した日本企業のような新参者とは異なり，裁定取引の長い経験を持つ投資銀行では，この理解が得られやすい点で有利である．だが多くの場合，裁定取引の売買に係る専門的な細部は，市場で相当の経験を持つ者にも厄介な問題である．例えば，米国債と暗黙的な政府保証のある組織が発行するモーゲージ債の裁定取引は，以下の行動を必要とする．(a)大抵のモーゲージ契約が，借手が金利の低下に乗じて別の貸手から割安に資金を借り入れてモーゲージを返済するのを容認していることの影響を考慮し，利回り差を修正し，(b)例えば適切な金利オプションを購入してその影響を相殺する．これらの修正や相殺は，どちらも初歩的な事項ではない．

このような場合，裁定取引に対する信頼は，実際問題として裁定取引担当者（もしくは業者）という**特別な人間**に対する信頼に等しく，科学が科学者の間で信頼される多くの場合と重なる（Shapin 1994を参照されたい）．ヘッジファンドや大学基金のマネージャー，銀行のトレーダー個人またはトレーディング部の中で良い評判を得ている者（または組織）が，より信頼されることになる．LTCMの創始者であるジョン・W・メリウェザーは，ウォール街で最初に裁定取引部門（ソロモン・ブラザーズ）を率いており，彼の同僚には個人的にも名の通ったトレーダーも居た．彼等は3年の「ロックイン（資金を引き出すことが許されない）」をLTCMの投資家に認めさせ，1998年の倒産直後にも，JWMパートナーズという後継ファンドの投資家をうまく誘い出すことができた．1998年の危機の最中でも，ハーバード大学基金の運用監督者達は彼等を信頼していたようであり，損失を抱えた持ち高を清算しろと主張するどころか，明らかに巨額の損失を容認した．だからこそ，その損失は一時的なものになり得る（実際に一時的であった）．

さらに，ある裁定取引業者が利用している価格差について，他の裁定取引業者や専門的トレーダーが矛盾していると結論付ける場合，一時的な損失でも回避される．我々は観察とインタビューを通じて，異なるファンドや銀行に在籍するトレーダーが，主に電子メールを通じて売買に関する意見を交わす範囲の広さや，大部分の専門的トレーダーが他者の行動に向ける注意深さに驚かされた．そういった意見交換や注意は，他のトレーダーによる差異の利用を促す．彼等の売買は，その後にその差を縮小させ，少なくともそれが拡大するリスクを減らす．例

えばそれは，本章第2節で論じたトレーダーが，14sと40sのアノマリーを表示したチャートを要求した理由とも関係する．「それがわかる人だけに伝わればいいんだ」とトレーダーは我々に語っていた．もし別のトレーダーらがそのアノマリーに乗じて行動すれば，彼等もその拡大を抑えてくれる．万が一それが拡大する場合，その変則性が縮まるという自分の信念（売買の背後にある「理論」）を疑うだろうとトレーダーは告白してくれた．「自分が理解していない（アノマリーに関する）何らかの理由があるのかもしれない．（それが縮小するという前提で売買持ち高を構成する）決定を再検討しなければならなくなるだろう」．

早期の資金引き上げのリスクを最小化するもう一つの方法は，分散投資である．例えば，ファンドやトレーディング部または銀行が，世界の異なる地域や異なる資産構成からなる持ち高を選び，幅広く多様な裁定取引の持ち高をとる場合，表面的には重大な損失を発生させ，全体の持ち高が同時に資金を失う可能性は低い（「買い（ロング）」と「売り（ショート）」を組み合わせた持ち高による裁定取引の特性から，グローバルな経済状況，金利水準及び株式市場の上昇傾向といった一般的要素がほとんど影響を及ぼさない）．例えばこの分散投資は，LTCMの戦略の中心を占めた．

しかし，多くの専門的トレーダーが，他のトレーダーの行動に対して継続的に注意を払うため，分散投資のベネフィットが損なわれる危険性がある．多くのトレーダーが全て同じ持ち高をとる場合，相関「すべきではない」裁定取引が突如として結び付く．これこそが，LTCMの分散投資の失敗を引き起こした原因であった．LTCMは自社の持ち高を内密にしようと苦心していた．つまり，大規模に「ロックイン」された資金源を持つ大口の市場参加者として，LTCMは価格差の拡大を抑えようとする他社の便益は気にかけず，自らが利用しようと目論む機会を，他社の売買が減少・削減してしまうことを懸念していた．しかしながら，LTCMと全体的に同じ戦略を選択する（部分的にLTCMの成功を模倣する）か，LTCMの取引相手が直接または間接的にLTCMの売買特性を学んだために，他のトレーダーが頻繁にLTCMと極めて同じ持ち高を取った．「ロングタームの奴らが勝者だと考えられていたから，しっかり売買しろと何度言われたか想像できないよ」，あるヘッジファンドのマネージャーは述べた（Cramer 2002: 179）．

結果として，裁定取引の持ち高部分が重複することにより，次のような事態が生

じた．LTCM自体はわずかなリスクにさらされていただけが，1998年8月17日，ルーブル建てのロシア国債がデフォルトに陥り，突如として世界中の明らかに関係のない資産にまで，大規模な逆相関の価格変動が生じた．ロシア国債で損失を発生させた裁定取引業者は，委託証拠金の要求や投資家からの資金引き上げならびに他からの資金要求に応えるため，持ち高（明らかに関係のない資産までも）を決済しなければならなかった．全体として彼等が決済を求めた持ち高は互いに極めて重複し，それはLTCMのポートフォリオとも重なっていた．つまり，その決済が更なる損失を生み，追加的な決済を招き，破滅的な市場麻痺のスパイラルをもたらした．

　裁定取引の社会性は，マネージャーやヘッジファンドの投資家及び他の裁定取引業者のような特定の第三者と関係するだけではない．裁定取引の遂行は，その行為形態が容認され推奨されるのか，それとも容認されず妨げられるかどうかに左右される．この点に関する不変の問題は，裁定取引売買の2つの標準的「工程」の違いに関係する．典型的に，過小評価されている資産を購入する（もしくは別の言い方をすれば「買い」持ち高をとる）か，過大評価されている同種の資産を空売りすることで価格差が利用される．

　買い持ち高はおそらく常に問題がないように見え，売り持ち高はこれまでよく疑念の対象となってきた．空売り業者は価格低下を頻繁に責められ，以下の理由で倫理的に非難すべき行為であると考えられた．例えば，現在の解釈では空売りに伴う借株は シャリーア (訳注2) に反し，「イスラム」ヘッジファンドの設立を望む者にとって問題となる．一部の市場（例えばメキシコ国債市場）では，規制監督機関に特別に指定された信頼できる市場参加者のみが空売りを容認されている．他の市場では，幅広い参加者層による空売りが許容されるが，別の方法で何らかの規制がかかる．例えば，2007年まで米国での株式空売りは「アップティック・ルール（例えばRobotti n.d.を参照されたい）」と呼ばれる，直近価格が上昇していなければ空売りを禁じる規則下にあり，価格が継続的に下落する場合には，空売りに重大な遅れが生じていた．空売りに関する問題全てが，激しい政策討議の的となるわけではない（空売りの規制対象として，「借株制限」や「借株コスト」のほか，「売り持ち高を強制的に手仕舞わせて利益を得ることを望む業者の略奪的売買に対する空売り業者の脆弱性」が含まれる）．それでも，結果として生じるいずれの障害も重大である．したがって，例えば「（借株に応じる）株式

貸出」デスクは，ベウンザが調査した銀行のトレーディング・フロアの要の位置を占めていた．

　空売りに関する問題の範囲は資産ごとに多岐にわたるため，問題ごとにそれぞれ影響が異なる．例えば，ダウ・ジョーンズ先物や他の株式指数先物は，原資産のインデックスが示す水準よりしばしば低くなる傾向が見られる（Shalen n.d.）．「割高な」先物を利用する裁定取引は理解しやすいだろう．裁定取引業者は，インデックスを構成する株式を購入（これも理解しやすい）しつつ，先物の空売り持ち高（これも単に先物売りを意味し，何も難解なことはない）をとればいい．対照的に，「割安な」先物を利用するためには，裁定取引業者は先物を購入する（再度，これも理解しやすい）と同時に，原資産の株式を空売りすれば良いが，上述のように，これがたびたび問題となる．

　裁定取引は時として，市場における適切な行為は何かというやや特殊な疑問を突き付ける．興味深い事例は，2004年8月2日の午前中，シティーグループ・グローバル・マーケッツが行ったユーロ圏政府債と債券先物に関する巨額の売買である．先物と原資産の間の一般的な裁定取引のように，シティグループの売買は両方の価格差を利用しようと意図したものであった．だがこの場合，価格差自体は過去に存在しておらず，債券市場と債券先物市場の流動性の相違から生じたものであった．

　シティグループの内部文書（Skorecki and Munter 2005で引用されている）の言葉を借りれば，シティグループのトレーダーは「その債券に与えられていた流動性は，ブント（ドイツ国債）先物のそれよりもずっと高い」ことに気付いていた（ブント先物は欧州諸国債のベンチマークであった）．その結果，しばしば裁定取引業者がとるある種標準的な「市場中立的」持ち高（この場合，先物を空売りし，現物債券を買い入れる）が大規模であれば，それ以前の価格差がなくても，利益をもたらす状態で手仕舞われる．先物の売り持ち高を手仕舞うために大規模に先物を購入することは，「スリッページ（買いが進み過ぎて，先物価格が上昇してしまう）」による損失をもたらすが，裁定取引が先物と現物債券価格を結びつけるため，現物債券価格の上昇も同時に引き起こされる．その時点で債券市場の流動性が相当高ければ，債券の買い持ち高は希望価格で債券を売却して手仕舞われ，スリッページはもたらされない．事実，その取引は価格が下がる前に約定

されていた．流動性の非対称性により，債券が引き上げられた価格でスリッページなく売却されることになり，先物買いに伴うスリッページによる損失を補って余りある利益が得られた．

　シティグループがこの取引による収益の拠り所とした債券市場の流動性は，自然発生的に生まれたのではなく，イタリアを越えて広域に拡大するMTS債券売買システムを導入した銀行と欧州大陸国家間の意識的な「流動性協定」の賜物であった．その協定の目的は，小規模国を含めた欧州諸国のユーロ建て債券が流動的であり続けることを確保することにあった．従来の大部分の価格配信システム上では，価格が直接表示されるため，価格を提示した参加者と直接コンタクトをとり取引を成立させることができ，かつその提示価格で売買することが義務付けられているわけではない．対照的に，MTSシステムを利用する銀行が提示された価格で一定量の債券を売買しなければならない．このことから銀行は売買損失を発生させる恐れがあるが，断片的なユーロ圏政府市場が流動的になることは，投資家にとっても魅力的であった．フィナンシャル・タイムズは，各国政府が「デリバティブ取引やシンジケート債の売り出しなど利益のあがるビジネスを委託する銀行」を選出する際，度々「MTSによる売買高リストからトップ」の銀行を複数選定していたため，「各行はMTSビジネスを自社で抱え込む用意が出来ていた」と主張する（van Duyn and Munter 2004）．

　このシティグループの取引には物性が重要であった．シティグループはMTSシステムを通じた（債券購入の）買い注文全てにほぼ同時に「応じる」ことが要求されたが，それは手作業で出来るものではなかった．ゆえにシティグループのトレーダーらは，これを行うソフトウェアを開発した（彼等はそれを「スプレッドシート」と呼んだ）．2004年の8月2日の午前9時12分から10時29分にかけて，彼等は予定通りに債券先物を購入し，想定した通りその先物とユーロ圏政府債が値上がりした．午前10時28分には，彼等は80億ユーロから90億ユーロでその債券を売却しようと「スプレッドシート」を立ち上げた（Financial Services Authority 2005）．

　スプレッドシートは模擬売買でテストされており，現実の市場でも小規模で導入されていたが，8月2日に必要となった規模でテストすることは不可能であった．つまり，物的実体の中でそれがどう作用するかは，十分に確認されていなかった．「スプレッドシート」を立ち上げてからおよそ20秒後，トレーダーはそれ

がうまく機能しなかったことを懸念して2度目の起動を行った．実際，それは予想よりもずっとうまく機能していた．シティグループは2回目の起動と予期していなかった初回起動の成功の結果として，当初の購入を相殺すべく債券を売却するのではなく，差し引きで38億ユーロのユーロ圏政府債の売り持ち高を手にしてしまった．「(債券の売却を指示していた) スプレッドシート」は，大急ぎで購入のための設定が施され，11時25分に再び起動された (Financial Services Authority 2005).

シティグループの売買は計画通りではなかったが，およそ1千万ポンドの利益をもたらし，当初その売買で期待していた利回りを大きく上回った．その理由は，シティグループによる大規模な債券売却後に，他のMTS参加者が気配を急に下げたため，スプレッドシートがすでに売っていた価格よりも著しく低い価格で債券を買い戻すことができたからである．だが興味深いのは，その売買に対する反応である．シティグループはインサイダー情報に基づき売買していたわけではなく，誤った噂を流布させたわけでもない．だが，「多くのトレーダーが，シティグループが取引を行ったその日，MTSへの参加者に要求される大規模な「人工的流動性」を利用し，「紳士協定」を破ったのではないかと考えた．著名なバンカーは「複数の欧州諸国の財務省は，この売買を公然の争いと捉えた」と述べた．そのような感情が全体的であったわけではなく，別の年長バンカーは，「シティグループはさっとひと儲けする道を見出した．我々は彼等にお見事と言うしかないだろう (van Duyn and Munter 2004)」と述べた．ところが，シティグループはいたるところから非難され，特に英国のFSA（金融サービス協会）は，その売買から得た利益を放棄するよう命じ，さらなる罰則として400万ポンドの支払いを課した．

FSAはシティグループが法に触れたことを責めていたのではなく，その売買が協会の「商業原則」の2つに抵触したと見なした．特に，FSAはシティーグループ・グローバル・マーケッツが「売買戦略の執行が，MTSのプラットフォームによる効率的かつ秩序立った処理に対して与え得る結果に注意を払わなかったこと (Financial Services Authority 2005: 2)」を裁定した．Abolafia (1996) が古典的な金融市場のエスノグラフィーで確かに述べるように，市場行動は実は自身の利害の追求や法による制限よりも多くのものに支配されている．明示的ではない規範が問題になることもある．

結論

　本章で我々が主張したのは，裁定取引（それがいかに行なわれるか，そのリスク，その不確実性，その限界及びそれが市場を金融システムに結合させる能力も含めて）は，その十分な物性と社会性が把握されて初めて適切に理解されるということである．その種の十分な定性的理解は，経済学者や「行動ファイナンス」の専門家が典型的に追い求める定量的には厳密だが抽象的な理解とは明らかに異なる．それにもかかわらず，本章における「金融社会論」の観点と，自らの領域における伝統的かつ純粋な裁定取引の定義を和らげる金融経済学者の近年の研究には，重複する部分もある．

　例えばShleifer and Vishny（1997）は，裁定取引業者に資金を提供する者が一時的に逆の価格変動に直面して，早期に資金を引き上げるリスクをモデル化する．Brav and Heaton（2002）が取り組むのは，ある価格パターンが実は裁定取引の対象になり得る価格差をもたらすと，裁定取引業者が自分と周囲を納得（我々はこう呼ぶ）させる時に直面する困難である．ブラジルの14sと40sの価格比較のチャートを配布する際，我々が観察したトレーダーは実際は，Abreu and Brunnermeierがモデル化した問題を解決しようとしていた．その問題とは，「共通する裁定取引の機会を仲間がいつ利用するかはっきりしない時に合理的なトレーダーが出くわす裁定取引の障害（2002: 341）」である．Attari, Mello and Ruckes（2005）は，1998年の９月当初からLTCMの状況悪化が他者に知られた後に，LTCMに密接に関係するようになったリスクをモデル化するが，それは大口の裁定取引業者全てが考えるべきリスクである．すなわち，資金制限や持ち高が他のトレーダーに知れわたることで，裁定取引業者の行為が予測され，利用されてしまうリスクである．

　Shleifer and Vishny，Brav and Heaton，Abreu and Brunnermeier及びAttari, Mello, and Ruckesは，それぞれ４つの異なるモデルを提示し，我々が市場慣行と位置付ける裁定取引に固有の一面を捉えている．裁定取引の限界に関する経済学的文献の中には未だ体系的モデルが見られないが，裁定取引が抱える重要な限界とは，裁定取引の各側面の**相互作用**の中にあると，我々のフィールドワークは提示する．というのも，Shleifer and Vishnyのモデルで影響を及ぼす資金制限の結果として生じたLTCMを飲み込んだ危機は，一人の優れた裁定取引担当者を

他者が模倣した結果による相互作用から生じ，その危機自体もAttari, Mello and Ruckesがモデル化した手法で他のトレーダーが「裁定取引業者の裁定取引を行った」ことにより（その程度の決定は難しいが）悪化することになった．

　このように，裁定取引の研究は，金融経済学者と物性及び社会性に満ちた金融市場に幅広く果敢に取り組もうとする社会科学者が共同する生産的な領域になり得ると見込まれる．加えて，裁定取引が金融社会論の中心的トピックであると我々は確信している．裁定取引の細部は些細な論点かもしれないが，些細な事柄が大きな問題に関係する．例えば，シティグループの「スプレッドシート」の物性は，MTSの「人工的流動性」と関係しており，政府予算や経済通貨同盟及び欧州統合の全体的プロジェクトとも関係する．裁定取引に関する権力や資源は，グローバル金融市場の核心であり，我々が擁護する物的社会学がそれを理解するのに不可欠である．

訳注
（1）　一般的に，原資産市場の価格の方向性を予測して，そこから利益を得ようと価格変動リスクをとる投資．
（2）　イスラム教徒が守るべき儀礼的日常的生活規範．

第6章　利益の測定

　2001年4月20日金曜日，アメリカ深南部のミシシッピ州クリントン．そこは南北戦争当時に，シャーマン(訳注1)がジャクソン市を包囲した際に拠点としていた場所である．クリントンの街並みには歴史を感じさせる建物が立ち並び，古樹がそれを覆っている．その反面，クリントンはニューサウス（新南部）とも呼ばれ，有力な通信会社が先端的な本社ビルを構えており，それを見た者は「まるで黒褐色の母艦のようだ」と表現する（Ripley 2002）．

　その母艦内で働く経理部長には，事実を生み出す仕事がある．この通信会社は，情報化時代の物理的基盤を構築している．加えてこの会社は，同時に高速かつ大容量の情報の送受信を可能にする光ファイバーネットワークの構築も行っている．しかし，この企業は主として自社のネットワークを地域の通信事業者のそれと接続させる目的で，他社のネットワーク回線の容量をリースしているのである．そのリース契約に基づき，賃借した全ての回線容量分のリース料を支払う必要があるが，その容量が全て使用されているわけではない．経理部長の女性は，複数キーを押してマウスをクリックするだけで，その未使用部分に係る費用を「その他長期固定資産」と「建設仮勘定」の2つの勘定科目に分類する．彼女はこの作業を通じて一連の取引を資産の稼得と分類し，この分類は彼女が属する企業が公表する会計数値に最終的に影響を与える．

　人々が会計に対して共通して抱く先入観から，この種の分類行為は退屈なものに見えるだろう．確かに会計学以外の領域において，会計に精通している社会科学者はほとんどいないだろう．だが，会計における尺度も安定しているとは言えない．ここで取り上げた企業はワールドコム（WorldCom）であり，2,000万人もの顧客と6万人の従業員を抱え，世界最大規模でインターネット通信及び国際通話サービスを提供していた（Jeter 2003, xx-xxii）．ワールドコムはその数ヶ月後に破綻し，上司の指示により行われた会計専門家の金曜日の分類行為が，破綻の核心であったと明らかになった．さらに事実が解明されれば，米国企業の財務報告に残されたわずかな信用のほとんどが失墜することになるだろう．2001年12月

に起こったエンロンの倒産で，この信用は既に著しく損なわれてしまっている．2002年6月25日に公表された39億ドルに上るワールドコムの会計不正額は，エンロンだけが特異ではないとの恐怖をさらに増長させている．

2002年7月21日に決定的となったワールドコムの破綻は，結果的に世界最大規模の企業倒産となった．サーベインズ・オックスリー法案は，財務報告に対して過度に厳しい規制を課し，かつ疑わしい取引にも罰則を与えてしまうのではないかと米国の有力政治家も懸念していたが，その懸念も一瞬で吹き飛んだ．その4日後，下院議会は賛成423に対し反対3でサーベインズ・オックスリー法案を可決し，上院もそれを99対0で承認した．7月30日には，ジョージ・W.ブッシュ大統領が当該法案を法律として制定することに署名した．それから数年経った今では，株式市場への上場を目論む国際企業が，サーベインズ・オックスリー法に係るコストや厳しい罰則を避ける目的から，ロンドンを候補地として選択し始めている．ミシシッピ州のとある金曜日，複数の打鍵が世界の金融市場の重心を移転させてしまったのである．

財務業績の測定

上記の金曜日の行動が与えた影響は並外れて甚大であったが，行動そのものはありふれたものであった．今日の社会は測定に満ちており，普段気付かない所まで測定の範囲が及ぶ（例えば自転車や自動車の一部が故障した場合，交換部品は該当箇所に的確にフィットし，やすりがけや造り直しの必要もない）．それはどこでも見られる修理の光景だが，背後にある膨大な測定の基礎構造と精密工学の賜物である[1]．我々が測定する事物の中には，特に利益のような財務業績も含まれる．財務業績の測定に関して，他の誰よりも秀でた専門家（経理担当者や会計専門家）が存在することは周知の事実である．

利益の測定は，いまや経済のガバナンスの中心をなし，その影響力も甚大である．企業が拡大すれば，ベテラン事業主の目からも，自社が黒字か赤字か判別するのが難しくなる．そこで，記録の保持と計算が必要になる．ただし企業が上場

（1） 部品の互換性に関する歴史については，Alder（1997）を参照されたい．

第6章　利益の測定

して公開企業となれば，直接コンタクトをとらない投資家がその会社の株式を売買することになる．

　その結果，企業内部の業績測定だけではなく，公表される企業の財務的事実にも注目する者が現れる．皆がその事実は信頼するに足ると期待するため（度重なるスキャンダルにより，その期待は裏切られているが），財務的事実の生成は単なる私企業の問題ではない．今では監査人，規制監督者，課税当局及び政府が，それぞれ企業の財務的事実の生成に役割を果たしている．世界を代表するグローバル企業の利益を専門に扱う主たる監査法人は，デロイト・トウシュ・トーマツ，アーンスト＆ヤング，KPMG，プライスウォーターハウス・クーパーズであり，「ビッグ4」と呼ばれる．自由企業からなる資本主義システムのもとでは，一般的な財務業績の中でも，利益はひときわ重要な指標である．特定の活動が利益を生み出せば，その活動がさらに多くの資源を引き寄せる．資本主義システムの論理によれば，当然そうなるはずである．特定の活動が生み出す価値が，そのために費やした価値を上回ることを利益は示すからである．逆に，特定の活動が損失をもたらす場合，資金はその活動から離れていく．

　現在，企業の財務報告は主として3つの主要な財務諸表から成り立つ．「損益計算書（income statement：I/S，英国ではprofit and loss account：P/L）」は，3ヶ月や1年といった一定期間内に生じた企業の収益と費用を表示する．「貸借対照表」は一定期間の期末における企業の資産及び負債等を表示する．加えて「キャッシュフロー計算書」は，一定期間における現金の収入と支出額を表示する．

　3つの財務諸表を作成する理由は，利益測定が単なる現金の計算とは異なるからである．現代の財務報告は，1期間における企業のキャッシュフローと収益及び費用が単純に一致しないとする「発生主義」に基づく．例えば，企業の四半期の電気使用量に係るコストは，請求書が未達であっても，その四半期の費用として計上される．ある商品が一四半期内で顧客に売却されれば，顧客が代金を支払う前でも当該四半期の収益が計上される．あらゆる会計のテキストに書いてある通り（例えばPerks 2004: 173-4など），「発生主義」を基盤とする会計のもとでは，企業の利益は現金収支の差額ではない．むしろ，利益は当期に稼得した収益とそのために発生した費用の差額であり，関連する現金収支が当期以前に生じているか，当期以後に行われかどうかとは無関係である．

製造業を営む会社が機械や飛行機を購入した場合，通常，それに関わるごく一部（しばしば極めて小額）のコストのみが，購入した期間における費用に分類される．機械や飛行機は将来にわたって何年も収益を生み出すと期待されるからである．その代わり，購入に係るコストは，企業の損益計算書ではなく，貸借対照表に「資産」として表示される．その資産の貸借対照表価額は，通常，時間の経過とともに減額され，一定期間にわたるの価値の減少として，「減価償却費」が各期の収益に対する費用として計上される．

　ワールドコムの会計専門家が行ったことの核心はここにある．使用していない通信容量をリースするコストは，電力消費と同様に費用に分類し得たはずである．少し手を加えることで，そのコストを光熱費として費用に分類するのではなく，機械や飛行機のような資産を購入したかのように「資本化」した結果，ワールドコムの2001年第2四半期の費用は6億1,000万ドルも減額され (Beresford, Katzenbach, and Rogers 2003: 108)，本来生じたはずの損失を帳消しにするのに十分な利益がもたらされた．

会計上の分類

　分類行為は利益測定の根幹をなす．あらゆる経理担当者や会計専門家のみならず，多くの人間が，特定の取引や他の経済的項目を会計上いかに分類すべきか，1日に何十回も決定する必要がある．現在，先進国では大抵の会計業務はコンピューター化されており，取引記録に組織の「勘定科目表」のコード番号を割り当てるという業務形態が採用されていることが多い．そのため，各組織は会計システムを通じた項目別の自動処理や集計ができる．

　例えば，本書にしたためた研究を支援して頂いた主たる補助金で賄う費用が発生した場合，以下の表6.1に示す分類（エジンバラ大学の勘定科目表の一部）の中で，どの費目に該当するかを決める必要がある．時として，この作業は極めて容易である．誰かにインタビューをするために英国内を電車で移動した場合，何の疑いもなく「3202」を選ぶ．しかし，私は紛れもなく簿記の素人であり，しばしば頭を悩ました分類があった．自分で主催したワークショップにスピーカーを招き，そのための費用をこちらで負担した場合，それは「3202」に該当するだろ

第6章　利益の測定

表6.1　エジンバラ大学の勘定科目表における分類の抜粋

3004	研究上の教育費
3006	研究上の補助費
3032	研究員のための費用
3102	研究上のその他諸経費
3138	研究上の消耗品費
3202	旅費等（英国内）
3206	旅費等（国外・欧州）
3438	保険料
3512	その他経費
3712	大学徴収の研究間接費

うか．それは「3102」かもしれない．電話でインタビューを行うために会議用電話を購入したが，それは「3102」か「3512」だったのだろうか．少し想像を働かせれば，電話を購入することで実際に移動する必要がなくなったので，「3202」や「3206」と分類することも出来そうである．

このような会計上の分類に関する意思決定は，日常どこにでも存在する．例えば，以下のようなものが含まれるだろう[2]．

1．ある項目が会計上の項目に該当するのかどうか．例えばブランドを想定されたい．ある会社の甘い炭酸の飲み物を「コカコーラ（Coca Cola™）」と呼ぶことができる権利は，間違いなく価値がある．敷衍すれば，それはその飲料を製造してペットボトルに注ぐのに用いられる機械と同じように「資産」であり，その機械よりも遥かに価値があるものかもしれない．その権利は，次のような「資産」の正式な定義を明確に満たしているようにも思われる．「資産とは，過去の取引または事象の結果として，ある特定の実体により取得または支配されている，発生の可能性の高い将来の経済的便益である（FASB 1985: 16）」．ところが会計専門家は，ブランドは会計上具備すべきと考えられる測定可能性の特性を欠くことを懸念する．国際会計基準（IAS）第38号は，それを端的に表す．「無形資産は当該資産のコストが信頼性をもって測定され得る場合にのみ

---

[2]　当該リストの挿入及び内容の多くについては，本章の草稿に対するマイケル・パワーのコメントに拠るところが大きい．

認識される (IASB 2005: 1599)．液体をコカコーラと呼ぶ権利の価値に，いかにして数字を割り当てれば良いか．その権利の価値が過年度と比較して増加または減少しているといかに判断できるか．その価値の変動は，企業の貸借対照表だけでなく，収益や「利益」を計算する損益計算書にも影響を与える．ブランドを会計上の項目として認めてしまうと，その所有者の利益が単なる意見と変わらなくなるのではないだろうか．ブランドの価値を測定する手法は複数存在し，それに精通している企業も一部あるが，その結果の信頼性にはまだ異議が唱えられる (Power 1992)．

2．特定の項目が会計上の項目に含まれると仮定して，一体どの項目に該当するのか．それは「費用」，「資産」，「負債」，「収益」，「剰余金」，「資本金」などのいずれに該当するのか．既述の通り，この分類こそが，企業の利益等を左右する．

3．各項目の測定に用いられる全体的「尺度」は何か．資産の測定を例にとれば，「取得原価」か「公正価値」を用いるかに焦点が当てられる[3]．前者は伝統的アプローチであり，資産が取得した時の原価で記録され，その後に減価償却が行われる．対照的に，「公正価値」は「仮に当該資産または負債に関する十分な知識を持つ独立した立場の当事者間で自発的に取引が行われたならば，当該資産または負債と交換されたであろう貨幣額である (IASB 2005: 2217)．両アプローチそれぞれに熱烈な支持者が存在する（現在は，公正価値論者が基準設定において優勢な立場にある）．企業の資産の時価がそれ以前のコストよりも常に重要であるならば，公正価値の長所が見出せる．取得原価による測定は，インフレーションや減価償却費を推定する必要性から複雑になる．そのため，時間の経過に伴い価値が増大することがある土地や建物といった資産には不適切であるだろう．だが，取得原価は当初の原価の検証及び文書化が容易である点において，時価よりも優れている．公正価値反対論者には，「公正価値」は客観的に見て不当な価額を妥当であると言っているだけのように映る．

4．いかに実際の測定が行われるのか．原価を例にとろう．企業が特定の製品を製造するかサービスを提供した場合，その原価はいかに定められるか．一部の

---

(3) 類似する問題として負債の測定があるが，紙幅の都合もあり，ここでは省略する．

製造及びサービス提供に関する活動だけが，原価計算の対象となる活動から除外される．例えば，工場の多くは異なる種類の製品を多数製造する．労務や機械，光熱その他多くの一通りのサービスに係る費用がいかに配分されるか．既製品を購入して販売する小売業も，同様の問題に直面する．小売業の会社が在庫の中から同種の商品を販売すると仮定しよう．この場合，原価に該当するものは何か．それは直近に購入した在庫に支払った分に相当する（後入先出法）か，それとも最も古くに購入した在庫に支払った分に相当する（先入先出法）か，はたまたそれらの合計を平均したものであろうか．物価変動時には，この問いに対する答の違いは企業にとって重大になり得る．

　同様に，収益はいかに測定されるのか．上述の通り，発生主義会計のもとでは，特定の期間における企業の収益は，同一期間内の現金収入とは異なる．例えば販売による収益は，代金支払時ではなく，商品の売却時に「認識」される．しかし，商品はその後に返品され得るし，時には顧客が代金を支払わないこともある．返品や「貸倒れ」の程度は将来の事象であるため，収益を測定する際に必要に応じて「引当金」を設定しておく必要がある．

5．特定の項目がどの期間に帰属するか．例えば，いつその商品が売却されるか[(4)]．いつ顧客がそれを購入する予定だと述べているか．いつ契約が交わされるか，もしくは注文書を受け取るのか．いつそれが倉庫から出荷されるのか．いつ請求書が発行されるか．いつ代金を受領するのか．さらに，多くの商品が注文を受けてから製造されており，多くのサービスが一時点ではなく期間をまたいで提供される．その場合，係る収益は期首，期末，期中の時点または時間の経過に合わせて稼得されるのか．もし時間の経過に伴い収益が稼得されるとしたら，特定の時点でどの程度稼得されると見なすのか．

　原価の期間配分も同様の問題を呈する．広告費を例にとろう．それは同一期間の売上に貢献しているのか（その場合，広告費は発生した期間内に費用として計上されるべきなのか），または将来の売上をもたらすものなのか（その場合，広告費の費用認識が次期以降に繰り延べられるべきか）．

6．ある項目が「流動的」か「(長期) 固定的」であるのか．例えば企業の債務

（4） 例えばHines（1988: 253）を参照されたい．

は，通常「流動負債」と「（長期）固定負債」に区別され，前者は1年以内に支払期日が到来する負債であり，後者は1年後以降に支払われる負債である．同様に「流動資産」は1年以内に現金化し得る資産であり，資産の副次的区分をなす．流動資産と流動負債が企業の財務健全性を評価する比率に用いられるため，この区別は極めて重要である[5]．従来，「流動比率（流動資産：流動負債）」が2：1であれば，企業が健全であることの証しであり，流動比率が1：1か流動資産の割合が1を下回ると，当該企業が破産する可能性が高い徴候であると見なされた．それゆえに，特定の項目が「流動的」であるのかどうかは非常に重要である．

7．組織の境界線はどこにあるのか[6]．取引をどのようにしてその境界線の内外に位置付けるか．エンロンの会計実務の顕著な特徴を1つ挙げるとすれば，「特別目的事業体」と呼ばれる組織体の組成であった．エンロンの経営陣及び監査人は，会計上は特別目的事業体を企業とは独立した組織として扱うことが正しいと確信していた．特別目的事業体を組成する真っ当な理由はいくつもある（例えば，それは「ストラクチャード・ファイナンス」の領域全体の基礎をなすものであり，第2章で取り上げたクレジット・デリバティブ市場の大部分がそれに関係する）．だが，特別目的事業体は，企業の負債計上を回避するために用いられることがある．負債は企業ではなく特別目的事業体に帰属するという論拠から，それが可能になる．それでは，組成母体である企業と特別目的事業体を「区別するもの」は何か．事業体に対する外部からの投資の有無か．もしそうであるならば，どの程度の外部の投資がそれに該当するのか（エンロン事件当時は，3％が十分であると見なされていた）．それとも外部からの支配力の存在か．もしそうであるならば，支配力はいかに測定されるのか．

8．企業が継続企業（ゴーイング・コンサーン）であるか．果たして，その存続可能性は合理的に確認出来るのか．この問いに対する回答は，当該企業の資産をいかに評価するかに大きく依存する．機械を例にとろう．通常，それを所有する企業が収益を生み出すためにその使用を続けると想定する場合，それを中古市場に売却するか廃棄処分するよりも，その企業に大きな価値をもたらすと

---

(5) 比率分析の歴史については，Miller and Power（1995）を参照されたい．
(6) 再度Hines（1988）を参照されたい．

推定される．そこで，企業の取締役は，自身の企業が「継続企業」の前提の上に成り立っているか明示的に立証しなければならず，会計監査人もそれが適切であるか判断しなければならない．継続企業の前提に疑義があるという決定が下されると，通常，その企業は破滅的な事態に直面する．その企業の資産は清算価値で評価されることになり，負債が資産を大きく上回り，引き続いて破産が起こることになる．

経済的実体の会計

では，会計上の分類及び測定に係る多くの顕在的かつ潜在的選択を決定する要素は一体何か．本章の残りの部分で，この問いに対する幾つかの回答を探求する．第1に「経済的実体」，第2に会計規則，第3にそれ以外の一連の社会的・技術的要素の側面から回答を導き出す．まず「経済的実体」の検討から始めたい．広く認められているように，企業の財務報告の目的は，その企業の経済的状態を正確に描写することである．その結果，既存の投資家や債権者及びその他の利害関係者が提供した資金が適切に利用されているか，もしくは回収可能であるかどうかを評価することができる．加えて，潜在的な投資家も，企業を信頼して自らの資金を委ねても良いか決定し得る．

ここで悩みの種となるのは，「報告」から「実体」への強力なフィードバックである．財務報告は企業の経済的状態に直接影響を与える．堅調で収益性が高い企業は投資家や債権者に魅力的に見えるが，そうでない銀行などは経営を続けることすら危ぶまれる[7]．「継続企業」の前提に傷が付けば，ほとんどの企業が継続企業ではなくなってしまう（Hines 1988: 256）．だが，企業の経済的状態は，監査報告書上の問題だけではない．世の中には一括で購入できないものがあり，収入の増加を見越して支払うことにする費用があることは，読者の皆様もご承知の通りである．同様のことが企業にも当てはまる．個人がそうであるように，企業が支払義務を果たせないという事態も当然起こり得る．どんなに楽観的に見ても，財務報告だけではその発生を食い止めることはできないだろう．事実，明ら

---

[7] 後者の指摘は，もちろんマートンの有名な自己充足的予言の一例に該当する．Merton (1948) を参照されたい．

かに収益性が高いと見られていた企業が，会計スキャンダルにより突然破綻に追い込まれるケースが頻発している．

　しかし，経済的実体を把握するという目的を純粋に追求しても，会計実務を十分規定することはできない．例えば，会計は地域的文化や伝統を帯びる．フォーマルな会計規則や基準が国ごとに大きく異なるだけでなく，規則が類似していても，実際の会計実務が異なる場合もある．例えば，近年の欧州における会計基準の調和化以前は，固定資産の減価償却を規定する規則が英国とフランスで類似していたが，実際の規則の適用は全く異なっていた（Walton, Haller, and Raffournier 2003: 23）．企業の資産や収益が複数の国にまたがる企業活動を対象にして算出される場合，国によって会計数値は著しく異なる．例えば，1993年にダイムラーベンツAG（社）がニューヨーク証券取引所に上場し，1996年まで米国基準とドイツ基準に基づく2組の財務諸表を作成していた（上場当初は米国基準のみであった）が，ダイムラーベンツ社の株主資本の価値（資産と負債の差額）は，米国基準の財務諸表が40〜45％も高くなっていた．利益額も同様に異なっており（1993年のダイムラーベンツ社のドイツ基準に基づく利益額は6億1,500万マルクであったが，米国基準では18億3,900万マルクの損失となった），特に顕著な差額は，主に資産の価格差を帳消しにする資産再評価により生じたものであった（Bay and Bruns 2003: 397-9）．

　財務報告に関して独自の異なる地域的文化を有する人達は，自らの会計実務が最も適切に実体を捉えると信じて疑わないだろう．例えば，コンチネンタルな欧州企業の会計専門家が，急速に変化する不確実な世の中を考慮して適切に会計処理を行っていると考えることが，英米の会計専門家にとっては，利益を不正に蓄えていると感じられるかもしれない．そのような信念は感情的なものになると考えれば，現在進行形のEU域内における各国会計基準の国際的調和化及び米国と欧州の会計基準の調和化が思ったほど進んでいないのも理解できる．会計基準の国際的調和化は，グローバルな投資家が異なる地域で財務報告を行う企業を容易に比較できるよう意図されたものであったが，その苦闘に取り組んだ中心人物は，調和化の達成には「大きな痛みが伴う」と予想していた（Tricks and Hargreaves (2004) におけるトゥイーディー卿の言葉の引用）．

　特に議論が多いのは，国際会計基準（IAS）第39号であり，デリバティブのよ

うな金融商品の評価を規定した基準である[8].核となる問題は，リスクヘッジにデリバティブが用いられる状況に対する基準についてである．例えば，銀行が顧客に固定金利の住宅ローンか利子保証の定期預金を提供し，金利の変動に伴うリスクを相殺するためにデリバティブ（通常，LIBORに基づく）を利用する場合がある．そのような状況下では，通常「ヘッジ会計」と呼ばれる会計処理が経済的に見ても現実的であると銀行は考える．「ヘッジ会計」は，ヘッジ手段となる金融商品の市場価値の変動もしくは評価損益は，ヘッジ対象となる項目の価値の変動により相殺されるべきであるという根拠から，ヘッジ手段である金融商品の市場価値の変動を企業の貸借対照表や損益計算書で認識しない．IAS第39号に否定的な見解を唱える者達は，ヘッジ会計を容認する規定が厳格過ぎると主張する．例えば，銀行が金利の変動に伴うリスクを，取引ごとではなく一括してヘッジする個別的ケースを十分に考慮していないと主張する．彼等が危惧するのは，経済的実体としてはリスクを低減するヘッジ取引であるのに，非論理的かつ人為的なボラティリティが利益に影響を与えてしまい，高リスクの取引であると見なされてしまうことである．例えば過去に銀行の会計専門家を務めた者は，インタビューに対して，ヘッジ対象である固定金利の住宅ローンのポートフォリオが，いつも市場価格で時価評価（mark-to-market）」されないのに，ヘッジ手段である商品のみが市場価格で再評価されていたことに不満をもらした．2004年には，銀行の集団的なロビー活動により，欧州委員会がその基準の一部を承認すると決定したが，英国会計基準審議会が，英国企業は「この決定を無視すべき」と提案して，欧州委員会の決定を鋭く糾弾した（Tricks and Buck 2004）．

会計のルールが「経済的実体」を反映するかどうかに関する論争は，経済の専門家である経済学者に頼ることで決着がつけられると考える者もいるだろう．実際に会計を厳密に研究対象としている経済学者が少数存在するが，彼等も未だにこの論争を説得力ある形で解決できてはいない．既に提示したように，財務報告における最も重要かつ全体に横たわる問いは，いかに「利益（もしくは収益）」を定義して測定するかである．英国の偉大な経済学者であるジョン・ヒックスは，

---

(8) IAS第39号の内容に関しては，IASB（2005: 1657-946）を参照されたい．

多分最も標準的な「利益」の定義[9]をもたらした人物であるが，彼自身それは正確なものではないと認めている．それを正確にすること，すなわち利益を明確に資本から分離することは，ヒックスの言うように，「幻を追い掛ける」ことになるのかもしれない．経済学者は「・利・益を歪めておいた方が賢明かもしれない」とヒックスは記している．利益の概念は「我々が使い古した…悪質な道具」であった（Hicks 1946: 176-7）．しかし，会計専門家はそのおそらく最も中心的な分類の責務から，決して逃れることはできない．デニス・ロバートソンが述べているように，「この世の刑務所と救貧院には，資本と利益の区別というこの上なく難解な作業を嫌な仕事と諦めた人間が数多く存在する（Kay 2004からの抜粋）」．

会計規則

　会計実務を具体化するのに「実体」に注目するだけでは不十分な場合，会計規則がおそらくその役割を担うのではないだろうか．会計規則が形式的かつ明文化される度合いは時代や地域により異なるが，これまで会計士が会計規則に強く反対したこともあった．英国（特に会計専門職団体の起源となったスコットランド）では，英国会社法による継続的要請として，企業の財政状態の「真実かつ正確な概観」もしくは「真実かつ公正な概観」を描写すべしという，経済的実体の把握の必要性に関する信念が共有されてきた．この信念に基づき，「見識ある判断の行使」を求めた「利用者志向の財務諸表」が作成されなければならず，会計士自身が属する組織も含めて，外部者がその判断に「干渉する」ことは許されない（Slimmings 1981: 14）．このような見方は，会計専門職の地位を重視するものであり，「経理担当者」や他の「事務職」と区別される彼等の「専門性」は，「判断」の行使により保証されると考えられてきた（例えばPorter 1995を参照されたい）．

　それにもかかわらず，とりわけ会計スキャンダルを発端とする時代の趨勢が，

---

(9)「個人の利益は1週間で費消し得る，週初と同じく週末に幸福になると期待し得る最大価値である（Hicks 1946: 172）」．この定義の難解さは，「幸福になる」ことが何を意味するかを正確に読み取ることである．ヒックスが指摘するように，それは将来の利率や価格，減価償却といった問題まで含むかもしれない．当該議論については，Hopwood and Bromwich（1984）を参照されたい．

潜在的であった会計規則や原則の明文化を促してきた．1929年に起こった大暴落は，多くの米国企業の財務報告が，企業の経済的状況を反映していなかったという大問題を浮き彫りにした．米国会計士協会は，政府による介入（ひょっとしたら政府による企業への強制的監査まで）をどうにか回避すべく，会計士個人の裁量の一部を象徴的に手放し，正式な会計基準設定に着手した（Zeff 1984）．その尽力の結果，SEC（証券取引委員会）が1938年に会計基準設定の権限を会計手続委員会（AIA）に委譲し，実際に会計士に基準設定が託されるようになった．だが，その委譲は形式的な会計規則の急増の契機ともなった．この出来事は「明示的規則に全面的に依拠した，知識としての機械的客観性の理想」の起源に関する典型例の一端をなす（Porter 1995: 7）．1934年にAIAにより設定された6つの簡潔な「規則又は原則」は，2008年には財務会計基準審議会（FASB）による163にも上る基準へと変化を遂げ，中には100頁を超える基準も含まれる[10]．これに匹敵する基準として，国際会計基準審議会（IASB）が設定したものが既にEUやそれ以外の国でも導入されているが，米国基準よりは容量が少ない．その国際会計基準でさえ，全体で既に2,000頁を超え（例えばIASB 2005），その容量も年々増加している．

　ここで，第2章で取り上げた有限主義的観点が，次のように明確に予測する．限りなく詳細なルールブックを作成しても，会計や簿記の実務を十分に規定することはできない．事実，特に英国の伝統と比較しても，より明示的な基準で規定される傾向を持つ米国会計基準書の量の多さや毎年とめどなく増大するその厚さは，第2章で述べたウィトゲンシュタインの無限後退を例示していると考えられる．また，何者かがさらに解釈のルールを追加して，規則による行為の決定不全性を解決しようと試みても，おそらく終わりのない作業になる．

　実際，IASBは国際財務報告解釈指針委員会（IFRIC）と呼ばれる，基準の解釈を特別な任務とする組織を設立している．しかし，このIFRICの業務も容易なものではない．各基準に「込められた意味」を判別するには，単に演繹的な推論だけでは不十分である．例えば第7章で述べるように，IFRICが公表した解釈指針第3号は，「排出権」に会計基準をいかに適用すべきかを規定したが，激しい

---

(10)　2008年7月5日でのFASBホームページ（http://www.fasb.org）へのアクセスに基づく．基準書第133号「デリバティブ商品とヘッジ活動に対する会計」は165頁にも及ぶ．

論争が巻き起こり，最終的に撤回されることになった．

　「排出権」は新たな会計項目であるが，規則により行為を決定する不全性は，新たな項目だけに見られるのではない点を理解されたい．例えば，昔から存在する会計項目である「棚卸資産（企業が抱える未販売の在庫）」を考えて頂きたい．私の知る限り，IASBは「棚卸資産は純実現可能価額（売却価額）か原価のどちらか低い額により測定される（IASB 2005: 662）[11]」と規定しており，この原則に異なる見解など存在していないと考えられる．だが，このように合意された原則を実務に適用する場合でも，「原価」と「純実現可能価額」の2つを測定する必要がある．また上述のように，製造原価は単にその製造に直接費やした原材料の原価ではない．製造に携わった工員の賃金も原価の一部を構成する．だが多くの場合，その工員は特定の製品だけでなく，異なる品種も含めて多くの製品の製造に携わっている．そのため，原価計算に係る意思決定は，どの程度の賃金（及び付随する雇い主のコスト）が特定の製品の製造原価に算入されるべきか考慮しなければならない．同様に，機械も通常多くの製品の製造に使用されるため，減価償却費をいかに配分するか，同様の問題が発生する．これらに加えて，それ以外に想定される光熱費や建物維持費やサービス管理費等の配分といった付随条件もあるため，多くの企業は個別製品の製造コストをいちいち測定するのではなく，「標準原価」を見積もる．そのような標準原価の集合は，実際原価と照らし合わされるが，MacKenzie（2008）の企業調査結果に見られるように，実際原価も自明な実証的事実であるとは言い難い．

　「純実現可能価額」を測定する場合にも，同様の事態が生じる．その測定には，特定の製品が売却可能か，そうであるならばいくらで売却されるのかを決定する必要がある．それと同時に，市場の状況とその製品に関する判断も必要になる．例えば，その製品がより優れたものに取って代わられていないか見極める必要がある．想像に難くないと思うが，このような問いに明確に答えるのは容易ではないことも多い．完全な計算手順に基づき，「純実現可能価額」を完璧に決定し得る極めて詳細な規則を決めるのは難しい．国際会計の「ルールブック（基準書）」は「原価もしくは純実現可能価額のどちらか低い方」とすべしと，公然と

---

(11) 原文では当該文章は太字で書かれており，IASBがいかに当該規定を原則として強調していたかが伺える．

単純な原則を示しているが，棚卸資産の価値を測定するのは，それほど簡単ではない．実際，棚卸資産は監査人からしばしば特別な注意が払われる項目である．その評価の違いが企業の貸借対照表の内容や損益に与える影響が甚大であるからである．

規則や定義に関する合意が，その適用をめぐる論争の歯止めにはならないことのさらなる例として，本章の冒頭で論じた会計上の分類を考慮されたい．ワールドコムがリースしていた通信回線の未使用分に係るコストを「資産」と分類した事例である．ワールドコムの事例は単純な粉飾決算と見なされ，同社の行った分類は明らかに「会計規則に反していた」と容易に想像してしまう．だが，実態はそれほど明快ではない．ワールドコムの最高財務責任者であったスコット・サリバンは，取締役会で自身が行った分類を正当化するよう求められた際，米国会計基準で正式に定められていた以下の定義を参照した（既に上記で引用した定義であり，全く議論の余地がないように見える）．「資産とは，過去の取引または事象の結果として，ある特定の実体により取得または支配されている，発生の可能性の高い将来の経済的便益である（FASB 1985: 16）」．

ワールドコムの取締役会に対する書簡の中で，サリバンは通信容量の大部分をリースするコストは実際のところ必要以上であったのかもしれないが，それは顧客を獲得するためのコストを資産として正当に分類するものであり，その分類も上記の「資産」の定義と「矛盾しない」と主張した．さらに彼は，自身の会計処理が，より重要かつ詳細な会計規則の要件を満たすと，以下のように述べた．

> 当該リース契約は，大規模な通信容量へのアクセスを取得するために締結されたものであり，後に生まれる収益がそのコストを全て負担し，「売りさばく時間」が短縮されることになる．我々は，当該処理が競合他社に対する優位性をもたらし，OC192-c[12]のインターネット回線により先導的地位を確保するためのものであったと確信している．当該契約の費用がかなり早期に発生し，引き続いて後に収益が稼得されるのを承知の上で我々は契約を結んだ．わが社は当該契約から発生するコストを，一連の収益が認識される前に回収

---

(12) OC（Optical Carrier）192は，光ファイバーによる高速大容量のデータ送信のための標準的な通信速度（毎秒9,953,280キロバイト）のことである．

したいと強く望んでいた．というのも，これらコストに対応して将来の収益が生じると確信していたからである．つまり，これらの契約は，サービスの提供を受ける顧客のことを考えた結果であり，リース契約も顧客へのサービス提供と収益の流入を早期化するために締結された．SAB101[13]やFASBの基準書第91号[14]でも補足されているが，顧客獲得に関連する直接または間接的コストは繰り延べて，契約から生じる収益の発生に応じて償却されることになっている． (Sullivan 2002: 1-2)

　このサリバンの主張は論理的に法外なものではなかった．ワールドコムは既に獲得していた顧客を数年間繋ぎ止めたいと望んでいた．また，顧客を獲得するコストは資産の定義の核となる「将来発生する可能性が高い経済的便益」を実際に生み出したと思われる．「顧客との関係」を資産として取り扱う会計実務，すなわちそのような関係を獲得するのに費やしたコストを費用としてではなく「資本化」する処理は，かなり浸透した会計処理のようである．私の友人で会計に詳しいヤニス・ツァラボウタスも，同様の処理を行っている英国企業のリストをすぐに私に提供してくれた[15]．例えば，弁護士やコンサルタントが抱える顧客層へ接近する目的で法律事務所やコンサルタント会社が買収されることがあるが，買収のために要したコストは資産として取り扱われる[16]．

　サリバンの主張は，次のような類推に基づく解釈を試みていると考えられる．すなわち，大規模な通信容量をリースすること（後に全てが必要ではなくなったと判明しても）は，他の方法と同様に顧客を獲得する一つの手段であり，係るコストは資産として正当に認められるものであった．以下でさらに検討するように，彼の主張は一部からは支持され得たかもしれないが，それ以外の重要人物を説得し損ねた．もっともここで問題となるのは，「説得する」ことが重要であるとい

---

(13)　SEC会計通牒第101号「財務諸表における収益の認識」(2008年2月時点) を参照されたい．
(14)　FASB財務会計基準書第91号「払戻不可の料金及びローンの開始・獲得ならびにリースの初期直接コストに関する会計」(2008年2月時点) を参照されたい．
(15)　ヤニス・ツァラボウタスのサンプルは，M&Aを通じた顧客関係の獲得に要したコストが，単に「のれん」の一部ではなく独立して資産として認識されるケースが増加していることを示していた．
(16)　この点については，デビット・ルングの指摘に感謝したい．

うことである．発生したコストは明らかに「資産」の正式な定義を満たしていたとは言い難いが，明らかに異なると言えるものでもなかった．資産に関する定義には，特殊な場合にいかに正しく適用すべきかを決定するのに十分な説明がなかった．本章の観点からは残念なことに，サリバンの主張の是非が法廷で争われることはなかった．サリバンは証券取引に係る粉飾の罪で起訴され，ワールドコムの最高経営責任者であるバーナード・エバースに対する罪が法廷で立証され，懲役４年の判決を受けた．検察側はサリバンがあくまでも協力的な役割を果たしていた点を根拠として，罪の軽減を申し立てた．エバースの抗弁は，リースに関するコストを資産と分類したことは正当であるとの主張ではなく，「詳細な」会計事項に関する知識が欠落していたと主張するものであり，不成功に終わった．彼は懲役25年を言い渡された．

アーニングス・マネジメント

　ワールドコムは，自社の財務業績を良く見せようと意図していたはずである．企業はこの種の努力をどこまで行っているのか．この問いに直ちに答えるすべは見当たらない．研究者やそれ以外の外部者が，企業を判断する指標となる経済的状況の実態に接することは不可能である．

　だが幸い，会計学の領域において，財務業績を良く見せようとする企業努力の程度を間接的に検討する会計学的な定量的研究が数多く存在する．それは「アーニングス・マネジメント」を対象としており，Schipper（1989: 92）はそれを以下のように定義する．「何らかの私的利得を得ることを目的とした，外部財務報告過程への意図的な介在（ゆえに，単なる通常の業務遂行の過程とは異なる）」．このシッパーの定義では明確に示されていないが，アーニングス・マネジメントは，通常は法的に認められた処理と捉えられる（送り状を偽造して虚偽の売上を計上することは粉飾であり，アーニングス・マネジメントではない（Schipper 1989: 93））．この拡大するアーニングス・マネジメントは，単に企業が自社の望ましい姿を描き出す程度を示すだけではなく，確かに「規則の枠内」での行為である点からも研究者の関心を引き寄せる．したがって，米国のように（アーニングス・マネジメントの研究は米国で最も進んでいる）財務報告の過程が極めて形

式的な規則で律せられるとしても，その過程で実際に裁量を行使し得る度合いとして，アーニングス・マネジメントの程度はかなり大雑把に測定される．

　一体どんな「私的な利得」が経営者をアーニングス・マネジメントへと駆り立てるのだろうか．おそらく最も大きな誘因は，足もとの経済トレンドが同一だとしても，「証券アナリストや投資家は，利益が大きく変動する企業よりも，予想通り着実に増益する企業を好む」との信念が企業経営者に広く浸透していることではないだろうか（この種の偏好に対する広く知れ渡った信念が，上述のデリバティブ取引に対する会計基準IAS第39号への反発を導いたと思われる）．ここ何十年かで増えてきたように，企業の経営幹部が享受する報酬が株価に反映されることになった結果，「利益平準化」のインセンティブが存在する．すなわち，利益のボラティリティを低減させるために，認められた会計処理の裁量を都合良く利用するインセンティブがある．もちろん，企業は大抵損失の報告を避けるインセンティブを有し，証券アナリストの予想利益に合致するか上回ることが極めて重要である（損失の報告を嫌うケースの例外として，「ビッグバス」と呼ばれるアーニングス・マネジメントの手法がある．これは例えば，企業がリストラ等を通じて，一時的により多くの損失を「取り敢えず一度だけ」計上する．その後，悲観的に算定されたビッグバスによる損失（例えば，貸倒引当金のような引当金を多額に計上する）は，引当金を充てることにより，将来実現する利益が高められることになる．

　アーニングス・マネジメントに関する研究で採用されているアプローチとして，利益を操作した時点における明らかなインセンティブを特定する研究，アーニングス・マネジメントを行う企業に一貫した財務状態のパターンを調査する研究，及びそのパターンとインセンティブが存在する状況との相関を分析する研究などがある．この種の先駆的研究として，Jennifer Jones (1991) は，米国国際通商委員会（ITC）に関税及び輸入規制を課すよう申し立てていた産業に属する企業の財務報告を分析した．その申し立ては，国内の特定産業が海外における競争で「打撃を受けている」場合にのみ認められることが多かった．そこでジョーンズは，会計発生高と呼ばれる企業のキャッシュフローを直接伴わない「減価償却」，「固定資産や棚卸資産の評価差額」及び「売掛金及び買掛金の見積額」といった貸借対照表価額の変動要因に注目した．彼女は全体の会計発生高から回帰に基づ

き「正常」な「非裁量」的会計発生高を差し引くことにより，裁量的な会計発生高の部分を推定した．彼女は5つの業界（自動車，炭素鋼業，ステンレス・合金鋼業，精銅業，製靴業）における結果を統合し，ITCの調査が行われた時期に負の会計発生高が生じたことを統計的に有意な水準で示した．

新規株式公開（IPO）も，財務状態の健全性を示すために企業が会計数値を「飾る」強いインセンティブを与えられる状況である．IPOを経験した企業の「予期しない」会計発生高と，サンプルの同等企業群の会計発生高を比較した結果，62％のIPO企業でサンプル企業よりも高い会計発生高が確認された（Teoh, Wong, and Rao 1998: 187, table 3）．アーニングス・マネジメントを行う機会が50％だと仮定すれば，「約12％の新規公開企業が利益を操作していたと想定される（Healy and Wahlen 1999: 373）」．

アーニングス・マネジメントを発見する別のアプローチとして，利益の統計的分布を調査し，アーニングス・マネジメントを行う特に強いインセンティブに該当する利益水準の不連続性や「歪み」を見出す研究がある．特に(1)利益ゼロ（利益が出るか損失が出るかの境目になる），(2)前年度もしくは前四半期の利益額，及び(3)企業やアナリストによる利益予測の各利益水準において，顕著な統計的歪みが確認された（図表6.2を参照されたい）．例えば，1976年から1994年における企業の利益数値を分析した結果，「過去にわずかに損失を出した企業の30から44％は，正の利益を報告するために裁量的な処理を行った（Burgstahler and Dichev 1997: 124）」点が示唆された．

アーニングス・マネジメントの発見には，概念的にも方法論的にも多くの難題が山積している（例えばMcNichols（2000）を参照されたい）．「裁量的」もしくは「予期しない」発生高に基づく分析結果は，用いられる「正常な」非裁量的発生高のモデルに大きく左右される（例えば，アーニングス・マネジメントが蔓延していると仮定すると，「正常な」非裁量的発生高の中に裁量的部分が既に含まれてしまっている）．さらに，そのような分析は発生高に含まれないアーニングス・マネジメントの手法を発見することが出来ない．利益分布に基づく分析も疑わしい．分布の「歪み」自体は，アーニングス・マネジメントの証拠ではない．例えば，それは予想されたわずかな損失を帳消しにするために，会計上の分類を変更することで生じたのではなく，（大売出しや企業の維持費や研究開発費の削

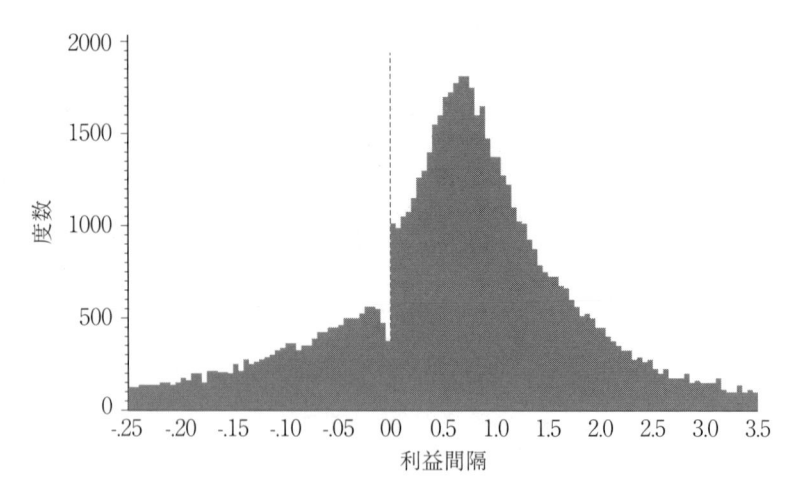

図6.2 1976年から1994年における米国企業の年次純利益の度数分布

出所：*Journal of Accounting and Economics*, Vol. 24（David Burgstahler and Ilia Dichev, "Earnings Management to Avoid Earnings Decreases and Losses", 99-126頁）からElsevierの許可を得て抜粋．彼等はCompustatからデータを抽出し，企業の母集団からは金融業と規制産業が除外された．収益は企業の期首の市場価値で除することにより尺度化されている．各間隔の幅は0.005である．破線は利益がゼロの点．

減といった）「実体的な」手段により生じたのかもしれない．Burgstahler and Dichev（1997）は，営業キャッシュフローや利益ゼロを参照とした会計発生高の程度を調査してその問題を克服しようと試みているが，この分析結果も頑健性が高いとは必ずしも言えないだろう（Dechow, Richardson, and Tuna 2003）．反射性に関する潜在的問題も見逃せない．十分な知識を備えた投資家の中には，既に学術的なアーニングス・マネジメント発見モデルを採り入れている者もいる（Henry 2004）のに，それを規制する側がそのようなモデルに精通していないとは思い難い．したがって，モデルが発見し得ないようにアーニングス・マネジメントを行うインセンティブを今の企業は有する．

それにもかかわらず，少なくとも1980年代から1990年代にかけて，米国企業に蔓延していた過度なアーニングス・マネジメントに関する逸話的証言と軌を一にして（最も権威があるのはレビットの1998年の発言），アーニングス・マネジメント研究は全体的な勢いが増した（ただ1980年代以前の実証研究は確固とした結論を導き出すにはあまりにも希薄であり，2000年代初期の会計スキャンダルやそ

の後に注目された刑事裁判以降にアーニングス・マネジメントが減少したのかどうかは定かではない）．有限主義的な分析がまさに予測したように，自らの姿を良く見せようとする企ては広く行き渡っており，世界で最も規則に特化した財務報告制度でも，企業会計から裁量を取り除くことはできなかった．

分類をめぐる争い

　しかしながら，会計実務を制限するものはないと結論付けるのは大きな誤りである．例えば，本章の冒頭で示したワールドコムによる会計分類の事例を再考されたい．結局，ワールドコムのエピソードで最も興味深い人物は，最高経営責任者のエバース（ドットコム・通信関連企業のバブルがはじけるまでの数ヶ月間のプレッシャーと誘惑を考えれば，その行動はある程度予想された）でも，サリバン（彼の行為はまさに会計学のテキストに載っている会計規則や定義の適用に潜む論理的な矛盾を衝いていたのは確かである）でもなく，ワールドコムの内部監査部をジーン・モースとグリン・スミスという重要な部下と共に率いていた部長のシンシア・クーパーであろう．クーパーは，ワールドコムの本社があったミシシッピ州クリントンで生まれ育ち，職業会計人としてのキャリア積んでいた．彼女はまずクリントン高校で会計学を学んだ（小さな町ではよくある話だが，彼女は同郷のグリン・スミスの母親から会計学を教わっていた）．ミシシッピ州立大学の学部課程を卒業したのち，アラバマ大学の大学院課程を修了した．ミシシッピ州立大時代の彼女のルームメイトは，彼女が会計学の講義で最前列の真中に座り，教授を質問攻めにしていたのを覚えている（Ripley 2002）．

　クーパーと彼女が属する内部監査部は，予算，業績評価及び非効率部門の把握といった企業内の業務を対象としており，ワールドコムの財務報告をチェックしていたわけではなかった．それは外部監査を担当する監査法人アーサーアンダーセンの役目であった．しかし2002年3月，ワールドコムのワイヤレス部部長であったジョン・ストゥプカが内部監査部を訪れてから，クーパーはワールドコムの損益計算書や貸借対照表を支えるデータに関心を持つようになった．2001年，ストプゥカは顧客の不良債権に総額4億ドルもの引当金を設定した．サリバンはその後にその引当金を戻し入れてワールドコムの報告利益を増大させたが，スト

プゥカはその処理を快く思っていなかった．引当金の設定がなくなった不良債権は，彼が率いたワイヤレス部の財務業績を悪化させる危険性があったからである (Pulliam and Solomon 2002)．

　ストゥプカが顧客の支払いがある程度滞るのを予見し，引当金を設定したことには問題はなかったとクーパーは考えていた．それと同時に，彼女はサリバンの引当金の戻し入れ処理に「いかがわしさを感じていた」．彼女は監査を担当していたアーサーアンダーセンにこのことを問い詰めてみたが，「そっけなくはねつけられてしまった (Pulliam and Solomon 2002)」．「そこで彼女はオフィスに戻るなり，部下であるジーン・モースに『この件を詳しく調べてきて』と頼んだ (Pulliam and Solomon 2002)」．また，彼女はワールドコムの監査役委員会に引当金の戻し入れ処理について異議を唱え，それに反対する主張を表明した．サリバンはその処理を正当化したが，最終的にはクーパーの主張を認めるしかなかった．

　クーパーがモースに「調査」を命じていたのは，賢明な選択であった．彼は決断力もさることながら，コンピュータースキルにも長けていた．だが，コンピューター化された社内の会計情報システムへのアクセスを管理する基盤が彼の調査を妨げた．それに必要な承認を「読みとらせる」には上層部の許可が必要であったが，それを要求することは明らかに内部監査部門の業務範囲を超えていた．代わりにモースは，社内の情報技術スタッフが点検していたプログラムのテストを手伝いたいと申し出た．点検プログラムを通じて，モースは膨大な数の企業取引記録へアクセスすることができた．実際，彼は例えば「(企業間) 売掛金」に関する35万もの月次取引記録を含む巨大なファイルをダウンロードしていたため，夜遅くに作業を始めなければならなかったが，(そのような電子記録は明細書のような証票のスキャンが含まれることが多いため，ファイルの容量が巨大になる)，パソコンの動作パフォーマンスにも負荷がかかり，作業が中断することもあった．クーパーやモースその他数名も一緒に夜遅くまで作業していたことを知ったクーパーの父親が，真夜中にサンドイッチを差し入れたこともあった (Jeter 2003: 169)．

　モースは本章の冒頭でも言及した「仕訳」，特にいかなるコストが資産の購入として分類されたかに狙いを付け始めていた．彼は直観的にその一部がおかしいと感じ，特に「これが怪しいな」と思ったのを覚えていた (Pulliam and Solomon

2002). それは2002年6月初頭までの合計20億ドルもの会計上の分類であり，クーパーもそれが怪しいと思っていた．クーパーとスミスは，ワールドコムの監査委員会を統轄していたマックス・ボビット，(アンダーセンから企業監査を引き継いだ) KPMGの契約パートナーであるフェレル・マローン，及びクリントンの本社にいる監査役のデビッド・マイヤーズを筆頭とする同僚らにその問題を提起した．結果として，問題視された会計上の分類は，6月20に開催された全体監査委員会の議題に上がった．サリバンは会議の出席者に当該処理の正当性を口頭で説明し，翌週末にも上述の通り書面で正当性を訴えた．

　未使用の通信回線部分のリースに係るコストを資産に計上したことを擁護するサリバンの言い分に関して，会計専門家と会計の素人の意見は二つに分かれた．後者の一部は，少なくとも彼の言い分に納得した．「(ワールドコムの取締役会の中で) 会計専門家以外の者には，サリバンの正当化は合理的であると思われた．また，KPMGがワールドコムやそれが属する業界のことを十分に理解していなかったのではないかと勘繰った者もいた (Beresford, Katzenbach, and Rogers 2003: 128)」．このような意見とは裏腹に，以下の引用のごとく，KPMGの会計士らはクーパーの主張を支持した．ワールドコムの監査役であり，社内の会計業務や意思決定に深く関わってきたマイヤーズでさえ，「あの仕訳は不適切であった」とクーパーやスミスの正しさを認めた (Pulliam and Solomon 2002)．事実，マイヤーズも当初からその処理に乗り気ではなく，サリバンにも「あの振り替えはあり得ない」と進言していたようである (Pulliam 2003: M6)．

　サリバンにとって仲間の会計専門家の後ろ盾が無くなったことは致命的であった．監査委員会が刷新された2002年6月24日，彼は自分の行った分類に関して自己弁護を繰り返した．ところが，

　　KPMGは，業務上の通信回線に係るコストを資本化する理論は筋が通らないとサリバンに伝えた．電話で会議に参加していたアンダーセンの代表者も，その会計処理はGAAP (一般に公正妥当と認められた会計原則を指し，米国における財務報告の全体的な会計規制の骨子を意味する) に準拠していないため，2001年度の監査意見及び2002年度第1四半期のレビューを取り止める旨を電話で伝えた．監査委員会後，ソールズベリー (ワールドコム社の顧問

弁護士のマイケル・ソールズベリー）は，サリバンに辞任を求めた．欠席していたマイヤーズも別の場で辞任を求められた．マイヤーズはほどなくして辞任したが，サリバンは自ら辞任しなかったため，解雇された．

(Beresford, Katzenbach, and Rogers 2003: 128-9)

当然，ここまでの経緯も重要である．この監査委員会を開催する2週間前，巨大監査法人のアーサーアンアンダーセンが，顧客であったエンロンに関連した証拠を破棄したことによる有罪宣告を受けており，すぐに倒産するのが目に見えていた．「ビッグ5」ではなく「ビッグ4」になりかけていた．そのため，監査委員会の場に居合わせた者全てが，誰もが容認し得ない会計選択の帰結として，刑事訴追と企業の消滅が待ち構えているのが分かっていた．別の状況であれば，サリバンの主張は認められていたのかもしれない．不良債権に対する貸倒引当金の戻し入れに関する彼の言い分も，まさに最初はそうであった．だが2002年6月の段階では，それを容認するリスクは相当高いと見られていたに違いない．

会計を制限するもの

　財務報告を理論的に捉える視点として，有限主義には極めて重要な長所がある．それは規則もしくは「実体」が会計を完全に制限し得ないことを示唆し，それ以外に制限する何らかの特質に対する探求心を研ぎ澄ます．残念ながら，既存の研究はそういった探究心を十分に涵養していない．もちろん，本章で取り上げた題材や別の限定的事例分析（MacKenzie 2008）が，それを成し遂げたと言うつもりはない．以下で挙げる複数の理由により，会計を制限するものを探究するのに最も有望な方法は参与観察だと思われる．だが，これまで財務報告に関する参与観察研究が行われることは稀であった．社会学に根差した会計研究は，プロフェッショナリゼーションや管理会計及び会計規制について多く見られるが，財務報告を支える実務を対象としたものの数は乏しい．「組織内のフィールドリサーチに見られる特徴として残念なのは，会計及び監査の意思決定に関する研究が極めて少ないことである（Cooper and Robson 2006: 435）」．したがって，会計を制限する源に関する私の議論も思索的なものになりがちである．

以下のデビッド・ブルアの言葉は会計を対象にして述べたわけではないが，上記の議論を正しく理解するのに役立つと考えられるため，第2章と同じようにここで示すことにしたい．

　　意味有限主義によれば，我々は場面が移り変わる度に意味を生成する．我々は自身の概念や規則を何にでもいかように適用し得る．…「論理」や「意味」がそれを妨げるわけではない．…その妨げの根源にあるのは，直観であり，生物学的本質であり，感覚経験であり，他者との相互作用であり，直近の目的であり，教練であり，制裁に対する予測や対応等々であり，心理学から社会学に関わる要因全般である（Bloor 1997: 19-20, 強調は原著）．

ここで，ワールドコムの破綻やあらゆる有限主義的分析に顕著な要素として「他者との相互作用」にまず言及したい．財務報告は個人単独で遂行できる営みではない．しばしば特定の分類や測定が適切であるかどうか他者を説得しなければならず，それが重大な制限の根源になる．そのように説得すべき他者の中でも，最も存在感が大きいのは企業の会計監査人であり，幸いこれまで研究が比較的盛んに行われてきた．特に顕著な研究はBeattie, Fearnley and Brandt (2001) である．彼女等は英国企業6社を選定し，各企業の財務担当役員及び外部監査人のトップにインタビュー調査を行った．その結果，監査人は実際に制限する側に居るが，その制限は柔軟であることが示された．監査人が会計上の分類や測定に関して納得しない場合でも，交渉で事が収められることが多く，財務諸表になすべきことをあれこれ企業に命じるわけではない．

例えばある事例では，企業の財務担当役員と監査人の両方が，棚卸資産が過大に評価されている点に気付いた．ただし監査人もそれがいくらあるかを決定することができなかった．ところが，企業は新たなコンピューターシステムを導入し，「売れ行きが悪く」古びた在庫を発見していた．この事例の中で先導的立場にあった監査人は，次のように述べた．「我々は単に紙媒体から在庫の陳腐化の情報を掴んだだけであった．だが，彼等（企業）もその存在そのものを否定しなかった．なぜなら…，彼等自身がその情報を生み出し，かつその額の方が大きいことを知ってしまったからだ（Beattie, Fearnley and Brandt 2001）」．そこで監査人はそ

のような在庫の過大評価を即座に「大幅に」切り下げることを要求する代わりに，企業の経営幹部と相談して3年間にわたり徐々に切り下げることに合意した．会計専門家の多くが，その指示は誤っているのではないかと思うかもしれない．会計規制の世界的リーダーであるデビッド・トゥイーディー卿は，ベティー，ファンリー及びブラントによる書籍への前書きで，「事例研究が匿名であることは，過大評価された棚卸資産の3年にわたる切り下げを容認した監査人には好都合であろう．その容認には本当に驚いた．(Beattie, Fearnley and Brandt 2001: xxi)」と述べた．しかしながら，経験豊富な監査人は妥協に至ることの必要性を感じていた．「監査に実利的（プラグマティック）なアプローチを採用し，監査の所定の手順を踏まないことへの後ろめたさはある．…ただそれをいちいちやっていたら一つのことを入念に調べあげねばならず，…結局膨大な量の仕事をこなさなければならなくなる．(Beattie, Fearnley and Brandt 2001: 86からの引用)」．

　企業内の相互作用も会計の構成を制限するものとして重要になり得るが，監査人との相互作用以外は，こういった観点から研究されてこなかった．経営幹部は会計担当者の業務の重要な監督者となる可能性が高い．経営幹部の財務業績を良く見せたいという欲求が，しばしば財務報告の内容を規定する重要な要素になっていると，アーニングス・マネジメントに関する文献は強調する．だが，企業の中で会計専門家よりは下位に位置付けられる経理担当スタッフも財務報告に影響を与えることは，あまり知られていない．経営幹部と同様，ブルアの「直近の目的」を彼等も有する．しかし，それは「自分の仕事をやり遂げよう」とする目的であることが多く[17]，特別な方法で自社の経済的状況を描写するのとは異なる．彼等の報酬は経営幹部のそれとは異なり，財務業績の影響を直接受ける可能性は皆無に近い．彼等の仕事は膨大な数の特に細かな取引の分類であることが多く，それが財務業績に重要な帰結をもたらすことはほとんどない．

　経理担当者の境遇や業務ならびに上司との関係に係る問題は，ブルアのリストには示されていなかったが，制限をもたらす要素としての技術の存在を浮き彫りにする．会計の技術的システムに関して，小規模事業者は独立型のシステムを備えているが，より大規模な企業は，今ではOracleやSAPといった通常継続的に更

---

(17)　経理担当者の業務内容を実証的に研究した数少ない研究であるSuchman (1983) を参照されたい．他にもButton and Harper (1993) がある．

第6章　利益の測定

新される側面を有する企業資源計画（ERP）システムを必要とする（例えばQuattrone and Hopper 2006を参照されたい）．両者はどちらも単なる当たり障りのない媒体でも，人手を省き効率性を容易に高めるものでもない．技術的システムは，大企業の会計処理に必要な複数の人間による作業を構造的に結び付ける．粉飾の機会を減らすため，会計システムは誰しも他者の作業結果を変更することを制限し（つまり，一部の限られた人間のみが変更を加えられる），変更が加えられた場合には，その痕跡が必ず残るようになっている．

　そのように考え抜かれた「技術的」防御策は，「社会的」制限になる．大部分の会計上の分類は，既述の通り，企業の経理担当者のような組織の下位に属するスタッフが行う．そのため，技術的システムは後に上司がそれら分類のどの部分を変更し得るか限定し，分類を「揺るぎないものに」する．特に経営幹部のアクセスが認められておらず，変更の痕跡が監査の過程で識別される場合，経営幹部は何十人から何百人もの経理担当者が行う何百万もの会計上の「当初の」分類にいちいち口出しするか，分類を後から変更しようと考えるだろうか．エンロンやワールドコムの事例に関する記録によれば，こういった選択肢は最善策ではなかったようだ．ジーン・モースはクーパーからワールドコムの財務報告を「詳しく調べてきて」と指示されてから，サリバンやそれ以外の者が原始記録に変更を加えた痕跡は発見できなかった．代わりに，初期の段階における分類には手を加えず，その次の段階で分類に変更を施してアーニングス・マネジメントが行われていた．本章の冒頭で書いた，ワールドコムの会計専門家の2001年の金曜日の午後の分類がその例である．

　技術的な制限に見られる物的形式として，ユーザーに「読み取り」や「書き込み」の許可を特別に与える基盤が伴う[18]企業のERPシステムといった，パスワードで管理されるアクセスがある．上に立つ会計専門家者やおそらく取締役であれば，会計情報を「読み取る」ためのかなりの（もしくは完全な）アクセス権を有するだろうが，「書き込み」へのアクセスには，基盤から通常より厳しい制限が課せられる．実際，企業のトップに君臨する人物でも，会計データへ「書き込む」ためのアクセス権を持たないことがある．例えば，売り注文や明細書を処

---

[18] 当該段落は，SAP導入の経験があるクリスティン・グリムとの会話に基づくものである．

理するのは彼等の業務ではなく，経理担当者の「仕事」であり，企業のトップに位置する人達は，通常，その記録に手を加えて変更するための「書き込み」は不可能であり，入力結果を見ることだけが可能になっている．

　もちろん，技術的な制限も絶対的なものではない．システムのアクセス制限の基盤を管理する技術スタッフが基盤を変更することに納得するか，重要な許可を与えられた人物が自身のパスワードを誰かに教えることに納得するか，またジーン・モースが利用したように，それ以外に管理をかいくぐるすべがあれば，システムの管理は突破し得る．ただ，もし監査人が監査のために証跡を精査し，表れた分類変更の痕跡に異議を唱える場合，証跡を残すことはその突破の妨げになる．これは人間による制限の範疇に属し，ブルアの述べる「他者との相互作用」や「制裁に対する予測や対応」に該当する．実際，原始記録一式を変更してしまうというどう考えても珍しいアーニングス・マネジメントが何事もなくうまくいく可能性も否定できない．

　このような考察から，やはり参与観察により財務報告の技術的基盤を注意深く検討する必要が示唆される．専門家である公認会計士と同様に，経理担当者の業務を研究する重要性も浮き彫りになった．私の推測が正しければ，会計において科学的な観察対象を生み出すのは，会計専門家ではなく経理担当者である．まさに会計専門家の分析と同様に，経理担当者による分類も有限主義的分析の対象となる（「理論と独立した観察言語」は，会計にも科学にも存在しない）．だが，経理担当者の分類業務が参与観察により詳細に分析されたことはほとんどない[19]．

　さらに注目に値するのは，ブルアのリストに明示されている教練の側面である．分類や概念の適用は，類似性と差異の関係を土台にしており，最終的に（実例を参照して）直示的に覚えられると有限主義は提言する．それは「正しい」分類や「適切な」概念の適用に関する権威的な実例を通じて行われる．科学的教練は，いかに実例に基づく理解を導き出し，同様の事例に適用するかを覚えるのが中心となる（Kuhn 1970; Barnes 1982）．広い意味で領域横断的に「パラダイム」の中へ社会化していくことは，明示的に習うという枠組みだけでなく（有限主義が

---

(19) 参与観察の方法論をとる職場の参与観察研究の蓄積は，経理担当者による分類の研究に最も参考になるアプローチを提供するだろう．例えばSuchma（1983）やButton and Harper（1993）を参照されたい．

正しいとすれば，それだけで学びが全て完結するわけではない），権威的な直示を通じた学びを繰り返して達成される．

　会計と簿記は直示的によく学習されていると思われる．会計教育に関する文献（例えばPower 1991やAnderson-Gough, Gray, and Robson 1998など）は，残念ながら直示的学習の度合いに関して，明快な答えを出していない．だが，会計専門家や経理担当者は，多くの明示的規則を覚えると同時に，それらの規則をいかなる状況で適用すべきか学ばなければならない．こういった教練は一部の正式な教育機関でも受けることができるが，その大部分は「現場での学び」に頼ることになる．会計専門家や経理担当者の教練が科学的教練のようなものであるならば，権威的に「正しい」か「誤った」回答がある問題を繰り返し解く経験を多く積むことになると想定される．科学に対する類推が当てはまるならば，そのような教練の結果は，あらゆる狭義の専門的知識の範囲を越える域に達する．明示的ではないものにも力は宿ると解して世の中を見ることで，社会に適応していくのだということが分かるだろう．全てが明示的であるとは限らないということは，（インタビューに基づく研究などではなく）参与観察に基づく研究が必要な理由の一つである．簿記や会計の専門的文化に慣れ親しんでいる人々でも，単に自分が何をし，なぜそれを行うのか，自分の言葉で十分に説明できないかもしれない．

　特に，長期にわたる直示に基づく社会化は，「実在論に到達する」．私が思うに，初学者にとって項目を分類すること（会計でも科学でも，それ以外でも）は，しばしば分類しているように「感じている」だけである．ここにある項目群が存在するとしよう．その項目は（$X_1, X_2, X_3, \cdots, X_n$）と分類できるとする．このうちどれを選べば良いか悩むとする（例えば，研究助成金の費用を「どの費目に分類する」のか決める際にしばしば直面する）．対照的に，経験豊富な実務家であれば「この項目はX_3である」といつも識別するだろう．それはまさに，経験豊富な野鳥観察家が鳥を一目見て，「あれはミヤコドリだ」と即座に判別するのに近く，彼等はいちいち「私はあの鳥をミヤコドリとして分類する」と考えているわけではない．その分類は選択であると見なされて分析され得る（もしくは有限主義はそう主張する）が，それに従事している人々はそれを選択とも分類とも考えてはいない．有限主義者的観点は，その時に彼等は教練や慣習から強い類推の感覚を形成すると考える．つまり，この鳥がこれまでのミヤコドリに非常によく似

ていることは，それがミヤコドリに違いないとなぞらえる．問題となった使用していない通信回線のリースに係るコストの分類に関するサリバンの対応も，同様に理解することができるだろう．論理的な問題として，係る処理が「資産」の正式な定義とは矛盾しないゆえに適切であると見なしたサリバンは正しかったのかもしれない．だが，クーパーを含めた周りの他の会計専門家にとって，それは資産と見なせるものではなく，むしろ費用としてふさわしいと考えられた．言い換えれば，サリバンが主張していたのは，まさに非常に主観的な類推の感覚であった．素人はそのような主観的な感覚を持ち合わせないため，彼は一部の人間をうまく説得できたのかもしれない．

ウィトゲンシュタインは以下のように述べる（1967: 85e）．「私は規則に従う時」，「それを選択しているのではない．盲目的に規則に従っている（強調は原文通り）」．直示を通じた社会化は，会計上の原則や規則が実務上影響力を及ぼす一つの理由となる（確かに関係者はそれらが影響力を有すると考えている．IAS第39号のような基準に頻繁に見られる激しい論争は，その基準自体が影響力を有するからこそ存在する）．あらゆる具体的局面において，規則や原則が含意するものを論理的に決定することは容易ではない（例えば，関連する基準であるIAS第2号から単に論理演繹的に棚卸資産の価値を算定することはできない）．それでも，会計に特有の文化に社会化されている者にとって，どのような分類やその他の会計処理が要求されるのかはっきりしている場合が多いようである．

会計（もしくは簿記）が実務上どの程度名目主義的に「分類に関する選択」を行っているか，また「実在論的」な様相を呈するかは実証的問題である．両方の様相が通常並存するものと推測される．例えば，日常馴れ親しんだ項目が「実在論」的様相を喚起することも（「それはX_3である」），馴染みのない項目に明示的な選択を迫られることもある（「これはX_1か，それともX_2か」）．だが，それ以外の要素も確かに存在するだろう．アーニングス・マネジメントに従事する会計専門家も「選択」の慣習に染まりながら処理を行うと考えられるが，「規則に懐疑的」になる結果，規則を自由に解釈することができると見なして望ましい解釈を求めるようになる．しかし，「実在論」的慣習に基づく分類に対する会計専門家の衝動を考慮する必要もあるだろう．例えば，上述のサリバンの貸倒引当金の戻し入れに

対するクーパーの対応のきっかけとなった，彼女が「感じたいかがわしさ」がそれに該当する．

結論

　他者との相互作用や技術的システムや教錬など，ここまで論じてきた一連の要素は確かに網羅的ではない．しかしここで私が望むのは，本章の有限主義的観点が浮き彫りにした問題の大きさである．財務報告とそれを支える会計実務は，上述の通り，今日の社会における経済のガバナンスの中心をなす複雑な社会技術的問題である．利益追求型の経済下では，利益の測定が何よりも重要な責務であり，それは単純と言うにはほど遠いものである．

　原則として，分類には常に決定が伴い，規則それ自体は特別な状況への適用を決定しないと有限主義は主張する．この主張は，会計や財務報告を分析する有効な視点になり得ると私は考える．この観点から，最も平凡な会計上の分類でさえ分析対象となる．有限主義が正しければ，原則としてあらゆる項目は常に異なって分類される可能性があるが，その分類を実際に決定付けるものは何か．その問いに本章が提示する答えは，教錬や慣習といった複合的要素の組み合わせ，それに関わる人間が達成しようとする目標，分類が行われている状況，及び相互作用を要する技術的システムの特質などである．

　本章は上記の問いを単に描き出し，考えられる答えを思索しただけに過ぎない．それでも，私はこの問題に取り組む研究が大きな関心を引き寄せると確信している．有限主義的な会計専門家と経理担当者が経済活動の中心に位置しており，我々は彼等の行動を決定するものは何であるのか大いに知る必要がある．

訳注
（1）　Sherman, Roger（1721-93）．米国の政治家であり，独立宣言署名者の1人．

第7章　排出量市場の構成(訳注1)

　大学には，学生や研究者が決して足を踏み入れない部屋や建物がある．ボイラー室を例に挙げよう．そこには，電力やガス及び灯油の消費量を計るメーターがある．そのメーターの記録に基づき，大学がエネルギーに合計でどれほど費やしたか測定される．私の勤務するエジンバラ大学では，およそ年900万ポンドを費やしている．

　エジンバラ大学におけるそのメーターの一部は，今や別の機能も果たす．それは，ボイラーやそれが接続する熱電供給ユニットから排出される二酸化炭素の副次的な測定である．ほとんど知られていないが，実は一部のメーターが欧州広域に拡大する測定ネットワークの一部をなしている．前章で論じた利益の測定ほど広範囲に及ぶ社会技術的システムとは言い難いが，このネットワークは重要である．それは2005年1月に誕生した欧州排出量取引制度（EU ETS）の物的基盤の極めて重要な一部であり，域内の地球温暖化対策の主要な手段でもある．

　新たな取引制度の適用対象となる活動には，「20メガワットを超える定格熱入力がある燃焼設備（European Parliament, Council 2003: 42）」が含まれる．大学は研究と教育に熱を上げるという冗談はさておき，大学に大規模な燃焼設備があるなど，誰しも普通は考えないだろう．しかし，エジンバラ大学の高性能な発電熱設備3台のうち，2台の出力が排出量取引の対象に含まれている．自然科学系のキャンパスが多くのエネルギーを消費するのは多分に驚くべきことではないが，人文科学及び社会科学のキャンパスの設備でさえ合計20.5メガワットものエネルギーを消費し，上記の基準値を上回る．

　したがって，欧州で大規模な燃焼設備を稼働させている他機関と同様，エジンバラ大学も二酸化炭素を排出する許可証を得なければならない．本学には，それぞれ1トン（1,000kg）のCO_2排出を許可する排出枠が割り当てられている．排出量の測定に加えて，「各事業年度における各設備の排出量の合計が，排出枠に収まる必要がある（European Parliament, Council 2003: 35）」．保有する排出枠よりも多くのCO_2を排出する場合，追加的に排出枠を市場から購入しなければな

らない．さもなければ，罰金が課せられることになる．排出量が排出枠を下回れば，排出枠から排出量を差し引いた残りの部分は売却することができる．

　排出枠は「相対取引（当事者同士による直接交渉かブローカーを通じた交渉による）」や，北欧の電力取引所であるノルドプール（Nord Pool[訳注2]）などの組織的な取引所で売買される．ロンドン国際石油取引所の電子取引プラットフォームを用いる欧州気候取引所では，CO_2の先物も売買される．CO_2のオプションに関する相対取引市場も，小規模ではあるが既に存在している．取引のネットワークはEUの枠を越え，発展途上国におけるプロジェクトに基づく「認証排出削減量」や，旧ソビエト連邦圏でのプロジェクトに基づく「排出削減単位」を含むまでに拡大している．例えば，エジンバラ大学のような欧州の機関が排出枠の不足に陥る場合，上記の削減量や削減単位を購入することで責務を果たすことができる．排出量取引に向けた動きは北米でも勢いを増しており，特に北東部や中西部及びカリフォルニア州で顕著である．米国では，国家的な排出量市場の創設に向けた政治的機運が高まっている．実際，炭素取引の関係者はグローバルな市場の到来を見据えている．金がまさにそうであるように，CO_2も世界相場を有するようになると考えられている．

　本章は，まず排出量取引に関する知識の起源を経済学の枠組みから考察することにしたい．排出量取引に関する最初の大規模な実験であり，その後の議論に多大な影響を与えた排出量取引，すなわち1990年の米国大気浄化法の改正と同時に導入された二酸化硫黄の取引について論じる．次に，炭素取引が中心的役割を果たす1997年の京都議定書について手短に論じ，京都議定書後の石油会社ブリティッシュ・ペトロリウム（BP）と英国政府の炭素取引の試みにも言及する．さらに炭素市場参加者への24回のインタビュー調査に基づき，欧州排出量取引制度の詳細を論じる．特に「それが創設されるに至った経緯」，「その構想の特徴的概要」，「2005年の創設以降の変遷の過程」及び「その経験から学ぶべき教訓」を述べる．したがって，本章の焦点は排出枠が割り当てられる過程に絞られる．経済学に基づく排出量市場の主たる当初計画案は，排出枠が排出者に売却されることを前提としていたにもかかわらず，概して政治的な配慮が働き，実際はそれが無償で配分される事態に至っている．このように，配分のメカニズムや総配分量が極めて専門的かつ政治的な問題になっているとともに，排出量市場が環境に有

効に働くかがどうかの鍵となっている．

経済学と排出量市場

　本書の別の章で論じられるあらゆる市場と比較しても，排出許可証の市場の大部分は，経済学の創造物であると考えられる．排出量市場は，まさに第2章で論じた経済学が何かを行う過程を表す極めて典型的な例である．その場合の経済学の役割は，既存の市場を分析することではなく，新たな市場の創設に貢献することであった．気象学者や他の自然科学者は，人間活動と「温室効果」による地球温暖化の加速の程度に関する専門家であるが，経済学者はそれに対して何をなすべきかという議論において主導的な役割を果たした．

　経済学的見地に立てば，人間の活動から生じる二酸化炭素や関連する温室効果ガスは，実は馴染み深い問題である．それは「外部性」の問題であり，外部性とは「あらゆる活動から生じる費用便益のうち，その活動に従事する人物や組織に生じないもの（Black 2002: 167）」を意味する．研究開発費は正の外部性を有する典型であり，その便益が概して研究開発に従事する企業を越えて広くもたらされる．その一方，環境汚染は負の外部性の教科書的な例である．

> ある製造工場で用いられた労働力や鋼鉄の社会に対するコストは，通常，企業により「内部化」されている．なぜなら，当該企業がその投入に係る代金を支払うからである．だが，当該企業は「外部的」環境汚染コストを最小化するための経済的インセンティブは有していない．
> (Jaffe, Newell, and Stavins 2005: 165)

　環境汚染といった負の外部性に対する経済学者のこれまでの回答は，典型的に外部性を「内部化」するよう適切な水準の税を課すというものであった．換言すれば，それは問題となる活動が広くもたらす社会的コストに匹敵する水準の税を課し，経済的アクターが広範囲に及ぶコストを考慮するよう仕向けることになる．この主張は，「エアコンのスイッチを付けっ放しにするとか，ラッシュ時にロンドンへ車を走らせるとかといった，一部の活動がもたらす本来の社会的コストを

市場が織り込まない場合，政府が社会的コストに該当する税を課すのが社会にとっても望ましい」とするピグー（1920: 168, 193-34他多数）にまで，少なくとも遡る（Harford 2006）．確かに，政府は活動を全面的に禁止したり，活動内容を規定したりすることにより，有害な活動を直接規制することができる（例えば，汚染物質の量や濃度を数値により制限できる）．しかし，例えば特定の技術規格に訴えかけるよりも，課税を通じた価格調整システムこそが，効率的に環境へも便益をもたらし得ると経済学者は考える．この考えによれば，排出量削減を達成する技術的手段や他の手段を規定し得るのは，中央集権的意思決定ではなく，市場の成り行きということになる．

　負の外部性の問題に対する課税及び直接規制以外の第3の解決策として，経済学者のロナルド・コースの定理がよく引き合いに出される．外部性を生み出す者とその影響を受ける者との間で，前者が後者に補償金を支払うか，後者が前者に有害な活動を削減・中断するよう代金を支払うことで双方が納得する取引（Coase 1960: 4）」が締結され得る．ただし，実際にそれが締結されるかどうかは，生じた損害に対する法的責任が有るかどうかに依存する．合理的行為者が，取引コストをかけずそのような取引を締結し得たとしたら，結果として「生み出される価値は…最大化される（Coase 1960: 8）」．その場合，課税の必要はなく，私的な行為者間の取引が望ましい帰結をもたらすことになる．

　コースによるピグー批判と「ピグー的伝統（Coase 1960: 39）」と彼が呼ぶものに対する代替案の素描は周囲にも大きな影響を与えたが，それは売買可能な許可証の考案には直結しなかった．その考案の先駆けとなったのは，トロント大学の経済学者であり，経済史家でもあったJ. H.・デイルズである．彼は，五大湖の汚染の抑制方法を調査していた[1]（Dales 1968a; 1968b）．彼は「異なる廃棄物の間に…同等関係」を確立し，異なる生成物の数量を標準的な「トン同等量」に変換し得ると仮定し，分析を進めていた．彼は「1年で地域Aの水源に排出されるXトンの廃棄物は，同地域の水源に排出されている廃棄物量の10％削減分に相当する」と推定し得ると考えていた（Dales 1968a: 800）．

（1）　同様に重要性が高いと思われるのは，当時ウィスコンシン大学ミルウォーキー校のトーマス・D・クロッカーの提示した（デイルズの提案よりも大雑把な）排出量取引であった（Crocker 1966）．また，Montgomery（1972）は早い段階から厳密な分析を行っていた．

第7章　排出量市場の構成

　デイルズが解明しようとしたのは，固定された数値である「上限（キャップ）」まで環境汚染を低減させるという決定が，いかに少ないコストで実行されるかということである．単に各排出者が排出量を10％削減するよう政府が規制するのは最善策ではない．排出者の中には，他と比較して10分の1以下の低コストで排出量を削減できる者もいれば，10％の排出削減に高いコストを費やすことになる者も存在する．政府も廃棄物の削減に高いコストを費やす必要がある者よりも，安価に削減し得る者が多く削減するよう最適な配分を試みたが，全体のコストを十分に最小化することはできなかった．デイルズは，中央集権制に対する標準的な主張（とりわけ，ミーゼスやハイエク[2]といった経済学者の主張）に基づいて，以下のように示した．

> このような最適な配分が達成可能であると仮定することは，方程式を立てるのに必要な情報が入手可能などころかどうしても手に入らない状況下で，行政機構が何千もの連立方程式を解き得ると仮定するようなものである（Dales 1968a: 800）．

　最低限の総コストで環境汚染も全体的に削減するという課題を克服する効果的な方法としてデイルズが主張したのは課税であり，つまり「排出された廃棄物の量の多寡に応じた」，「一律の」課金であった（Dales 1968a: 800）．この種の課税（もしくは課金）のもとでは，

> いくら廃棄物を削減するべきか，各汚染者自身がある程度決定する．そのため，汚染を規制する負担が適切なやり方で共有される．その場合，「水質管理局」は，管理計画に伴うコストをいかに正当かつ合理的に共有するかという問題で悩む必要はない．各汚染者は自身のコストを最小化するようあらゆる手段で負担に対処するため，目標となる排出削減を達成するための社会的コスト（汚染を伴い製造された製品の消費者を含む全ての汚染者が負担するコストの総額）は，自動的に最小化される（Dales 1968b: 92，強調は原書）．

（2）　ハイエクについては，Caldwell（2004）を参照されたい．

だが，2つの極めて煩雑な計算が残されているとデイルズは主張する．排出量の全体的削減の達成に見合う料金水準を定めることと，新たに廃棄物を排出する「新規参入（人々や工場）」を目算することである．前者は「試行錯誤」を，後者は「推量」を要する．とはいえ，両方とも「汚染する権利」の「市場」を設立すれば，黙っていても計算される．

> 自動的に適切な汚染負担の水準を規定するものこそが，（時間をかけて専門的議論が繰り広げられる各種委員会ではなく）市場である．それは経済成長も考慮に入れつつ，負担水準を自動的かつ継続的に調整する．数名の人間と売買を記録する速記スタッフだけで機能する単純な市場であっても，複雑な価格形成メカニズムに対応すべくコンピュータを完備した極めて煩雑な手続きよりは低コストであり，かつ同程度に効率的である．政策を実行する際に市場を確立できれば，全ての政策決定者がそれを選択することになる．
> (Dales 1968b: 93, 100)

デイルズが提案したのは，いわゆる「キャップ・アンド・トレード」型の制度である．水質管理局や他の政府機関が，キャップとなる総計の排出枠（例えば，現在の水準から10％の削減など）を決定する．その後，それらの機関は当初売却可能な一定の許可証を発行し，それがいつでも売買され得る副次的市場メカニズムも続けて整備する．廃棄物排出者は一定時点で特定量を排出する権利を有していたことを示すため，関連する政府機関に許可証を引き渡さなければいけない．排出には今やコストが伴うという事実により，一部の企業や自治体は，排出量のみならず購入が必要な許可証の数も減らしており，「需要が必要不可欠な水準に減るほど（許可証の）価格が上昇した時点」で，「市場が均衡に達する」．排出量が予想を下回った者は，「自身が市場で買手となる状況とは対照的に，それを売却する権利を手にする」．「買手と売手が総じて買い注文と売り注文を介して，排出権の価格を確立する」．その価格は，例えば人口や産業活動が伸びると上昇すると期待され，その場合，「廃棄物排出者も廃棄物を処理・削減するインセンティブを高める」(Dales 1968a: 801; 1968b: 93-4)．

デイルズの提案は，五大湖周辺における排出量取引に実際に適用されることは

なかったが，1970年代及び80年代に売買可能な汚染許可証に関する制度が（数は少ないが）主に米国環境保護庁（EPA）により導入された．例えば，1980年代にガソリンへの鉛添加剤の使用が米国で廃止されたのに伴い，石油精製業者による「鉛クレジット」の取引が一時的に認められた．各業者が相応な規模で実際に取引に参加し，「鉛を添加する権利全体のおよそ15％が取引されていた（Hahn 1989: 102）」．

二酸化硫黄の取引

　実のところ，1970年代から80年代にかけて，様々な取引制度が不十分かつ拙劣に導入されたが，中でも重要であったのは，第2章で手短に論じた1990年代に米国で確立した市場，すなわち電力会社による二酸化硫黄（SO_2）の排出に対する許可証の市場である[3]．1970年代以降，「酸性雨」や他の酸性降下物がもたらす害悪に対する懸念は強く，特に石炭火力発電所から排出される二酸化硫黄が，その主たる原因であると考えられていた．1980年代にはこの問題に対処すべく数多くの法案が発議されたが，経済的に困窮していた東部アパラチア地域や（高硫黄炭を生産していた）中西部の州の民主党員及びレーガン政権の反対により，全て否決された．しかし，1990年に制定された改正大気浄化法は，石炭火力発電所から排出される二酸化硫黄を劇的に削減すべく，米国の二酸化硫黄の年間排出量を「1980年の水準よりも概ね1千万トン削減する」という目標を最終的に掲げた[4]．

　議会は電力会社がいかに二酸化硫黄を削減するかは規定せず（例えば「スクラバー」の取り付けにより，排気ガスから二酸化硫黄を取り除く要請など），2段階（フェーズ）に及ぶ排出許可証の市場を設立した．第Ⅰフェーズは1995年から1999年までであり，「汚染をもたらす263の大規模発電施設」を対象とした．第Ⅱ

（3）　米国では他にも，ロサンゼルス地域大気浄化インセンティブ市場（Los Angeles Regional Clean Air Incentive Market: RECLAIM）という酸化窒素類の排出に関する市場が1994年に設立された．こういった市場の歴史は様々論じられているが（例としてBurtraw et al. (2005) を参照されたい），二酸化炭素の排出量を規定した政策の嚆矢として最も影響力を与えたのは，例示する二酸化硫黄の市場である．

（4）　1990年改正大気浄化法の第Ⅳ編については，〈http://www.epa.gov/air/caa/title4.html〉（2006年9月2日アクセス）を参照されたい．「トン」が表すのは米国における量単位か，「ショートトン」（2,000ポンドかおよそ907キログラム）である．

フェーズは2000年から現在まで続いており，対象は米国大陸内の「化石燃料発電所の事実上全て」を含むまで拡大された（Ellerman et al. 2000: 6）．各発電所の事業者に排出枠が割り当てられ，例えば石炭火力発電所の所有者は，排出量削減のために何も行わない（その場合，市場から追加的な排出枠を購入することになる）か，スクラバーを取り付けて運転する実質的なコストを負担するか，低硫黄炭へ移行するか，いずれかを自由に選択する．

最終的に二酸化硫黄市場に貢献したのは，上述したように，排出量市場を機能的に捉えた経済学の功績である．だが，経済学者は排出量市場を単に提示し，それが適用されるのを静観していたわけではない．彼等はその提案を擁護すべく政治活動も活発に行っていた．この点に関して特に重要なのは，ジョージ・H. W. ブッシュ元大統領の経済諮問委員会のメンバーであったハーバード大学のジョン・F・ケネディスクール（行政大学院）のロバート・スタビンス教授やMITの経済学者であるリチャード・シュマレンジーならびに，当該諮問委員会の専門委員を務めたロバート・ハーンの存在であった[5]．例えばスタビンスは，環境防衛基金（経済学者やエンジニア及びコンピューター分析者を起用し，経済に悪影響を与えずに環境を保護する手段を見出すことを支持する団体）を運営するエコノミストでもあり[6]，彼の基金は「米国における主要な環境NGOの中でビジネスを重視して」最も成功したNGOと位置付けられていた（Victor and House 2006: 2102）．環境防衛基金からハーバード大学へ移ったスタビンスは，共和党上院議員ジョン・ハインツと民主党上院議員ティモシー・ワースと共に，「プロジェクト88」と呼ばれる「環境を保護するために市場の力を利用する」調査を目的とする組織を指揮した．プロジェクト88は，「酸性雨低減に向けた市場に基づくアプローチは，通常の技術的解決策と比較しても，年間30億ドルのコスト削減を達成した」とのコンサルタントによる試算を，EPAに対する報告書の中で公表した（Stavins 1998: 78）．

プロジェクト88は超党派の連携の上に成り立っており，1988年の大統領選挙でどちらの候補者が勝利したとしても，潜在的に影響を及ぼし得るものであった．

（5） Stavins (1998: 78) やSorrell (1994: 76) を参照されたい．
（6） 〈http://www.environmentaldefense.org/aboutus.cfm?tagID=362&linkID=9〉を参照されたい（2006年9月2日アクセス）．

第7章 排出量市場の構成

勝利者であるジョージ・H. W.・ブッシュは,「『環境に関する大統領』にもなることを約束し,環境の問題に対する『革新的な解決策として市場』に依拠すると主張した (Ellerman et al. 2000: 21-2)」.彼の重要閣僚メンバーのうち数名は,その言葉を実行に移すことを強く望んでいた.例えば,ロバート・グレイディはブッシュとクエール^(訳注3)の選挙運動のスピーチライターを務めていたが,大きな権限を有する連邦政府行政管理局の中でも,天然資源・エネルギーを取り仕切る責務を与えられた.彼はその立場から,二酸化硫黄の排出量に関する市場創設の提案を信奉していた (Stavins 1998: 78).

上記のように政治的影響力を行使する手段が複数あったにもかかわらず,経済学者は自分達だけで二酸化硫黄の市場を創設することはできなかった.彼等には何かが欠けていた.測定システムを生み出すためには,第2章で論じたように,技術者だけではなく,法律家の力も必要であった.例えば,改正大気浄化法の第IV編(二酸化硫黄取引を規定した部分)へのロビイストであると同時に起草者として特に重要な役割を果たしたのは,ジョー・ゴフマンであった.ゴフマンはもともとスタビンスと共に環境防衛基金で働いていたが(最終的には再度復帰する),上院の大気浄化に関する委員会と連携し,助言役を務めていた.さらに当時,彼はEPAによる取引計画に関する規則の細部を詰める実行部隊の代表として,全体を監督していた[7].

排出枠は名状し難い法的実体であり,経済学者と同様に法律家が排出量取引制度の発展に全般的に深く関与していたことは,何も不思議なことではない.重要な問題は,排出枠が財産権であるかどうかである.もしそれが財産権であるならば,米国における私有財産として,憲法上保護されることになり,SO_2の売買計画はより複雑になる.改正大気浄化法403条(f)は,排出枠は「二酸化硫黄を排出するという限定的な許可であり,財産権を構成するものではない[8]」と規定していた.その10年後,京都議定書に基づき売買される単位の法的位置付けに関して同様の問題が表出した.2001年のマラケシュ合意の際,議定書は「排出に係る

---

(7) Sorrell (1994: 76) 及び〈http://www.rff.org/rff/Events/Choosing-Environmental-Policy-Bios.cfm〉(2006年9月2日アクセス) を参照されたい.
(8) SO_2の排出枠に関する法的位置付けをめぐる問題については,Dennis (1993) を参照されたい.

いかなる権利・権限・資格も認めず与えない[9]」と宣言した．京都議定書の単位は代替的に，「発効かつ分割可能な多国間の合意として国家間で承認される約束を体現し，その後の交渉により失効，修正または改訂され得る[10]（Yamin 2005: 16）」と指示した．

　法律家などの手腕が必要であるだけでなく，時に自分の学問的意向に基づく好みを度外視して，政治的過程で各要請に順応することも要求されると理解した経済学者もいた．スタビンスは述べる．「ケンブリッジやマサチューセッツといった地域（ハーバード大学やMITなどが位置し，エリート経済学者の多くが居住する場所）からは申し分ないように見える政策手段であっても，ワシントンDCではいつも実行不可能と判断され，『最適な』手段とはほとんど見なされない（Stavins 1998: 83）」．こういった状況への対応策として，2つが挙げられる．第1に，多くの経済学者が企てようと考えた費用便益分析である．つまり，排出削減のための費用と，環境及び人体の健康被害の低減による便益を数量化し，二酸化硫黄排出の最適水準を導出することである．しかし，人体の被害に金額を付すことに関して大きな議論の余地があり，二酸化硫黄取引を支持してきた経済学者もそれを避け，概数で1,000万トンのSO_2削減を（十分納得したかどうかはさておき）容認し，それが政治的な議論の中ですぐに支配的になった．その削減幅は「明らかに妥当性を欠くものであった（それは実質的には，1,200万トンの削減を要求する環境保護論者と800万トンを主張する産業界との間の妥協の産物であった（Burtraw et al. 2005: 259））が，「彼等（経済学者）は（1,000万トン）削減の費用便益を議論する代わりに，それを達成する費用効果の高い手段に単に狙いを定めることにした（Stavins 1998: 77）」．

　第2に，デイルズが提示した市場において，許可証を廃棄物の排出者に売却することである．緻密にデザインされたオークションは，いちいち取引が締結されるのを待たずに，市場価格を短時間で導き出す．しかし，二酸化硫黄の許可証をオークションにかける場合，大きな政治的障害が生じる恐れがあった．オーク

---

(9)　マラケシュ合意決定，15/CP.7による．マラケシュ合意の内容は〈http://unfccc.int/documentation/documents/advanced_search/items/3594.php?rec=j&priref=600001728〉（2006年9月19日アクセス）から閲覧可能である．
(10)　こういった主張にもかかわらず，排出枠は財産権であるという雄弁な意見については，Lohmann（2006: 73-87）を参照されたい．

ションのもとでは，発電所を有する電力会社には，排出を維持するために多額の支払いが要求される．電力会社から連邦政府へ資金が実質的に移動することになる．取引計画に関する主たる研究成果が示すように，「この代替案は全く議論の俎上に載っていなかった（Ellerman et al. 2000: 24）」．

結果として，ほとんど全ての硫黄の排出枠が，制度の対象となる発電施設を運営する企業に単に無償で割り当てられた（ただし，3％程度のわずかな排出枠は政府に返還され，シカゴ商品取引所によるEPA主導のオークションに毎年かけられ，民間の売手も参加できた[11]）．計画の開始時点で予測された価格は，第Ⅰフェーズの排出枠でおよそ60億ドルであり，10年間の第Ⅱフェーズの排出枠で450〜630億ドルであった（Ellerman et al. 2000: 36）．電力会社は実際の排出量に匹敵する排出枠を引き渡すことになるため，この予測はあくまでも憶測であった．だが，その数字は望ましい配分の兆候があったことを意味する．望ましい配分は企業に価値をもたらし，逆に望ましくない配分は費用がかさむ．

「レントが目の前にあれば，そこに熱心なレント・シーキングが生じることが普通に予想され，そのことをワシントンは歓迎した（Ellerman et al. 2000: 36）」．基本的な配分のルールによれば，発電施設が基準年となる1985年から1987年に燃焼した燃料の発熱量に応じて排出枠を受け取る[12]．しかし，基準量を定めるルールからの逸脱をめぐって極めて複雑な衝突が存在し，上院・下院の各議員は，自身が代表する州及び鉱業や電力会社の利害を追求し，草案に対してロビー活動

---

[11] Ellerman et al. (2000: 38) を参照されたい．経済学の遂行性をめぐる議論の中でオークションデザインが重要である点を考慮すれば（例えば，特にMirowski and Nik-Khah (2007) など），EPAが望ましいと考えた改正大気浄化法第416条で指示されたオークション形式は，多くの経済学者から推奨されていなかったことに言及しておくことは有益であろう．全ての買手及び売手が授受する単一の市場清算価格を求めてオークションを利用する代わりに，最も低い売値を提示した売手が，最も高い買値を受け取るように売買が成立する．このオークションの形式は，ティモシー・ケイソンやチャールズ・プロットといった実験経済学者から，研究成果に基づき「価格シグナルが乏しく」，特に「市場清算価格を押し下げる」と厳しく批判された（Cason and Plott 1996: 133-4）．だが実際，排出量市場におけるオークションの役割は，そういったメカニズム的問題に比べればわずかなものであった．また，ケイソンとプロットの実験で予測された行動の結果は，実際には起こらなかった．「事実，個人の売り手は売却予定価格をあまりにも高く設定していたようである．」（Ellerman et al. 2000: 299）．

[12] 100万の英国定格熱入力に対して，2.5ポンド（1.13キログラム）の二酸化硫黄が割り当てられた（Ellerman 2000: 7）．

を行った．フロリダ州などでは，その後の選挙で安定票を十分に確保しようとする意図が背後で働き，各企業は望ましい配分を勝ち取った．(Ellerman et al. 2000: 13-76)．

それに関わった一部の経済学者にとって，それは政治的過程における教訓となった．ゆえにMITのリチャード・シュマレンジーは，ノースダコタ州で採れる「褐色の石炭」，つまり褐炭に関する特別規定が議会の会合で提案された時のことを思い出して笑った．「彼はノースダコタ州が前途多難な相対的に貧しい州であることを身に染みてわかっていた．そう，重要なことは，議長であったバーディック（本名はQuentin Burdick：1908-1992年．ノースダコタ州の民主党員で，環境及び公共事業上院委員会議長を務めた）の意向は重視されることになっていたんだ」．当該特別規定は，順当に法制化された[13]．

ラチェット（歯止め[訳注4]）

権力を持つ政治的アクターは，自身とつながりのある利害関係者が望む配分をもたらすように規則が設定されなければ，黙っていなかった．その結果，改正大気浄化法の配分に関する規定は複雑なものになった．EPAが3つの内部チームを組織したのに加えて，外部の酸性雨諸問委員会も配分に関する詳細な規則設定や実際の配分作業に取り組んだ．「EPAは自身の解釈が登録・支持されるよう排出枠の配分手法を詳細に文書化し」，さらに「実質的に（2組から成る）大規模な集計表」を作成して公開した．それには，対象となった3,842もの設備に対する配分の計算過程が記載されていた[14]．

特別な利害に見合うよう便宜を図って配分を行うことは，二酸化硫黄市場における環境保護の意義を多分に損なう危険性があった．だが注目すべきことに，排出枠の配分に伴う集計表の総計は，2000年以降変化がない．これは，政治的内部闘争により改正大気浄化法にいち早く盛り込まれた，「ラチェット」とも言える

---

(13) Ellerman (2000: 46) を参照されたい．褐炭の特別規定は，1990年改正大気浄化法405条(b)(3)に規定されている．

(14) Ellerman et al. (2000: 38) を参照されたい．主要な集計表の最新版は，以下の国家排出枠データベースから閲覧可能である．〈http://www.epa.gov.airmarket/allocations/index.html〉（2006年9月18日アクセス）．

規定の帰結である．第403条(a)の改正により，2000年から発行される年間排出枠の上限として890万トンが定められた．この詳細な規則設定等により，890万トンを超える排出枠が配分される場合，排出枠が上限に至るまで，各施設に対する排出枠配分が**案分して**下げられることになっていた．

政治的内部闘争がほとんど解消しない状況下でも，ラチェットは存在し続けた．唯一の例外を除いて[15]，利害対立の裏でラチェットのメカニズムを維持しつつ，利害関係者の懸念を静めていたことが明らかになった（ただ，それは問題視されていなかった（Ellerman et al. 2000: 37））．関係者は，ラチェットの効果を軽視していたようである．5％を越える排出枠の削減は想定されていなかったが，実際は一律で10％近く削減された（Ellerman et al. 2000: 37）．大事なのは，ラチェットを非難することは，集合行為問題であるということである（第2章を参照されたい）．そのことによる便益は，関連する全ての電力会社に共有される．ラチェットの是非をめぐって争い，費用便益を調整することは，特定の州や企業を優遇する規則を求めて奮闘することとは大きく異なる．

ラチェットは配分のゲームをゼロサムゲームにする．つまり，特定の利害関係者が得る追加的排出枠を，他の全てのゲーム参加者が回収することになる．上記の法案が上院と下院を通過した1年後，排出枠の回収が行われた．だが，その時にはワシントンの政治家集団の関心は他の事柄に移っていた[16]．特別な利害に便宜を図っても，SO_2排出に係る全体的キャップはほんのわずかしか減らなかったのである[17]．

---

(15) その例外とは，改正浄化法第404条(a)(3)に含まれている，イリノイ州，インディアナ州及びオハイオ州への追加的配分である（「Kyger Creek, Clifty Creek及びJoppa Streamの発電施設」に対する例外措置）．これら3州は下院議会において優遇された．除外された3施設は，主に電力をエネルギー庁のウラン処理施設に売却しており，排出枠に係るコストを事業者が回収すべく「コストプラス契約」が結ばれていた．
(16) 係る計算が複雑であったため，ラチェットの実際の規模は1992年初期まで電力会社には周知されていなかった（Ellerman et al. 2000: 37）．
(17) イリノイ州，インディアナ州及びオハイオ州に対するラチェットを上回る特権は，排出に係るキャップを年間24万トン増加させた（Ellerman 2000: 37, n. 10を参照に数値を計算した）．

硫黄から炭素へ

　このように「ラチェット」が配分をめぐる政治的駆け引きを招き続けたが，新たな市場は概して有効に機能していると考えられていた．確かに，第2章で概説した測定システムが市場を支えて申し分なく機能しているように見え，私の知る限り，実際の二酸化硫黄排出量にも特段何も問題はなかったようである．確かに，産業界のロビイストが予測したよりも低コストで多くの排出量削減が達成された[18]．年間100億ドルどころか，わずか10億ドルほどのコストであった（Kerr 1998）．第Ⅰフェーズにおける1トン当たりの排出枠の価格は，当初は290〜410ドルの間に収まると予想されたが，実際は平均150ドル程度であった（Ellerman et al. 2000: 172-3; Swift 2000）．価格が下落した要因の一つは，スクラバーに関する費用が著しく低下し，操業に係るコストが予想よりも低く抑えられたことにある．加えて，必要時に排出枠を購入するという選択が可能になったため，大気浄化システムのモジュール（規格部品）が故障した際に用いる予備のモジュールを取り付ける必要もなくなった（Burtraw et al. 2005: 268）．同様に極めて重要であった要因は，鉄道貨物輸送の規制緩和が進み，米国の代表的な低硫黄炭輸送拠点であったワイオミング州パウダー川流域からの輸送コストが低減したことである．

　排出量取引以外のメカニズムが硫黄排出量を規制していた（欧州でそうだったように）としても，上記の要素は規制に準拠するコストを低減させただろう．事実，低硫黄炭は当時から容易に入手できるようになり，排出量取引制度が始まる以前の1980年代には，米国における硫黄排出量は減少していた（Lohmann 2006: 101）．例えば，州レベルの規制により電力会社の選択肢が限られていたこともあり（Burtraw et al. 2005: 265），排出量を売買すること自体の効果が極めて限定的な場合もあった．というのも，スクラバーを取り付けるか低硫黄炭に切り替えるかどちらかを選んで排出削減を達成できるという経済的な利点だけでは，排出量取引には直結しない．こういった複雑な事情にもかかわらず，当該問題に関する2つの顕著な研究成果（Ellerman et al. 2000とCarlson, Burtraw, Cropper, and Palmer 2000）は，従来の規制によるアプローチと比較して，排出量取引がおよ

---

(18)　Kinner and Birnbaum（2004）を参照されたい．

そ50％もコストを削減し得たという点で概ね共通する．

　そのため，二酸化硫黄取引はそれなりの成功を収め，間違いなく上出来だと考えられていた[19]．中でも，特に排出枠の市場価格が予想したよりも相当低く抑えられたという事実により，確かに排出量取引は米国の政治家からも評判となった．そのため，経済学者であるウィリアム・ノードハウスが，1997年10月にホワイトハウスで開催された気候に関する会議において，リチャード・サンダー（第4章で言及したように，元シカゴ商品取引所の主任エコノミスト）と副大統領ゴアの間に「たまたま居合わせた」のである．京都議定書（1997年12月発効）に関するコストは非常に高いと予測する「弱腰の」経済学者に対する主張として，彼等はともに硫黄の取引プログラムを提示した．一度CO_2の市場が開設されれば，その削減に係るコストも下がると彼等は確信していたのである（Nordhaus 2000: 65-6）．

　京都議定書の交渉に参加したクリントン政権は，「排出量を削減するためには，市場に基づく柔軟なアプローチの整備に関して，合意が成立するべきである」と断言した．さらに同政権は，そのアプローチは通算のコストを「相対的に低く」抑えると確信していた．また，政権側に用意された詳細な経済モデルは，規制を受けない国際取引が導入されれば，米国内で排出を削減するのに必要なコストを5分の1まで引き下げ得ると示唆していた．その結果，政権が試算したコストはおよそ70億ドル程度であり，2010年の予想GDP値のわずか0.07％であった（Clinton Administration 1998: 21, 39, 53）．

　地球温暖化を抑制する排出量取引の利用を推し進めた際，クリントン政権はEU（強制的な規制手段を指向し，欧州全域に炭素税を導入しようと既に目論んでいた）ならびに第三世界からの反発に直面した．第三世界の目には，温室効果ガスの排出を安価に抑制し得るという主張は，「炭素植民地主義」のように映っ

---

(19) 特に懸念されていたのは，排出量が全体的に削減されたとしても，排出枠の取引が「ホットスポット」を生むのではないか，すなわちSO_2の排出が人体や環境に害を与える水準に至るまで，特定の地域で増加しないかということである．ある調査によると，1990年に操業していた617の施設のうち，282の施設で2000年〜2002年の排出量は実際に増加していた（Kinner and Birnbaum 2004）．だが，その増加量の総計120万トンは，残りの施設の削減量の総計630万トンよりも相当少なかった．様々な懸念はあるが，ホットスポットにおける「地域的影響」は，「全体の便益を考えれば大した量ではなかった（Burtraw et al. 2005: 262）」．

た．これに対し米国の交渉担当者は，行動力や専門性，世界における唯一の超大国としての力及び自国の正しさに対する強い確信を兼ね備えていた．その正しさへの確信に関して，交渉の席上にいたオブザーバーは「経済的効率性に焦点を当て，弾力性こそが低コストでかつ環境にも便益をもたらすという一般均衡概念に支配されており，弾力性こそが全てと見る経済的イデオロギーとも呼べるものだった（Grubb 1999: 99, 112）」と表現した．

米国は勝利した．重要な契機は1997年11月の京都での会議直前に訪れた．その後に取り付けようとする合意に違反した場合，先進工業国は課徴金を支払うべきであるとブラジルは提案しようと企てていた．当該課徴金は「クリーン開発基金に支払われ，発展途上国における適切なプロジェクトの支援に利用されることになっていた」．言うまでもなく，「先進工業国がこれに同意するだろうという安易な考え」は，「いかなる経験豊かな政治家も持っていなかった」．しかし，ブラジルの上級交渉担当者は，「この合意に準拠しない場合，その程度に応じて排出を抑えるプロジェクトの資金となる課徴金を科す」という考えを固め始めていた（Grubb 1999: 101-2）．

米国の交渉担当者は，これに若干の調整を加える（課徴金の支払いを各国の義務的負担となるよう仕向ける）だけで，ブラジルの提案は国際的な排出量取引への道筋になると直ぐに理解した．米国の一団はリオデジャネイロに出向き，その可能性を探った（Grubb 1999: 103）．その結果，京都議定書における「クリーン開発メカニズム（CDM）」が生まれた．京都議定書の核心部分は，附属書Ⅰ国（先進工業国）の約束を示す署名であり，議定書の「約束期間」である2008年から2012年までに，対象となる国々は温室効果ガスの排出に関して，1990年度の排出量を基準として，合意された量を削減しなければならない（アメリカは93％，ECは全体で92％まで削減）．しかしながら議定書では，それらの国々が「附属書Ⅰ国には含まれない国々（主として途上国）」の排出削減プロジェクトに投資することもでき，そのプロジェクトからの「認証排出削減量」を加味し，京都議定書の約束を果たすこともできることとなった[20]．

---

(20) 国連の気候変動枠組条約のウェブサイトにおいて，京都議定書の文面が入手できる．〈http://unfccc.int/resource/docs/convkp/kpeng.html〉（2006年3月24日アクセス）を参照されたい．

京都議定書は，工業国である附属書Ⅰ国が他の地域（例えば，ロシア連邦やウクライナといった附属書Ⅰ国でも構わない）におけるプロジェクトに資金提供することにより「排出削減単位」を受け取る，「共同実施」と呼ばれる同様のメカニズムも規定している．大雑把に言えば，議定書は約束で定められた「割当量」にまで排出を削減しなければならない附属書Ⅰ国が，附属書Ⅰ国同士で割当量を売買することで，他国の排出枠を削減すると同時に，自国の排出枠を増加させることも可能になっている．

京都議定書が定めたのは，市場の最低限の骨組みだけであった．「関連する原則，方法，規則及びガイドライン（特に排出量取引に関する検証，報告，アカウンタビリティについて）[21]」に関する議論は後回しになった．だが，米国の交渉担当者は，自国の要求が大部分反映された合意を取り付けることに成功した．そのため，読書もおそらく予想していると思われるが，京都議定書の矛盾は，望みの大部分を手に入れた米国が，その後に離脱したことにある．2001年の3月，ジョージ・W・ブッシュ新政権は，米国の京都議定書の約束撤回を宣言した．

欧州における炭素取引

さほど大きな驚きではなかったが，ブッシュ政権の決定は，温室効果ガスの排出量取引にとって大きな向かい風となった．しかし，起草に関わった国が離脱しても，その考え自体が消滅したわけではなかった．それは既に米国以外で根付き始めていた．その背景には，環境防衛基金の尽力があった．当該基金は二酸化硫黄の市場を支えた主要な非政府組織であり，炭素取引を推進するとともに，「排出量取引は気候変動の問題をめぐる企業と環境団体の対立を終結させる手段 (Fialka 2000)」であると考え，京都議定書の中に市場に基づく条項が含まれるよう熱心に活動していた．特筆すべきは，環境防衛基金が1997年にBPと提携関係を結んだことである．BPは新たな代表取締役ジョン・ブラウンのもと，他の主要な石油会社と袂を分かちつつ，地球温暖化が現在の恐るべき脅威であると考

---

[21] この引用については，議定書の第17条を参考にした．

え，何らかの対策が必要であると宣言していた．環境防衛基金の代表であったフレッド・クルップは，ジョン・ブラウンにキャップ・アンド・トレード制度を導入するよう働き掛けていた（Victor and House 2006: 2102）．

BPは社内に取引制度を設け，環境防衛基金はそれを「京都議定書に掲げられたグローバルな排出量取引システムの縮図（Environmental Defense Fund 1998: 7）」と評した．BPはその制度を活用し，2010年までに排出量を1990年比で10分の1（京都議定書が目標とする削減量として掲げた割合にほぼ等しい）にまで削減しようと考えていた．1998年秋期及び1999年に行われた試験的取引後，BPは1998年時点における自社の排出量のおよそ99％を網羅する全ての事業単位に対し，2000年の排出量のシーリング（上限額）を割り当てた．この上限額は「特定の事業単位から（他の事業単位に）電子上で移転が可能な排出枠の形式をとり，企業の中枢データベース」に記録された．各事業単位は，割り当てられた排出枠まで排出量を抑えるか，排出量を低く抑えそうな事業単位から排出枠を「購入する」か，どちらかを選択しなければならなかった．購入は手元の資金を移動させずに行えたが，この制度はBP内部の会計および業績評価システムに取り込まれるほど力が入れられていた．各事業単位が炭素取引を通じて稼得した「収益」及び発生した「費用」は，厳密に管理される内部財務指標である事業単位の「利用資本利益率」の計算にも組み入れられた（Victor and House 2006: 2102）．

その直後，BPは2000年の目標であった排出量1％削減は容易に達成されたと速断した．目標設定が控え目だったのは，BPがビジネスに関する過度に楽天的な成長を予測し，その予測に基づき各事業単位の排出量の増加を過剰に見積もったためである．つまり，BPは排出枠を過剰に配分していたのである．そのため，2001年のキャップはより厳格なものとなり，結果的に10％の削減目標の残された部分をほとんど1年で達成するよう設定された．さらに，各事業単位のキャップの四半期ごとの見直しは，「継続的に行動のてこ入れを奨励するものであった」と一部の取引参加者は漏らした（BPの気候運営委員長ジョン・マグフォードの言葉，Victor and House 2006: 2105からの抜粋）．

BPの排出量削減の背景には，測定の不確実性もあった．BPの1990年における排出量の推計には30〜40％の不確実性があり，1998年の推計にも5％幅の誤差があると見積もられた（anon. 2002）．2001年12月に取引制度が期限を迎えた際，

およそ450万トンの二酸化炭素（BP全体の排出量の約20分の１の量）が事業単位間で36.63ドルの平均「価格」で売買され，BPは目標とする排出量の10％削減が予想よりも９年早く達成されたと結論付けていた．制度開始以前には，測定基準値は多少は不確実であると考えられていたが，BPは大規模かつ純粋な削減が達成されたと確信し，トータルでも赤字にならずに排出量を削減できたと判断した．それどころか，主としてエネルギー節約やそれまで放出・燃焼されていた天然ガスを売却することにより，６億５千万ドルの正味現在価値が企業にもたらされたと推定した（Victor and House 2006: 2105）．

BPが内部取引制度を導入した動機はやや込み入っている．動機のひとつとして，「基準値や税制に基づく政策を望まなかった（Victor and House 2006: 2101）」という理由が挙げられる．SO_2取引のメカニズムが，どれほどBPによる実験の成功に貢献したかは不明確である．それでも全ての排出削減は「排出量取引を通じた財務リターンを除いても，経済的に意味のあるものであった（Victor and House 2006: 2105）」．特に初期の段階における削減量の大部分を占めたのは，CO_2ではなくメタン（天然ガスの主要な構成要素）であった．メタンは100年間にわたってCO_2の20倍以上もの濃度を持つ温室効果ガスである（IPCC 2007: 33）．したがって，BPの制度上，メタン１トンの排出削減はCO_2の20トン分に匹敵した（Victor and House 2006: 2103）．放出・燃焼される天然ガスの削減は比較的容易であったため，より安価に大量の「CO_2同等物」の排出を削減できた．このような体系的に排出量を測定する企業規模の度量衡学的なネットワークの創設は，経営陣からも注目を集めた．BPが気候変動に真面目に取り組んでいた最中，スタンフォード大学での講演の第一声で，ジョン・ブラウンは以下のように述べた．「測定し得るものは，管理し得る（Browne 1997）」．

BPの炭素取引への取り組みは，周囲にも影響を及ぼした．特に過去にもまして著名になりつつあったジョン・ブラウン（現在はブラウン卿）が関わり，大成功の結果が広く伝えられたからである．BPの社員は排出量市場主義者に改宗し，「『BPの制度』を国際的な取引モデルとして絶え間なく推奨していた（Engels 2006: 342）」．欧州における主要企業による炭素取引の成功例として，BPの制度は「欧州における政策論議の中心的原動力（Christansen and Wettestad 2003: 9）[22]」となった．

2001年には，デンマークが8つの大規模な発電所に対してCO_2の売買を促進する制度を設計した[23]．英国もそれに大きく倣い，2002年に自発的な取引制度を発足した[24]．1997年に政権を得たブレア政権は，とりわけ排出量取引に固執していた．多くの「新労働党」の政策と同様に，温室効果ガスの市場は，自由市場単独では十分に機能せず，政府による従来の規制ではコストが嵩むという欠点の両方を補う，新たな市場メカニズムを創造すると期待されていた．

　本章で論じた多くの制度は，既存の企業に排出枠を無償で配分していたが，英国の制度で採られた配分メカニズムは，通常の排出基準に基づくオークションであった．しかし，英国の炭素オークションも，やはりデイルズが描いた許可証の売却とは異なる．英国の制度における34の自発的取引参加者は，異なる水準の政府補助金の見返りとして，排出量に買い注文を入れていた．二酸化炭素1トン当たり100ポンドの補助金が提供される「ディセンディング・クロック方式[訳注5]」のオークションが始められ，買い注文の価格と量が2億1,500万ポンドの制度予算内に収まるよう排出枠の価格が下げられた．その結果，清算価格は1トン当たり53.37ポンドとなった（National Audit Office 2004）．そのような高い価格（実質的には補助金）により，制度を通じた排出量削減は費用が嵩むものとなった．そこでこの制度への参加者は，BP社内の取引制度の初期段階と同様に，自分達でオークションを通じて設定目標を達成すれば，削減は容易に達成し得ると考えた．その結果，排出枠は過剰に配分され，2004年までに「排出枠に対する需要が本当に消失してしまった（Christiansen and Arvanitakis 2004: 7）」．

欧州排出量取引制度

　米国の「シカゴ気候取引所」は，法的な拘束力がある自発的取引制度を導入し

---

(22) ロイヤルダッチシェルや米国巨大化学企業であるデュポン社も，BPと同様の内部取引制度を確立した（Fialka 2000）．
(23) ただし実際の取引はわずかで，ほとんど行われていなかったようなものである．
(24) これ以外にも排出量取引の要素を持つ2つの制度が英国に存在する．再生可能義務（電力会社は，認証された再生可能資源を購入しなければならない）と，エネルギー効率性コミットメント（ガス及び電力会社は，特に低所得者である顧客に対してエネルギー節約を提供しなければならない）である．各制度の詳細については，Sorrell（2003）を参照されたい．

第7章　排出量市場の構成

ており，補助金を受けない非政府組織として，リチャード・サンダーにより設立された（第4章を参照されたい）．ところが，排出量市場の「地勢」の中心は，欧州に移っていた．特に最も重要な炭素取引制度と言える（これまで述べてきた初期の取り組みと比べても，極めて重要である）のは，本章の冒頭でも述べた欧州取引制度であり，それはグローバルな炭素市場の中心になり得る．その取引制度は様々な手法から分析されるが[25]，本章の分析視座の最も興味深い点は，それを市場を構成する行為として見なすことであり，以下で述べるように（Muniesa and Callon 2007における意味での）市場内の経済的実験と見なされる．その市場の構成に中心的役割を果たしたのは，EC環境理事会のエコノミストであったヨス・デルベケに率いられた小数の役人集団であった．

環境理事会のピーター・ツェッペルやマッティ・ヴァイニオは述べた．1997年の京都議定書採択時は，「排出量取引という概念は，（欧州では）環境経済学に関係する教授や学生といった学会での狭い仲間内か，環境機関における環境関連の政策決定者や事務官といった限られた人々の間でのみ知られていた（Zapfel and Vainio 2002: 1）」．そのような状況は一変した．米国における研究者集団や非政府組織（環境防衛基金や大気浄化政策センターなど）が，欧州での政策論議に招かれた．あるインタビュー回答者は，EC（欧州委員会）の一団がSO_2取引の経験を熱心に分析していたと教えてくれた．欧州ではコンサルタントや監査・認証機関が「これから生まれる市場の潜在的可能性を見越しており」，一部の産業集団や企業が高価な規制手段に代わる「安価」な排出量市場に関心を寄せるようになっていた（Zapfel and Vainio 2002: 1 and 7）．

欧州で実際に炭素市場への関心が高まった要因の一つは，EUの政治的構造が特殊であったからだと考えられる．既述の通り，欧州における環境政策担当者の多くは，排出量取引よりも炭素税を選好して意見を統一しようとしていたが，1992年から1995年にかけて欧州全域で炭素税を課す計画は，産業界からの激しい反対に遭い，計画を復活させようにも，EUの構造的欠陥が妨げになった．EUでは税に関する政策には満場一致の賛成が求められ，1国でも反対すれば成立しない．インタビュー回答者の一人が言うには，欧州への炭素税の調和的導入の当初

---

[25] 例えばChristiansen and Wettestad (2003), Damro and Méndez (2003), Wettestad (2005), Cass (2005) 及びEngels (2006) を参照されたい．

提案には，他の加盟国も潜在的に反対していたようだが，「基本的には英国により却下された」．英国は国家レベルで徴税の権限がEUに保持されるのを懸念していた．そのため，「もし小国でも一国が税の政策に首を縦に振らなければ」，「それは成立しない」．他のインタビュー回答者は，以下のように述べた．「新たに何かに課税しようとすると，常に様々な障害に直面する．また，ある加盟国が反対しなければ，他の加盟国が反対する．要は，加盟国には全てそれぞれの選挙のサイクルがあるため，「反対票」が加盟国を巡回することになっているのかもしれない」．

欧州広域で相当水準の炭素税を政治的に導入するには，この満場一致の要件はあまりにもハードルが高かった．この点について「我々は教訓を得た」と，炭素税の提案に携わったインタビュー回答者は述べた．課税問題とは異なり，環境問題に関するEUの意思決定は，満場一致ではなく「限定的多数決投票」に分類される．この場合，一国だけでは特定の環境政策を阻止することはできない．阻止を成立させるためには，「少数の反対派」を形成するのに賛同する十分な票数が必要になる（票の重みは，およそ各国の人口に基づく）．欧州委員会は，キャップ・アンド・トレード市場がEUの手続き上環境問題として分類されるかどうか法的助言を求めた．その結果，インタビュー回答者が述べた通り，その分類は可能であるとの「確認がとれ」，CO_2排出のキャップ制には環境問題として満場一致の要件が適用されないことになった．EUの政治的構造では，課税を通じて炭素に現実的かつ協調的な価格を付すことは期待出来ず，キャップ・アンド・トレード制度を通じた価格が形成されることになった．過去に欧州でも企てられた排出量取引は，「あくまでも学術的発想であり，実態とはあまりにも懸け離れていると見られていた」とインタビュー回答者は述べたが，実際には，環境税よりもたやすく現実の話になり得た．

欧州広域で強制的な取引制度が登場することには，確かに反論もあった．環境運動家らは，環境汚染者が金を払って汚染し続けることを容認する排出量市場に，（現在でも未だに）懐疑的な立場をとる．彼等の標準的な類推では，それは罪人に免罪符を購入させるようなものである．だが欧州委員会の一団は，先導的かつ中心的な位置付けを占める環境NGOと良好な関係を築き上げ，当初批判的であった環境NGOも，新たな市場を基本的に支持するようになった．産業界側の反対も

概して収束に向かい，中には取引を歓迎する集団も現れた（確かに，炭素税よりもそれを選好していた）．だが，多くのドイツ企業は，当時のドイツ政府と自発的合意に基づく有償契約を結んでおり，これに反対した．英国も再び潜在的な障害となった．インタビュー回答者の報告によれば，英国は欧州取引市場が上述の英国の制度と同様の枠組みになることを要望していた．しかし，いくらドイツや英国が共同で反対したとしても，少数の反対を形成するのに必要な数には至らなかった（Christiansen and Wettestad 2003: 13）．2001年の秋までには，最高決定機関であるEU評議会（「EU閣僚理事会」とも呼ばれる）が排出量取引を実際に議事の場に戻し，合意が必要な欧州議会の支持も確固たるものとなっていたため，「限定的多数決の見通しが立った」（Christiansen and Wettestad 2003: 7）．

デンマークや英国における取引制度に加えて，スウェーデンにおける1999年の排出量取引に係る議会委員会の登場は，更なる行動に拍車をかけた．そういった動きは，不完全な「両立不可能な取引制度の寄せ集め」の状況に至る懸念をもたらした（Christiansen and Wettestad 2003: 7）．オーストリア，フィンランド及びアイルランドといった小国が排出量取引の導入を支持していたが，同時に自国の国内市場で国家間の取引を賄うには規模が小さすぎる点を懸念していた（Zapfel and Vainio 2002: 10）．欧州委員会は主要目標のひとつに欧州市場の調和化を掲げ，「市場の分裂」を避ける手段として，「共通のルールに基づく協調的な欧州規模での制度の開発」を見据えていた（Christiansen and Wettestad 2003: 7）．例えばあるインタビュー回答者が言うには，デンマークと英国の代表者が両国の制度を統合すべく交渉に臨んだが，制度の相違により，実際にはそれが困難であるとの結論に達していた．

米国も過去のような先導的役割は果たさないことが次第に明らかになっていった．クリントン政権は議会でそれを達成する機会はあったが，京都議定書の内容を正式な法案へと移すことはできなかった．さらに前述の通り，ブッシュ政権はその過程を無に帰した．欧州側が当初考えていたのは，米国主導だが国連を中心とした国際的な排出量取引システムの導入であった．その見通しが薄れるにつれ，「我々がまず自らで何か行動を起こさなければいけない」との考えに変わっていった（Zapfel and Vainio 2002: 8）．実際，米国の議定書からの離脱は，欧州における炭素取引への反対を緩和した．おそらく炭素取引が，米国が乗り気のない

関係国に押し付けるものではなくなったからであろう[26]．気候やその他諸々に関する米国の新たな単独主義は，敵対心を生み出していた．逆説的に，米国の撤回が，外交上の複雑な過程を経て誕生した京都議定書の市場枠組みを実りあるものにしたのかもしれない．「米国は一手で地球上全体の関心を…外交上の文書の複雑な部分に一挙に集めた（Benedick 2001）」．京都議定書が調印されてから4年後の2001年マラケシュ合意を経て，最終的に国際的制度を規定する詳細なルールが確立された．欧州の取引市場とリンクした，クリーン開発メカニズムと共同実施である．

欧州における政策決定者の当時の重要な意見も，趨勢として欧州広域の取引制度を確立するプロジェクトを後押しした．2002年後半までに欧州の取引制度は完成した．さらに2003年10月には，制度を確立する指令が合意に至り公表された（European Parliament, Council 2003）．その後の2004年10月には，京都議定書に基づく市場と相互関係を築く「連携指令（European Parliament, Council 2004）」が定められた．2005年の1月から，欧州における炭素取引市場が始まった．

マーケットデザイン

この新たな市場のデザインに影響を与えた要素は多様であった．例えば，測定はあらゆる排出量市場の核になる．度量衡学の実用性を考慮すれば，温室効果ガスを吸収・排出する生物圏の能力に作用するものとして，CO_2以外のガスや土地利用の変更を考慮する測定は困難であると市場設計者達はすぐに判断した．新たな市場に対する実際もしくは潜在的な反対意見に鑑みれば，信用し得ない測定やモニタリングは致命的となる．あるインタビュー回答者は，以下のように述べた．

> 非常に初期の段階におけるやり取り（98年もしくは99年の政策白書）の中で，我々はCO_2に限定した制度が最も実行可能性が高いと認識していた．…モニタリングが根本的問題であった．…もしCO_2以外のガスのモニタリングが十

---

(26) この点に関する直接的な確証を得ていないが，反対が和らいだ要因として，CDM認証の排出削減クレジットを大量に購入しそうな米国が撤退したことにより，京都議定書の約束に従う他者のコストが低下したからかもしれない．

分に行われない場合,「その制度の誠実性」は保証し得ないと我々は感じていた.浴びせられた批判も,この制度が全て巧妙なごまかしではないかという疑いであり,提案のような強固なモニタリングなしでは,その批判に反駁することは不可能であった.

硫黄に関する市場の設計者が決定したように,欧州の制度は新たな度量衡学のシステムを確立するというよりは,エネルギー供給者が課す既存の測量法やその他メカニズムを出来るだけ用いてCO_2を測定する.石炭,ガス及び灯油投入量の各測定値は,排出及び酸化係数を各燃料量に乗じることでCO_2の量に変換される.時には特殊なタイプの石炭に特別な要素が用いられるが,通常は多くの燃料に標準的係数が用いられる.また,制度の範囲も同じく慎重に限定された.対象となったのは,欧州におけるCO_2排出量のおよそ半分を占める(Delbeke 2006: 293),実質的に大規模なCO_2排出源であった.公的に電気を供給する業界(主として発電)が大部分を占め,排出量取引のおよそ60%を占めていた.その他には,金属精製,石油・ガス,セメント,石灰,及びガラスのようなエネルギーに特化した産業が含まれた.陸運業,海運業,及び航空産業は国内業界であり,特に電気のように制度の影響が価格にだけ及ぶ産業ではなかったため,全て制度の対象外とされた(航空産業はおそらく2012年に制度の範疇に含まれる).

このように制度の対象を絞り込むことにしたにもかかわらず,EUは国別登録簿に基づくCO_2測定の監査に関する新たな認証手段を設計する必要があった.国別登録簿とは,CO_2の排出枠の発行及び移転を記録するデータベースであり,排出者が過年度の排出量に匹敵する排出枠を引き渡すと,該当する排出枠は失効する.国境を越えて移転する排出枠を登録する「共同体独立取引ログ」が極めて短期間のうちに設計され,稼働することになった(対照的に,京都議定書に基づく取引に関するシステムの稼働は遅れた).

もちろん,新たな市場を立ち上げるための全ての作業が,欧州委員会やその契約者により行われていたわけではない.例えば欧州の会計を規制する機関が,排出枠がいかなる会計項目であるかを決定しようと,CO_2排出枠の取り扱いを検討した.当該問題に直接関わる会計実務など存在していなかったからである.SO_2排出枠の会計処理がそのまま欧州のCO_2に当てはまるとは言えず,米国の会計規

制とも異なる．このような馴染みのない項目の分類については，第6章で論じた有限主義が参考になる．CO_2排出枠は定着した会計処理に伴う会計項目と何らかの類似性を有するが，その対象となる会計項目は一つではなく複数あった．ある会計専門家は，インタビューに次のように回答している．

> 炭素市場は「様々な異なるタイプの側面を持つ商品の市場である．…それは，政府からの補助金，無形資産，棚卸資産，金融商品といった特性をそれぞれ同時に有し，…かつそれがいかに適用されるかは業界ごとに異なる」．

事実，十分に説得力のある会計処理が今でも見出されているわけではない．新たな商品を規定しようとした既存の会計基準の「解釈」は，批判に直面して2005年1月に撤廃された．今これを書いている時点で，代替的な解釈に関する合意は存在しない（Casamento 2005; Cook 2009）．

配分の政治

だが，最も厄介な課題はCO_2排出枠の配分であった．2000年3月に欧州委員会が公表した「グリーン白書」は，提案された市場に対する協議事項に関わる基礎資料であり，無償配分ではなくオークション方式による排出枠の配分例を示していた．

> 望む排出枠が透明性高く入手できる公平かつ公正な機会を全ての企業に提供するためには，期間的オークション方式が技術的にも最も望ましい．このオークション方式は，「汚染者負担」の原則とも合致する．政府が得る収益は，その全体的効果が偏らないように様々な用途に振り分けられるだろう．例えば，その収益はエネルギー効率を促進する投資や研究開発の他に，別の温室効果ガス削減に対する公共投資などに用いられる．オークション方式であれば，取引制度の対象企業にどの程度割り当てるかという難解かつ政治的にも細かい注意を要する決定を憂慮する必要がない．国庫補助と競争に関する…複雑な問題の大部分も解決する．オークション方式は，新規参加者にとって

第 7 章　排出量市場の構成

も，既存の排出源と同じように，必要な排出枠を購入する機会を等しく得られるだろうから，制度参加に関する公正性も保証される[27]．

だがあまり驚くべきことではないが，この市場枠組みには…「無償で配分するよう産業界からの強い働き掛けがあった（あるインタビュー回答者）」．産業界側も自分達に迫り来る足かせに気付いていた．

インタビュー回答者：「…我々は…それ（無償配分）を成し遂げられると考えていた」
MacKenzie：「それは政治的に成し遂げられるという意味ですか」
インタビュー回答者：「その通り」

　欧州議会や加盟国のスウェーデンなど，複数のアクターがオークション方式を望んでいたが，優勢勢力は断固として無償配分を指向していた．例えばドイツのSDP（社会民主党）は，新たな市場にあまり乗り気ではなかったが，提携国のギリシャから無償配分だけを支持するよう説得された．「一度SDPがそうと決めれば，それが政府の基本路線となり，いかなる政党もそれを覆すことができなかった．我々もある程度は知っていたが，対案を無理に押し通すことはできなかった」と，あるインタビュー回答者は述べた．唯一実行可能な選択は，（実際問題，ほとんど選択されなかったが）制度の第Ⅰフェーズ（2005年1月から2007年12月まで）における排出枠全体の5％までオークションを行い，第Ⅱフェーズ（2008年1月から2012年12月まで）にその割合を10％にまで引き上げる選択の余地を加盟国に与えるだけであった．
　独立した国家同士からなるEUでは，各国固有の利害や優先事項及び環境問題への対策が存在し，新たな市場を創設しようとする場合，無償配分に対する標準的・集権的規則に固執しても，政治的に達成不可能である．排出量取引制度の根幹をなすのは，市場創設者の要望（インタビュー回答者の言葉を借りれば，「単一価格に基づく完全に開かれた市場」）と，環境分野において各国の制度設計に

---
(27)　グリーン白書はDelbeke（2006: 279-313, p. 299からの引用）に再掲されている．

携わる多くの意思決定者の両方が心底妥協することである．「各国に最も固有の事情は国別配分計画」であり，それは各国へのCO_2排出枠の配分と，それをいかに各産業及び企業群へ分配するかの規則を定めたものであった．市場の創設者は，これを分権化することはさらなる悩みの種となり得ることを知りながら，それは避けがたい妥協であることも理解していた．「我々は市場から対価を享受する**見返り**に，加盟国は国別配分計画を与えられた」．

だが，市場が首尾よく機能するためには，国別配分計画も規制される必要があった．なぜなら，他国の排出者に不必要な排出枠を売却することで，産業界が利得を得るよう過度に寛大な配分をする衝動が加盟国にはあるからである．排出量取引制度を制定する指令は，企業が提案する排出計画を欧州委員会に提出し，委員会にそれを却下する権利を与えるよう規定し，委員会がその是非を判断するために適用する規則も盛り込んだ．加盟国の国別配分計画に基づく排出枠の合計は，

(a)　京都議定書に基づく各国の削減義務ならびに，1988年に15加盟国で合意した「共同負担協定」のもとで，EUの排出量8％削減を達成するための配分に合致し，

(b)　「必要量を超えてはならない」(European Parliament, Council 2003: 43)．

後者の規準は，京都議定書もしくは「共同負担」の義務を果たす加盟国（例えば，多くの重厚産業が衰退していた，EU加盟済みの旧ソビエト連邦圏の大部分）と特に関係する．当該規準は，そういった国々の中で炭素集約度（GNP当たりの排出量）を減らし得る経済・技術の発展及び改革状況を考慮し，各産業に対して必要以上の排出枠が発行されてしまうのを食い止めることを意図したものである．

第2章で示した有限主義に基づく分析が提示するように，国別配分計画を評価する規則を設定することは非常に困難である．2つの規準（京都議定書の約束を果たし，「必要」以上の配分をしない）の内容には議論の余地がある．制度の第Ⅰフェーズ（2005-7）に提出された国別配分計画が評価されていた時点では，「京都議定書」の約束期間（2008-12）が目前にあり，対象下にある国々は「制度や制度キャップ対象外」の産業による削減でも約束を果たすことができた．排出

第7章 排出量市場の構成

枠の見積りに「必要な」経済成長や技術発展の予測も議論の的になる．とりわけ，過去の排出パターンすら正確に把握できていない状況では，なおさらそうである．あるインタビュー回答者が話すには，各国の排出量総計の水準に関して，「ガスのパイプラインからのガス漏れや，完璧なパイプラインが想定されていないという馬鹿げた内容を目にする」．各国の温室効果ガスの全体量総計に係る不確実性の水準は，典型的にプラスマイナス4％から21％にまで及ぶ（Monni, Syri, and Savolainen 2004）．燃料の燃焼から生じるCO_2の推定に伴う不確実性は低いと推定される（およそプラスマイナス2％（Monni, Syri, and Savolainen 2004: 93）を参照されたい）が，この誤差は典型的に合計の燃料消費から推定されたものである．どの程度の排出枠が「必要になるか」を評価するのに必要な重要データは，多くの場合（特に現在の地球規模の排出パターンなど），容易に体系的に入手するのが困難である．

　排出量取引制度の創設準備段階において，対象となる設備は排出量に関する最新のデータを自国の政府に提供するよう求められた．「各設備に対する配分がそのデータに依存するため（Ellerman and Buchner 2007: 70）」，多くがそれに従った．後の調査でわかったことだが，より多くの排出枠を得ようと排出量を過大申告するインセンティブがあったにもかかわらず，この報告は大部分が公正に行われた．だがそれがかえって，国別配分計画を決定するのに不安がないとは言えない状況も作り出した．

　排出量取引制度の設計者達は，各加盟国が国別配分計画を作成するのと同時に，評価に資する不完全なデータを作り上げることにより，排出枠の過大配分がもたらされる可能性が高い点を熟知していた．あるインタビュー回答者は，次のように述べた．「我々は第Iフェーズが十分に厳格ではなかった点を恐れていた」．その理由から，第IIフェーズ（2008-12）では未使用の排出枠の「バンキング」を承認しなかった．そのため，過度に楽観的な見積もりが「第IIフェーズに悪影響を及ぼす」ことがないよう「ファイアーウォール」を設定した．制度設計者は，大部分の国別配分計画を却下して「全面的に争ってばかりもいられない」ことも悟っていた．インタビュー回答者が言うには，排出量取引制度開設前に，不満を抱いていた加盟国が「制度の運営は難しいと判断し，取引を6ヶ月か1年もしくは3年延期すべく，特別なEU首脳会議を開催しようとするのが容易に想像し得

た．したがって，最も顕著な過大国別配分計画は実質的に減ったが，振り返ればそれ以外にも削減されるべきものが見過ごされていた．

炭素価格

　こういった問題にもかかわらず，設立された市場は機能し，取引が始まれば，最終的に欧州広域の炭素価格が形成されると見込まれていた．排出枠は全てのEU加盟国で利用できるため，裁定取引が価格を欧州全域で統一すると考えられたからである．さらに，排出枠が組織的な取引所やブローカーを通じて売買されることで価格も公になり，排出枠が経済的価値の変化を織り込んでいるのがある程度事実になった．例えば2005年2月25日には，フィナンシャル・タイムズが，私の知る限り，初めて他の商品と全く同じように炭素価格とその決定を論じた以下の記事を掲載した．「欧州における一時的な寒冷気候の発生により，昨日の炭素価格は上昇した．…取引終了時には，炭素1トン当たり9.08ユーロ（6.23ポンド）に達した．…昨日のブローカー報告によれば，ボラティリティを利用した取引により，80万トン以上の炭素が売買されたようである（Harvey 2005）」．

　2005年上半期も欧州の炭素価格は上がり続け，同年7月には1トン当たり30ユーロまで上昇した．市場への参加者及び計量経済学的分析が，価格変化をもたらした主たる2つの要素を浮き彫りにした．インタビュー回答者は，両要素は欧州炭素市場が制度の中心的業種である電力業界の「電力市場にうまく便乗した」ことと関係していると述べた．第1に，燃料価格変動のパターンである．天然ガスの価格は石炭と比べて上昇が激しかったため，電力会社はガスから石炭へとシフトするインセンティブがあった．石炭による発電はより多くの排出を伴うため，必要な排出枠は増えることになる．第2に天候である．フィナンシャル・タイムズの2月の記事によれば，寒冷な冬の気候は電力需要を喚起し，必要な排出枠も増大する．乾燥した天候もまた，水力発電による将来の発電量を減少させるため，炭素価格を押し上げていたと考えられる（Point Carbon 2006）．

　ゆえに，炭素価格は「実体的な」要素を反映していると受け取られていた．炭素市場を代表するアナリスト集団からなるポイントカーボンは，2006年2月に以下のように述べている．「市場の大部分でファンダメンタルズの変化に基づき売

買が行われている．…これはいわば市場が有効に機能しているという一つの証拠であり，市場価格も恣意的なものではない」．だが，政治的活動（市場参加者からは「ファンダメンタルズ」の一部とは一般的に見なされない）は，顕著なままであった．「政治的要素」は，短期的な炭素価格の形成にとって燃料価格の次に重要な価格変動要因であり，長期的には最も重要になり得る．ポイントカーボンの支持者らの調査結果は，次のような総合的意見を表明した．「幅を利かしている政治的活動の重要性が低下し，リスクや価格変動要因といった予測可能なファンダメンタルズの重要性が高まれば，明らかに市場の前向きな発展につながる (Point Carbon 2006: 19, 21)」．

しかしながら，欧州での炭素価格はある程度裁量的な側面があると見なされていたことは，グローバルに影響力を及ぼした．欧州の制度と京都議定書のクリーン開発メカニズムとの連携関係を通じてそれが顕著であった．既に提示したように，CDMは京都議定書の中心的内容であり，先進国である「北側」と途上国である「南側」の利害を結び付ける．CDMに関する交渉に関わったインタビュー回答者は，次のように述べている．「私は直に接してみて，本当に互いの望みを分かち合った北側と南側の純粋な交渉が一部あったと思うし，皆もそう思っていた」．しかし彼が続けて述べるには，そういった交渉が維持されるのは，「交渉が有効に機能し，相手が実際に資金の投下を確認するとともに，我々もクレジットの移転を把握できる場合に限られる」．

CDMは欧州の炭素市場よりも対象の幅が広い．それは途上国全体（中国や韓国さえも含む）を射程に入れ，全ての温室効果ガス及びそれを管理する全ての手段（例えば森林再生など）を潜在的に包含する．その結果生じる度量衡学的に大変な問題は，遅々とした厄介な検証の仕組みと「追加性」を証明する必要性である．CDMとして認証されるためには，申請者は特定のプロジェクトが京都議定書の第12条に規定されているように，「認証されたプロジェクト活動が存在しない場合に生ずる排出量の削減に追加的に生ずる」結果を提示しなければならない．この追加性の要件は，評価対象のプロジェクトが存在しない場合の予測結果を，信頼性をもって明示するという，潜在的に難解な問題を引もたらす（Lohmann 2005及び2006を参照されたい）．

予想された通り，これまで削減された排出量の大部分は，途上国における相当

高性能な施設から生まれたCDMによるものである．また，度量衡学的問題や追加性の表示に対処しやすい複数の「ニッチ」が見出された．最大規模のCDMセクターとして特筆すべきは，韓国，中国及びインドにおけるHFC23（トリフルオロメタン）の排出を抑える大規模なプロジェクトである．HFC23は極めて有害な温室効果ガスであり，HCFC22（クロロジフルオロメタン）の冷却及び化学的フィードストック(訳注6)を行う際の副産物である(28)．同様に顕著なのは，アジピン酸や硝酸を生成する工場から出る亜酸化窒素の排出を削減するプロジェクトであった．

CDMに関わったあるインタビュー回答者は，次のように述べた．「我々は亜酸化窒素やHFC23に関する素晴らしい専門家達が存在することを発見した．…我々は彼等にわずかな資金を渡し，世界中を駆け回り産業過程への触媒技術応用による排出削減を回収する」．しかし，その「わずかな資金」を投資家からこの種のプロジェクト（例えば，上述のインタビュー回答者が誇らしげに語ったモンゴルでの集合型風力発電所といった，小規模だが多くの再生可能エネルギーを生み出すもの）に集めるためには，プロジェクトから得られるクレジット（「認証排出削減量」）が，金銭的価値を有する必要がある．欧州の炭素取引との連携により，CDMは欧州における排出量取引の炭素排出枠として利用可能であり，金銭的価値を有することになる．したがって，欧州における排出者は，利用可能なクレジットを得るために，クリーン開発メカニズムに基づくプロジェクトに資金を提供する．加えて，排出しない他の企業もクレジットを売却して収益を得るためにプロジェクトに資金を提供する．後者の企業は，要するに「炭素の裁定取引（第5章参照）」に従事していた．2005年秋には，欧州の排出枠は1トン当たり20～25ユーロで取引され，CDMから得られる認証排出削減量の権利は，およそ1トン当たり7～8ユーロでも購入し得た．

裁定取引の可能性は限られていた．CDMによるクレジットが認証・発行されてから現金化される場合，資金提供しても根本的なプロジェクトが完了しないと

---

(28) HCFC22は，オゾン層を破壊するガスである（そういったガスの中で最も有害というわけではないが）．その生成については，モントリオール議定書に基づき段階的に削減していくことになったが，消失するのは2030年頃になる．HCFC22のフィードストック後の主要な使い道は，ポリテトラフルオロエチレン（PTTEやテフロン®）であり，航空宇宙産業や焦げ付かないフライパンなどに用いられている．

いう問題が生じる恐れがあった．クレジットが前もって現金化される場合，今度はそのクレジットの見通しが立たないというリスクがある．例えば，認証がうまくいかない場合や，プロジェクトを行う事業者が倒産する場合もある．それにもかかわらず，見込みで裁定取引が行われた結果，そういった懸念が払拭され，CDMプロジェクトから得られた認証排出削減量（CER）の価格が，事実として信認されていた．2005年4月に気候変動に関するあるニュースレターが報じたところによれば，「EU ETSの運営は，投資家に対するCERの価値を「現実のもの」とした (Latham & Watkins LLP 2005: 3)」．あるインタビュー回答者は，「我々は排出量を削減すると同時に価値を創造している．それは金銭的な価値を生む」と述べた．それ以外に金銭的な価値を生む源泉として，京都議定書の約束を果たすよう各国がCDMクレジットを購入するための自発的炭素削減制度が存在したが，市場の規模からしても，欧州炭素市場が極めて重要であった．その市場で価格が上昇すれば，CERを生む契約の価格も同様に上昇した．2006年初期には，発行が迫り，リスクが低く確実な契約から得られるCERは，1トン当たり14ユーロという高値を付けた (Point Carbon 2006: 25)．この結果，世界における排出削減プロジェクトが，欧州排出量取引制度と密接に連携するようになった．

経済的実験としての排出量市場

　排出量市場は，単なる経済学者の提案から，グローバルに効果を持つ提案へと移行した．第2章で挙げた7番目の指針として「経済学は何かを行う」通り，排出量市場は経済学や経済学者の存在なくして生まれなかった．連邦通信委員会による周波数オークションのデザインにおける経済学の利用に関する有名な事例のように，経済学者は提案するだけではなく，「自ら動き回らなければならなかった (Muniesa and Callon 2007: 183)」．その事例では，経済学者はオークションのデザイン及び企業の入札戦略に対する助言に直接関わるようになった．特に枢要な先駆的市場であったSO_2の排出量取引という本章の事例でも，経済学者らが政策統率者（policy entrepreneur）として重要な役割を果たした．
　政策統率者として経済学者が行ったのは，Muniesa and Callon（2007）に依拠すれば，「経済的実験」と表されるものの立ち上げへの尽力であった．この言葉は，

ますます注目を集める分野である「実験経済学」よりも多くの示唆に富む．「実験経済学」は，実験室内で「市場」を作り出し，その中で被験者の行動を研究する．経済的実験は，

> 経済的対象を観察し説明することを目的とする意味で研究活動であると言える．またそれは，経済的対象に極めて明示的に介入しようとする意味でも明らかに研究活動であると言える．その介入により，経済的対象を把握し，変質・安定させ，特別な状態を生み出す．これは，将来の行動の起点となり得る結果を得る体系的試行を通じて，問題を解決する試みである．実験は行為と内省から成り立つ．（Muniesa and Callon 2007: 163）

本章で論じた2つの主要な市場であるSO_2市場と欧州排出量取引制度のうち，後者がこの意味で実験であることは明らかである．既述のように，それは区切られた期間内（第Iフェーズは2005から2007年，第IIフェーズは2008年から2012年，第IIIフェーズは2013年からその先まで）で行われる．第Iフェーズは，制度（Muniesa and Callonによれば「経済的対象」）が実際に一歩を踏み出すのかに関する（技術的かつ政治的）実行可能性を確認することに大部分が費やされた．第IIフェーズにおける規則の全般的枠組みは，制度を確立する2003年指令により成立した．だが，第IIフェーズで行われていた排出枠の配分に関する重要な一部は，後述するように，第Iフェーズで得られた教訓を踏まえていた．さらにそれは，「経済的対象」の創造を通じた技術的・政治的状況の変容から大きな影響を受けていた．これを書いている時点では，第IIIフェーズの構想は検討中（制度開始時には，計画も何も決まっていなかった）であるが，市場構成の進化の過程で蓄積された効果により，同様に部分的に変容しているようである．

排出量取引制度の第Iフェーズが経済的実験であったと見なすことは重要である．なぜなら，多くの評者がその観点から取引制度は失敗であったとの結論を出しているからである．図7.1を参照されたい．欧州市場では2005年初期と2006年には1トン当たり31ユーロあたりまで価格が上昇していたと言えるが，4月26日にはその価格が1日で30%も下落した（Morrison 2006）．その年の5月中旬までは，1トン当たり9ユーロ程度の低価格で排出枠が売買されていた．2006年夏に

（1トンあたりユーロ）

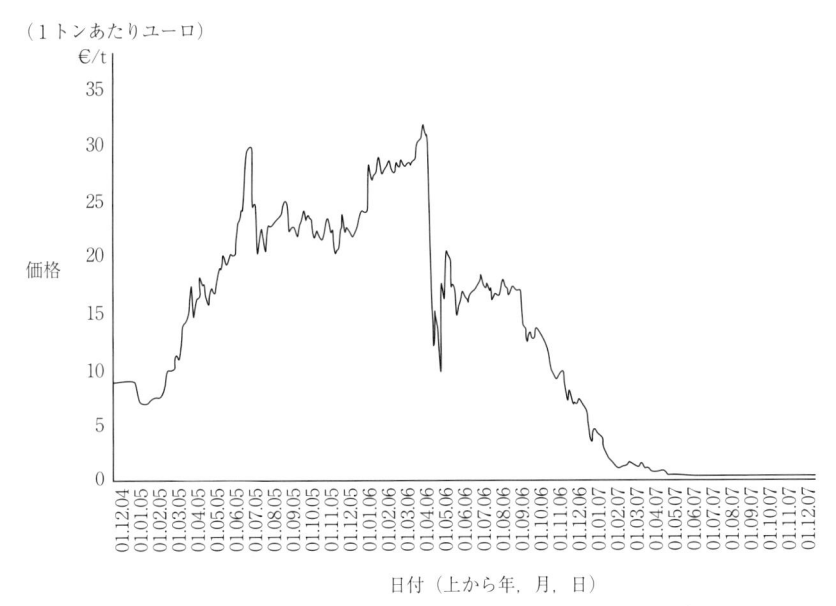

図7.1 欧州排出量取引制度の第Ⅰフェーズの排出枠価格

（出典：Point Carbon）

は一旦値が戻ったにもかかわらず[29]，その後は値が下がり続け，2007年12月には，わずか4ユーロセント[30]（過去の最高値のおよそ1000分の1）で1トン当たりの二酸化炭素排出枠を購入し得た．

価格崩壊の発端となった要因は，複数の国（チェコ共和国，オランダ，エストニア，ベルギーワロン地域及びフランス）の産業において，2005年に割り当てら

---

[29] その部分的な回復に影響を与えた要素は，ドイツ連邦政府が「事後的修正」の規定に関する計画を示したからである．当該規定は，もし「過誤」や「望まない過剰な配分」があった場合に，ドイツに排出枠を取り戻す権利を付与するものであった（Freshfields Bruckhaus Deringer 2005: 3）．ドイツが提案した事後的修正の合法性は，欧州議会から疑問符を付けられたが，2006年5月15日，ドイツは当該規定を援用し，およそ1千万トンの排出枠を回収することを宣言した．ドイツは最終的に過剰に排出枠が配分された唯一の大規模国家であったため，この宣言は単に過剰分を大規模に削減したという理由で重大なわけではなかった．それは「ドイツの2005年の配分があまりにも寛大過ぎたことを認めたニュース」として伝えられた（Milner and Gow 2006）．ヨーロッパの炭素価格は危機前の水準に戻っていなかったが，その宣言があった日には80％も値が上昇した．

[30] この価格は〈http://www.pointcarbon.com〉で報告されたスポット価格である（2007年12月3日アクセス）．

れた排出枠よりも少ないCO_2が実質的に排出されていたことが，欧州委員会の報告により明らかになったからである．そのような傾向が全体的に見られることも次第に明らかになっていった．2006年の6月初旬には，2005年の実際排出量が，発行された排出枠全体を3.4%（もしくはおよそ6千万トン）下回ると算定された（Carbon Market Data 2006）．主としてイタリアやスペイン，特に英国といった複数の国における設備で排出枠はかなり不足していたが，それ以外の地域における余剰分が，その不足を大きく上回った．

欧州で排出枠が余剰になったのには，様々な理由があった．2005年後半の天候が穏やかであったこと，制度の開始前に特定の削減がいち早く行われていたこと，また2005年及び（後述するように）2006年初期に炭素価格が高かったこともその理由の一つである．だがそれよりもはるかに適切な理由は，あまりにも多くの排出枠が発行されたことである．上述の通り，各国の「要求」の中でも最も誇大なものは却下されたが，制度を確立して運営していく必要性と，各要求を評価するのに必要な詳細データの不足により，「現状通り」の活動に対して，実際の必要量よりも多くの排出枠が与えられた．これは制度の意義を損なう結果であった．当初，欧州炭素価格は，天気予報のように市場のファンダメンタルズを反映していると考えられていたが，2006年の難局では，とりわけ恣意的な点に加えて，当初はあまり知られていなかった配分に係る政治的過程の側面も明らかになった．

さらに欧州排出量取引制度の評判を損なう問題を電力価格の分析は指摘した．排出削減のためにほとんど何もしなかった電力会社にも排出枠が無償配分されたため，そういった企業が電力消費者に排出枠を譲渡し，制度を通じて多額の儲けを得ていたことが示された（例としてSijm, Neuhoff and Chen 2006及びPoint Carbon 2007を参照されたい）．標準的な経済学は，そのような事が行われることなど想定しない．無償配布の排出枠であっても，他の条件が等しければ，企業はそれを売却するのではなく，電力（や他の製品）を生み出すためにそれらを活用する「機会原価」を考慮して，価格引き上げを行うはずである．「原則として，経済理論上は企業は（短期的な）製造及び取引に関する意思決定を下す際，CO_2の排出枠に係るコストを他の限界（変動）費用に付加すると想定される」（Sijm, Neuhoff and Chen 2006: 50）．

例えばSijm, Neuhoff and Chenは，排出枠の平均価格が1トン当たり20ユーロ

の時点において，オランダの電力業界が排出量取引制度を通じて年間3億から6億ユーロに匹敵する儲けを得ていたと見積もった（2006: 67）．英国の電力会社も，2005年から2007年にかけて合計でおよそ20億ポンドの収益を得たと算定された（Crooks 2007）．私のインタビュー調査の回答者である電力業界の人間は，上述の経済学的主張に基づき，電力価格に排出枠の機会原価を加えることの適切さを断固として擁護したが，それを「棚ぼた的利益」と見なした者もいたようである．例えばドイツでは，Bundeskartellamt（連邦カルテル事務局）が，同様の手法で価格に違法に介入した電力会社RWEに対して課徴金を課した．当該事件は裁判所で解決された．

では，この経済的実験は失敗だったのだろうか．排出量取引制度は上記の現実的問題に直面したが，3つの点で成功を収めている．第1に，当該制度は第Iフェーズ（2005年から2007年）である程度の排出量削減をもたらしたという試験的確証が得られた．Ellerman and Buchner（2007）は，制度の対象となった各産業の2005年の合計排出量は，欧州経済における経済成長や炭素集約度の趨勢を加味して単純推定した2005年以前の見積排出量より約7％低かったと報告した．もちろん，2005年以前の排出量が追加的排出枠を得るための誇張だったとすれば，その明らかな削減の一部もしくはほとんどが偽りとなる．しかし上述のように，この種の「いかさま」は予想したよりは少なく，おそらく純粋な削減が行われていた．特に電力業界のインタビュー回答者は，欧州で炭素価格が高騰していた時には，炭素集約度の高い石炭火力発電ではなく，出来る限りガス火力発電による電力を供給しようとするインセンティブがあったと語った．

第2に，クリーン開発メカニズム（CDM）の発展にとって，欧州の炭素市場の存在が不可欠であった．CDMには明らかな問題が内在している．例えば，長引く骨の折れる承認作業に始まり，多くのプロジェクトの「追加性」の真否に関する疑義，地域社会及び環境への影響に対する疑問，及びHFC23を除去するCDMへの投資が，HCFC22の生成業者に棚ぼた的利益をもたらしてしまう（さらに，HCFC22の生成を増加させるという厄介なインセンティブまで与える）懸念にまで及ぶ[31]．さらにこれまでのCDMの規模は，地球規模の排出量抑制に必要な量を考えるとわずかにとどまっており，特に中国とインドにおけるCDMは

---

[31] Lohmann（2006）ならびにWara（2007）を参照されたい．

少ない．しかしながら，排出削減を達成するための，先進国から途上国への資本の大規模な移動を可能にする制度的構造が成功裡に創設された．実際問題として，プロジェクト数の不足や排出削減の監視・承認はあらゆる場面で存在するが，そういった問題も直接的な政府補助金といった大規模な資本移動を導く他の政策手段に係る問題と等しく検討すべく，重点を置く必要がある．

　第3に，初めて機能した大規模な炭素市場機能として，欧州排出量取引制度が他の地域で同様の市場を展開しようと試みる者への重要な先行事例と位置付けられる．特に北米において炭素市場の構成に向けた勢いが増しており，大規模な地域的炭素市場が既に機能している．米国北東部の10州（コネチカット，デラウェア，マサチューセッツ，メイン，ニューハンプシャー，ニュージャージー，ニューヨーク，ロードアイランド，バーモント及びメリーランド）は，「地域的温室効果ガス戦略」として，電力会社のキャップ・アンド・トレード市場を立ち上げた．2006年8月には，カリフォルニア州で2020年までに州の炭素排出量を1990年の水準まで戻すこと（カリフォルニア州の人口密度や経済成長を考慮すれば極めて困難な作業）を目指した法案が可決され，目標達成に貢献する排出量取引市場の土台作りが進められた．カリフォルニア州の制度は，国内の他の州のみならずカナダ地域も含めた地域的市場として広域に拡大する可能性があり，実際に全米を網羅する市場の構成を意図した多くの議会法案が存在する．欧州における経験が，米国における議論の中心となっている．

> 米国議会職員と西部の州の職員の議論の的は，いかに「地域的温室効果ガス戦略（RGGI）」が排出枠の配分に対処するかである．欧州排出量取引制度の第Iフェーズに起こった事態（1トン当たりのCO_2のスポット価格が昨春には30ユーロ（43ドル）以上だったのに，今現在（2007年12月），0.1ユーロ以下まで低下した）を避けたいと誰もが願っていた．…かといって，欧州のように許可証を無償配分すると，発電所に棚ぼた的利益をもたらしてしまう…（Volcovici 2007: 28）．

　上記問題は別の根拠から予測し得た（既述のように，「棚ぼた的利益」は経済学者もメカニズムの帰結として予想していた）が，市場内の経済的実験でそれが

表出したことにより，米国における政策論議に差し迫った問題となった．

実験が状況を一変する

　欧州排出量取引制度は古典的な実験室実験のようなものであり，実験条件を厳密に管理すべく相当工夫が施されると見なすのは大きな誤りである．その制度で構成される「経済的対象」は安定したものではなく，実験条件を変える「実験者」も一人どころではない．既述の通り，排出量取引制度の設計は，厳格な政治的制約がある中で機能せざるを得なかったが，実験そのものが制約を変え始めた．制度の第Ⅰフェーズ（2005年〜2007年）と第Ⅱフェーズ（2008年〜2012年）における国別配分制度を評価する過程を対比すれば，実験が状況を変える方法が明確に見てとれる．上述したように，制度を立ち上げて運営していく必要性と提案された計画を評価するためのデータの乏しさが，第Ⅰフェーズにおける排出枠の過大配分と価格崩壊を招いた．対照的に，第Ⅱフェーズでは委員会に提出された27加盟国からの計画のうち，4ヶ国（デンマーク，フランス，スロベニア及びイギリス）の計画のみが承認された．例えば，欧州における最大排出国であるドイツの国別配分計画は，当初提案の4億8,200万トンから4億5,310万トンまで切り下げられ，約3千万トンの莫大な切り下げ分は，他の加盟国の計画に振り分けられた．ラトビアは要望した770万トンのキャップが343万トンまで，リトアニアは1,660万トンから880万トンまで切り下げられた（anon. 2007: 3）．

　その切り下げの手段として，制度参加者に欧州委員会の「NAPフォーミュラ」と呼ばれるものが適用された（NAPは国別配分計画を表す．Wyns（2007）を参照されたい）．複雑さを無視して核心に注目すれば，このフォーミュラは次に示すように，2008年から2012年まで各国に「必要な」排出枠の年間平均配分量を表す．

　　（2005年の排出量）×（GDP成長係数）×（炭素集約度の改善度）

　GDPの成長要素は，2005年から2010年（制度の第Ⅱフェーズの中間年）までの経済活動の増加予測を反映する．例えばラトビアの2005年から2010年までのGDPの成長が50％と期待されるならば，欧州委員会が用いるGDP成長係数は1.5ということになる（Commission of the European Communities 2006）．炭素集約

度の改善度には，GDP当たりの排出量の変化が同様に考慮される．

　NAPフォーミュラは，各国に必要以上の排出枠を配分させないよう規則を具体的に定めたものである．だが，このフォーミュラにおける3要素全てに議論の余地があり，異議が唱えられることは容易に想像出来る．（これを執筆している現時点で，9加盟国が排出量のキャップを切り下げる規則の設定に関して，欧州委員会を相手取り訴訟を起こしている）．例えば，2005年の排出量を基準値とすべきか，それとも複数年の平均値を用いるべきか．平均値を要望する加盟国のほとんどは，天候等の影響で2005年の排出量が突出して少なかった点を指摘する．しかし欧州委員会の見方によれば，2005年の排出量を用いる事に大きな意義があった．その数字は排出量取引制度のもとで認証されていたため，誇大ではなかった可能性が高い．というのも，企業は自らの排出量に匹敵する排出枠を引き渡す義務があるため，排出量を過小に見積もるよりも，過大に見積もる方が短期的な経済的利害に合致する．したがって，2005年の排出量はそれ以前の排出量の見積もりと比べて，「厳然たる」事実であった．例えばラトビアの事例だが，欧州委員会は「ラトビアによる過年度の報告排出量が実際の排出量よりも過大であったからといって，それを除外するわけにはいかない（Commission of the European Communities 2006: 4）」と述べた．

　同様に，GDPの成長要素と炭素集約度の改善度にも問題があった．再度述べるが，欧州委員会は加盟国が提出した国別配分計画の草稿に付された集計表上のGDPの成長要素と炭素集約度の改善度の見積りを単に鵜呑みにはしなかった（集計表自体はCommission of the European Communities 2005により入手可能）．これについて欧州委員会に必須だったのは，PRIMESと呼ばれる経済モデルであり，「EU加盟国間におけるエネルギー需給に関する市場の均衡解を定式化したものである．そのモデルは，エネルギー生成者が消費者の要求に最も合致するエネルギーを供給するよう各エネルギー形態の価格を導出し，均衡を決定する」(National Technical University of Athens n.d.: 3)．例えばラトビアに関する決定について，欧州委員会はGDPの成長要素と炭素集約度の改善度の決定方法としてのPRIMESの有用性を，以下のように公言した．

　　当委員会は全ての処理可能なデータ（公的なものも含めて）の中でも，
　　PRIMESモデルにより示されたデータが，GDPの成長要素及び炭素集約度の

第 7 章　排出量市場の構成

改善度に関する最も正確かつ信頼性ある情報だと考える．PRIMESモデルは，長い間エネルギー及び気候に関する政策に用いられており，モデルの基本的前提も将来の傾向を最もよく反映するよう定期的に更新されている．さらに，加盟国における専門家の関与もあり，その基本的前提は有効であると認められている．…このデータ以外に，全ての加盟国に対して相応の継続性と統一的正確性を提供し，加盟国間の処理の公平性を保証するものを当委員会は持ち合わせていない．

(Commission of the European Communites 2006: 5-6)

「NAPフォーミュラ」や2005年のデータ及びPRIMESの利用により，炭素市場参加者から見て，国別配分計画の評価プロセスが予測性という利点を有するようになった．2007年1月のベルギーとオランダの国別配分計画に関する意思決定の後，ポイントカーボンのコンサルタントであるシャースティ・ウルセットから「NAPに係る決定がおかしいのではないか」と尋ねられた欧州委員会は，それを否定して反論した．「委員会が他国にいかに規則を適用するか，現在では誰でも予測及び推測できるようになっている．国別配分計画の評価に係る欧州委員会の手続きは透明性が高い（Ulset 2007: 1）」．

欧州排出量取引制度の実験的な第Ⅰフェーズでも，制度の命運を握り実行可能と考えられた評価の手続きは大きく変わった．上述のように，第1に制度上は2005年の排出量測定が信頼性ある基準値となった．第2に第Ⅰフェーズの背後にあった潜在的懸念（不満を持つ加盟国が制度の再開を延期させたり，ともすると無効にしたりするのではないかという懸念）が，第Ⅱフェーズの評価が行われた2006年から2007年時点には，もはや払拭されていた．あるインタビュー回答者が言うには，第Ⅱフェーズの配分に係る評価は，「全く異なる状況下」で行われた．「実行可能性やデータの入手可能性といった事実が議論された．例えば，排出量取引（制度）が議論される際，そのような考え方自体が議題に上がることは全くなくなったため，政治的過程を意図していた者たちにも衝撃を与えた」．

排出量取引の第Ⅱフェーズでも，参加者に要請された削減はそれほど大規模なものはなかった．欧州全体での年間のキャップは21億トンであり，2005年の排出量（およそ22億3千万トン）よりわずかに少ないだけである．加えて，クリーン開発

メカニズムによるクレジットが，欧州の排出枠に（ある程度）代替し得る点を考慮すれば，第Ⅱフェーズでも欧州における排出が増加してもおかしくはない．それにもかかわらず，第Ⅱフェーズにおける排出枠の合理的な実勢価格は，2008年7月当初時点でおよそ1トン当たり30ユーロであった．このことは，炭素に意義のある価格を付するという目的が，次第に達成されつつあることを多分に示している．政策論議の的となる内容にも変化が出始めている．1990年の排出水準から2020年までに20%を削減するというEUの2007年の決定は，他国がいかに努力していたとしても（つまり他国が国際的取り決めに参加して30%削減したとしても），第Ⅲフェーズで厳しいキャップが設定されることを予期させた．加えて，それまでは政治的にも実行不可能とされた大規模なオークションの提案が現実味を帯びるようになった．

インタビューを受けたある炭素ブローカーの言葉によれば，「ようやく自分で目盛りを調節できるようになった」．これは言い換えれば，今や欧州におけるキャップを厳格にすれば，排出量を削減出来るということである．彼は「目盛りをどこまで下げる」かまだ政治的には議論の余地があると理解していたが，彼の言葉の中で正義感を覚えたのは「我々はシステムがうまく機能することだけを考えている」との意見表明である．もちろん，気候変動に対処するという課題は遠大かつ複雑過ぎて，排出量市場という単独的手法では解決し得ない．直接規制，研究開発やインフラ整備への大規模な公共投資，国際的援助及び（政治的にも実行可能な）炭素税の導入は，世界中に存在する化石燃料の採掘及び利用のための補助金を廃止することと同様に，全て必要な政策手段の一部になり得る（例としてLohmann 2006, Prins and Rayner 2007を参照されたい）．だが取り敢えず，機能的な温室効果ガス排出市場の構成は極めて多大な労力を要したが，実際に実行可能なものとなった．欧州の炭素取引の実験はそれを立証してくれた．

結論

排出量市場の構成は多くの示唆に富む．実験室的な条件下における経済的実験にしばしば見られる要件として，経済的かつ合理的行為者として振る舞うよう実験参加者に教え込む必要がある（例えばMuniesa and Callon 2007を参照されたい）．同様のことが欧州の炭素取引にも当てはまるが，経済行為者の構成がある

第7章　排出量市場の構成

意味まだ不十分である．例えば，排出量取引制度で通常通り「必要な」排出枠を無償配分された企業は，排出量削減に係るコストが排出枠の市場価格よりも低ければ，排出量を削減するよう動機付けられる．なぜなら，その企業は不要になった排出枠を売却することで儲けを得られるからである．だが，あるインタビュー回答者はそれが実際に起こっているかは不明であると述べた．電力会社を除く最もエネルギー集約的な産業は，新たな馴染みのない制度に準拠するのは面倒だと考え，炭素取引市場を収益獲得の機会と捉える代わりに，自社の排出量を賄うのに十分な排出枠を確保するのが仕事だと考えていた．第Ⅰフェーズには，典型的な排出業者にも明らかに不要な排出枠が渡り，後に排出量が正確に判明するまで保持された．このことは，排出枠が余剰に蓄積されていたにもかかわらず，なぜ一時的に高値を付けたかの理由になる．2006年春に過剰配分の程度が明らかになって以降，ようやく価格が徐々に下がり続け，ゼロへと近づいていった（図7.1を参照されたい）．多くの企業が不要な排出枠を売却することで大規模な収益を獲得できたが，敢えてそれをしなかった．

　このような問題は，将来検討されなければならない．ここでは代わりに，本章の排出量市場の構成に関する議論に通底する中心的課題に立ち返ることにしたい．その課題とは，過剰配分の傾向である．本章で論じた各キャップ・アンド・トレード市場（二酸化硫黄の市場，BPの制度及び欧州排出量取引制度）では，過配分の動きを推し進める強い力が働いていた．特に英国の制度は異なる構造であったのに，同様の現象が表面化した．新たな排出量市場が創設される度に，過配分の傾向が生じるようである．無償配分は，概してオークションよりも政治的には魅力的である．というのも，既存の排出水準の測定は，多くの場合想像をはるかに超えるほど不正確である．正直かつ安価に排出削減を達成する可能性もひどく過小評価されている．また重要なのは，市場を立ち上げる政治的緊急性により，厳格な配分が実行できていないことである．

　したがって，排出量市場の構成に関するいわゆる「テクノポリティクス」の観点から，過剰配分の傾向は予見し得る特質であるとともに，それが生じる市場は不適切であると見なされる[32]．本章ではこの傾向に対処する技術政治的な手段を

---

(32)　テクノポリティックスについては，Mitchell (2002) を参照されたい．

見出す可能性にも言及してきた．二酸化硫黄市場における「ラチェット」はその極めて重要な手段であり，欧州委員会が排出量取引制度の第IIフェーズへ移行するにあたって用いたNAPフォーミュラ，2005年の排出量データ及びPRIMESモデルもそれに含まれる．それに関して，あるインタビュー回答者は「より機械的」な配分こそが過剰配分の終焉には効果的だと主張するが，この執筆時点では，第IIフェーズがそうなると判断を下すには時期尚早である．

「テクノポリティックス」という表現を用いたのは，排出量市場に関する政治が，これまで多くの文献が焦点を当ててきた問題（例えば，課税ではなく市場を選択する理由など）よりも深刻であるからである．第IIフェーズを例に挙げる．（より長期の平均値ではなく）2005年の排出量を基準値とするかどうかという明らかに「技術的」問題や，PRIMESモデルの援用は「単なる細部」に関する問題ではなく，過剰配分を回避し得るかどうか，つまり排出量市場が環境目的を達成するかどうかの中心的問題である．このような問題には，なかなか目が向けられることがない．例えば，SO_2の市場の成功に不可欠な役割についてはよく論じられるが，既存の文献の中では，硫黄の「ラチェット」関するわずかな論考が唯一見当たるのみである（Ellerman et al. 2000：37, 38, and 49）．そのような特殊性は，技術政治的な「市場と配分メカニズムのデザインの基本」であり，見過ごすべきではない．

ゆえに，排出量市場を理解するのに，本書で提示したようなアプローチが妥当であると主張したい．尺度は安定しない．「ミクロ的」現象（詳細や専門用語）が排出量市場の成否の鍵を握る．排出量市場は，「左翼の」環境主義者と「右翼の」市場信奉者の感情の融和を可能にし，政治的にも魅力的である．しかし，それを成功させるには，政治が市場をデザインしなければならない．それはつまり，市場による解決法の全体的利点や欠点に単に焦点を当てるだけではなく，ラチェットやNAPフォーミュラといった技術政治的な特殊性に注目することであり，またそのような政治が強く望まれる．既述の通り，炭素市場の形成は米国で勢いを増しているため，京都議定書を継続する交渉がまとまれば，グローバルな炭素市場が表舞台になる可能性が高い．このように状況が進展する中で，過剰配分の傾向を抑制しつつ，他の側面から排出量市場をさらに効果的にしていくことは，非常に困難な問題であると同時に技術的・政治的な問題である．しかし，そ

第 7 章　排出量市場の構成

れらは取り組まなければならない課題でもある．議論すべき問題は極めて重要であり，見過ごすことは出来ない．

訳注
（1）　emissions tradingは「排出権取引」，「排出枠取引」，「排出量取引」と様々に訳されることが多いが，ここではemissions tradingは「排出量取引」と，emissions allowanceは「排出枠」と統一して表現する．
（2）　ノルウェー，スウェーデン，デンマーク，フィンランドの北欧4国が加盟する，国境を越えた電力取引市場．発電会社と小売会社が参加し，様々な方法で発電された電力が，需要と供給に応じて自由に売買される．
（3）　ダン・クエール（Dan Quayle）．ジョージ・H. W.・ブッシュ元大統領（1989年-1993年）のもとで，第44代アメリカ合衆国副大統領を務めた．
（4）　ラチェットとは，ソケットを取り付けてボルトやナットを回す工具であるラチェットハンドルに由来する．ラチェットハンドルの特徴として，一方向に回すと，戻り止めがついているので，決して反対には回らない．そのため，ラチェットは「歯止め」もしくは「歯止めの爪」などを意味する．可処分所得が低下しても，低下した可処分所得の割合ほどには消費は低減しない現象はラチェット効果と呼ばれる．
（5）　オークションの方法のひとつであり，「同時競り下げ時計方式（入札）」とも呼ばれる．要は，排出削減量1トンあたりの入札価格を徐々に下げていく方法である．
（6）　フィードストック（リサイクル）とは，使用済みの物質を化学的あるいは熱的に分解し，有益な化学原料として再使用する方法で，化学的処理をすることからケミカルリサイクルともいう．

第8章　結論：ファイナンスのブラックボックスを開ける

　2007年9月14日金曜日，国内の目抜き通りでは，21世紀の英国とは到底考えられない光景が見られた．米国大恐慌時代か，いやおそらく現代のアルゼンチンの姿だろうか．ノーザンロックが最後の貸し手としてイングランド銀行に緊急支援を要請せざるを得なくなったとの情報をBBCが入手してから一夜明け，ビクトリア時代が始まって以来の大規模な取り付け騒ぎが起こった．キングストン・アポン・テムズにある破綻目前の銀行支店前に並んだ預金者は，フィナンシャル・タイムズの記者に告げた．「全額引き出すためにここに来たんだ．倒産してしまうんだろ（Braithwaite and Tighe 2007）」．

　数日のうちに他行の預金者も懸念を抱くようになり，世界の金融機関が英国銀行への貸し付けを渋っているとの印象的なテレビ映像も視聴者の恐怖心をさらに煽り，英国の銀行システムに対する信用は大きく揺らいだ．ノーザンロックだけでなく，同様に苦境に陥っていた他の英国銀行の預金者をも政府が補償する意思を見せたことで，ようやく騒動は収束した．イングランド銀行が当初の計画を変更し，資金不足の銀行に資金を即座に用意したことも事態の収束に寄与した．

　ノーザンロックの取り付け騒ぎと英国の銀行業に対する信用が一時的に失墜してしまったのは，2007年夏に起こったグローバルな金融危機の影響が関係している．米国に端を発した「サブプライム」ローンの債務不履行の急増という，一見限定的だが重大な問題が，金融システムを駆けめぐった．信用危機をもたらした一つの要因として，市場の事実生成システムに対する信用の失墜があった．信用喪失や格下げは最高格付けAAAの抵当証券にも生じたため，格付けシステム自体が疑問視された．マネー・マーケット・ファンドのマネージャーの一人（彼は信用業界で特別目的事業体により発行される，表向きはリスクのない「コマーシャル・ペーパー」への有力な投資家であった）は，ブルームバーグ・マーケッツ（投資・市場情報誌）上で述べた．「今の市場では，いかなる格付けも全く信用できない」（Evans 2007: 46）．

　あるインタビュー回答者は，市場のコマーシャル・ペーパーの購入者を「植物

プランクトン」みたいなものだと言い放った．この比喩には，格付けのみに依拠して投資の意思決定を下す者に対する軽蔑と，上記の仕組みに資金を供給する重要性への配慮が含まれている．彼らがコマーシャル・ペーパーを購入しなければ，自らが設立を支援した特別事業体は，それを連結する（親会社の）銀行に頼るしか道はない．だが，その銀行自体の多くが計り知れないほど大きな債務を既に抱えていた．現行の会計規制では，銀行の多くのポートフォリオは「市場価値で評価する（市場価格の変動に応じて再評価する）」ことになっているが，多くの証券（例えば，ノーザンロックのモーゲージ債）は売却が困難であるか，投げ売り価格でしか売れなかった．

おそらく，短期間の翌日物を除いては，銀行間でも互いに資金を融通し合う術はなかった．第4章で述べたように，LIBORという最も信頼し得る財務事実でさえ，その権威が失墜し，こんな市場の状態ではどこも実際に借り得ない金利であると揶揄されていた．「LIBORなんてフィクションじゃないか」，ある大手銀行の財務部長は語った（Tett 2007）．

これを書いている時点でも全く収まる気配の無い信用危機は，いわゆる金融の世界におけるインフラの危機である．ここで言うインフラとは，一部の問題のみが顕在化する技術的インフラではなく，事実生成メカニズムとしての認知的インフラである．その事実の崩壊の影響がどこまで及ぶかは未だ不透明である．その影響は2百万人以上に及ぶとも推測され，多くのアメリカ人は債務不履行のリスクなどないと断言した仲介人が組んだローンを返済できず，家を手放すことになるだろう．モーゲージに加えてそれに係る信用リスクまで転売されていたため，リスクが全く把握されていなかった．年金資産を含めた多様な投資案件が既に損失を被っている．全体的な信用収縮で経済活動は停滞するが，それがどの程度でどれほど続くのかは，これを書いている時点では不明である．全てとは言わないが，事実への信頼を取り戻すことは，もはや不可能だろう．

本書の見解として，信用危機は金融社会論が取り組む事柄の重要性を例示してくれる．もちろん，信用危機は「中国における過剰貯蓄や英米の巨額の借り入れと収支不均衡」，「金融システムの規制緩和」，「規制緩和を推進する新自由主義的思想」といった類いの「重大な」事柄である．だが，それと等しく極めて重要な一見「些細な」事柄がある．信用が拡大した背景として，例えば一連の特定の投

第8章　結論：ファイナンスのブラックボックスを開ける

資手段の存在（第2章で論じた債務担保証券（CDO））が挙げられる．それは極めて複雑に組成され，特にその特性は第2章でふれた「ガウス型コピュラ」と呼ばれる数学モデルを通じてのみ把握し得る．CDOにモデルを適用する能力がなければ，格付機関であってもそれを格付けするのは困難であり，大部分の投資家は格付けがなければ投資商品を購入しないだろう．おそらくCDOは，サブプライムローンに基づく証券の需要の中心源であった．CDOが投資家にとって魅力的だった理由は，それが同等格付けの債券といった，より単純な商品よりも高い利回りをもたらすと同時に，ハイリスクの債務でも高格付けになるよう一括りになっていたからである．

つまり，金融危機は尺度が常に安定しないことを示した．前代未聞の事態（多くの識者の見方では，第二次世界大戦以降で最も重大な金融危機）の核心には，数学モデルや信用格付けといった「技術的」問題があった．もし本書を通じて伝えるべき主題が唯一あるとすれば，この種の技術的問題は「大局」を探究する社会科学者が問題ないと片付けられる「単なる細部」どころではないということである．グローバルな不均衡や新自由主義的思想の影響も確かに重要であるが，本書で論じた現象全て（ブローカーの耳といった身体的能力やLIBORを生み出す計算など）どれも重要であることに変わりはない．

第1章で提示したように，金融社会論は市場に対する物的社会学であり，市場の身体性や有形性及び専門性を重視する．もちろん，これらの特性を強調するにあたり，本書の限界を十分に自覚している．情報入手が困難なこともあり，本書で用いたデータの大部分はインタビューに基づくものであり，直接観察によるものではない．金融市場で参与観察を行う許可を得るのは極めて難しい．そのため，本書の中では思ったほど身体性や有形性に焦点を絞りきれなかった．こういった市場の側面は，それについて語る人々から話を聞くよりも，物証や技術システム及び身体の相互作用を通じて容易に描写し得る．本書で論じた特定の主題についても，いずれさらに多くの発見があるだろう．また，それ以外にも市場の様々な側面が，物的社会学の観点からは未開の領域となっている．

金融社会論の学術的野望は控え目であると言っていいだろう．新たに登場したアプローチの支持者がその目新しさを過度に強調するか，または過去のアプローチ全てを補足すると主張するのは容易である．本書はそのどちらにも当てはまら

ない．例えば，金融社会論と主流の経済社会学の関係を取り上げても，後者の領域に金融社会論のアプローチに該当する業績が数多く存在する．例えば第2章で挙げたように，Carruthers and Stinchcombe（1999: 356）による，いかに「流動性というものが，潜在的な買手及び売手の大規模集団が理解可能な資産を前提としているのか」及び「特異な個人的知識から，一般化された客観的知識」がいかに創り出されるかといった洞察に満ちた分析がある．信用危機の中で財務事実に対する信用が失われたことによる流動性の喪失は，彼等の主張を例示している．

同様に，金融社会論はおそらく経済社会学の主流派の近年の伝統に取って代わるというよりは，それを補完する．近年の経済社会学は，個人間のネットワークに埋め込まれたアクターの経済的行為の帰結に焦点を当てる．それは，とりわけマーク・グラノヴェッターの研究の流れを汲む（例えばGranovetter 1973; 1985; 1992を参照されたい）．すなわち，人間はネットワーク上の人間関係とは別の技術システム，認知的枠組，概念の単純化及び計算メカニズムに埋め込まれているわけではなく，その両方に同時に複雑に埋め込まれている．

トレーダーを例にとろう．本書で論じた研究及びMacKenzie（2006）における過去の研究を通じて，およそ50人のトレーダーへインタビューを行った．オプションやクレジット・デリバティブといったいわば売買の最も「技術的」部分に関与する彼等でさえ，モデルのような計算ツールだけではなく，誰が何かをなぜ行っていたかという，典型的に人間関係のネットワークを通じて入手される情報にも注意を払う必要があった．さらに，モデルは単に誰かから用いられることで重要になり得る．例えば，クレジット・デリバティブのトレーダーは，複数の異なる投資銀行のトレーディング部にデリバティブの気配を要求し，気配値のパターンから各トレーディング部が用いていたモデルの特徴を割り出し，異なる銀行で用いられているモデルの違いを裁定取引に利用する（その結果，ある銀行から安価で信用補完を購入し，別の銀行に高値で売却する）ために，モデルは有益であったと述べた．

トレーダーがモデルを利用したこの事例は，基本的事柄を例示する．それは科学技術社会論が長きにわたって示してきたように，「技術的」及び「社会的」側面は全く異なるのではなく，表裏一体の関係にあるということである[1]．あらゆる市場（Latour 2005によれば，実際はあらゆる社会）は，社会技術的な構成

第8章　結論：ファイナンスのブラックボックスを開ける

物である．したがって，金融社会論及び類似する市場の「物的社会学」的研究が果たす中心的役割は，市場の「社会的」側面を直接分析する研ぎ澄まされたツールを提供することである．このツールはグラノヴェッターによる功績に端を発し，Harrison White (1981; 2001) により展開されたネットワーク分析や，Fligstein (2001) による「政治文化的」アプローチなどとも異なり，より「技術的」側面を理解するのに役立つ．市場の構成には「社会的」かつ「技術的」側面が複雑に絡み合っており，最終的にこの2つの分析視角がうまく統合される必要がある．これは困難ではあるけれども，重要な学術的課題でもある．

しかし，金融社会論が念頭に置くのは，学術的研究ばかりではない．近年，社会学の領域において非常に注目を集めている「公共社会学」という分野がある．これは学術的な社会学の型にはまらず，多様な方法で様々な公共に従事する形式をとり，とりわけアメリカ社会学会の会長演説の中で，マイケル・ブラウォイが言及したことで急速に注目が高まった (Burawoy 2005)．ブラウォイの要望の詳細には議論の余地があり（批判の多くはHolmwood 2007にある），私自身の批判も以下に述べるが，彼の提言は確かに真っ当なものである．例えば，人々の生活に多大な影響を及ぼす市場のような分野に取り組む場合，研究者はもちろん高質な学術的研究を目指すのみならず，学問の枠を越えて広く公に影響を及ぼすことを求めるべきである．これは全ての社会科学者にとっての課題であり，何も社会学者だけに対するものではない．問われているのは公共社会学ではなく，公共社会科学一般である．

公共社会科学として，金融社会論がいかなる貢献を成し得るだろうか．多くの可能性が秘められているが，最も魅力的なのは市場への政治的関与の形態を拡大する可能性である．これまでの政治的議論のほとんどは，しばしば「市場」を固有の特質を持つ単一の存在と見なし，（政治的右派が通常支持するよう）推進すべきか，（左派がよく望むよう）抑制すべきかに分かれていた．例えば，公共社会学を擁護すべき説得力ある論調として，社会が守る必要がある「市場」に固有の何らかの本質があると考えるブラウォイの言葉は，上記の両方の立場の中道を行くのに近い（特にBurawoy 2007を参照されたい）．

（1）　ここで特に重要なのは，第2章でも論じたLatour (1987) やCallon (1986) によるアクターネットワーク理論である．

金融社会論の中心にあるのは,「市場」を単一の実態として扱うのは誤っているという信念である．最もよく読まれているミシェル・カロンの『The Laws of Markets』と題した書物は，この分野で絶大な影響力を誇る．もしこの信念が正しく，多様な特質を有して異なる帰結をもたらす複数の市場形式があるとすれば,「市場擁護派」と「市場否定派」のどちらか一方に政治が二分されるかどうかは全く不毛な議論である．さらに，単に両者の間に立ち位置を求める「第3の道」も不十分である．考えられる多くの市場の中でも，我々が問題にするのは単なる市場の全体的特質などではなく，市場のデザインの細部や市場を支える技術的基盤及び市場における経済行為者の構成である．それには例えば,「行為者が備える知識体系」や「行為者が注意を払う現象とそうでない現象」ならびに「経済行為者が複雑性を把握するための単純化の方法」などが含まれる．

　そのような現象に取り組む市場への政治的関与が必要なのは，おそらく排出量市場ではないかと思われる．第7章で強調したように，排出量市場に固有の特質などないはずである．米国における硫黄の市場がそうであったように，十分に整備されてうまく機能する排出量市場は，排出削減の有効な経済的手段と成り得る．その反面，欠陥のある排出量市場は，無意味で無駄以外の何物でもない．いかなる結果がもたらされるかは，政策手段としての市場の全体的長短ではなく，例えば第7章で論じた配分メカニズムのような市場デザインの細部にかかっている．

　市場のデザインに関する手の込んだ政治は，既に有力な環境NGOにより行われている．その動きは，排出権市場が有効に機能するかの鍵となる細部に影響を与え,「市場擁護派」と「市場否定派」にも二分されない．これはそれまでなかったことである．例えば，金融市場のデザインについて，同様の政治的関与は限られた例しか存在しない．金融市場は排出量市場のようにまさに「政治的」であり，政府や規制監督機関が大部分定めた枠組みの中で運営される結果，経済成長や雇用ならびに富と貧困に多大な影響を与える大量の資源を動かす．しかし，金融市場を形作る極めて重要な特質は，公の議論で取り上げられることはめったにない．

　市場を形作る過程で行われる事柄の大部分は，Beck (1996) が「サブ政治」と呼ぶ，正式な政治過程の外で行われる重大な意思決定であり，伝統的に政治的であると考えられてこなかった事象と関わる．例えば，高齢者に対する給付は伝

統的な政治課題である．対照的に，年金給付の財務報告を規定する会計規則は，専門家により決定される専門的課題と位置付けられる．それでも会計規則自体は，いかなる年金給付が主流となるかに大きな影響を与える．

20世紀における最も優れた金融イノベーションの典型は，いかなる最先端のデリバティブでもなく，確定給付型の年金制度による「最後の給与」である．年金制度上，高齢者に対する給付の財務リスクを大部分負担するのは雇用主である（それ以外の主たる年金制度として，被雇用者が市場の変動に関するリスクを負う確定拠出型の制度もある）．近年，確定給付型年金の割合は，英国民間企業の間で著しく低下した．その原因としてAvrahampour（2007）が主張するのは，従業員への年金給付を規制する英国の財務報告基準第17号（現在は国際会計基準（IAS）第19号）の導入であった．当該基準の導入により，それ以前よりも企業の年金給付のための引当金が中心的課題となり，投資家もその引当てに係る企業の財務リスクに極めて敏感になった．このような状況下で，企業にとっては自社と投資家をリスクから解放するという理由から，確定拠出型制度が確定給付型制度よりも魅力的に映った．明らかに詳細な専門的事項であっても，極めて重大になり得る．例えば，雇用主が抱える年金債務の大部分は将来に関する事項であるため，財務報告の目的に従って債務の現在価値を求める割引率の選定が要求される．ダブルA格付けの社債利回りを割引率として用いるか（現在の慣行），（一部の人々が擁護する）より低利の国債の利率を用いるかどうかは重要な影響を与える．後者を選択する場合，債務の規模は増大する．

財務報告が幅広く影響を及ぼすさらなる事例を挙げるとすれば，石油や鉱業といった業種の多国籍企業が，単にグローバルな活動を集計して会計報告を行うか，各国の業務に応じてそれぞれ会計報告を行うかが問題となる．2006年には80ものNGO集団が，国別の財務報告を行うことを審議するよう国際会計基準審議会に働き掛けた．そのようなNGO結束の目的は，企業から特定政府機関への献金に関する事由の数値化を強制することにあった（Jopson 2006）．もちろん，そのような報告が企業の透明性を高め，贈収賄を抑止する有効な手段と成り得るかどうかは，第6章で提示した「有限主義」の問題と関係する．だが，その気概は本書が主張する，市場に関する政治の「基本」となる典型例である．

また，銀行に対する規制を考慮されたい．英国政府によるノーザンロック救済

から明らかになったのは，先進国の政府が大多数の有権者に大規模な損失を被らせる形で主要な銀行の破綻を容認するのは，もはや考えられなくなったということである．結果として，銀行が経済行為者として構成されることに（長きにわたる，現在は特に顕著な）不釣り合いが存在する．銀行業はリスクを取りながら得る報酬は私的に蓄えられているが，最終的に甚大になり得る潜在的損失は，納税者が暗黙的に負担することになる．これが第1の不釣り合いであるが，第2の不釣り合いによりその度合いは悪化する．それは銀行で働くトレーダーの現行の報酬システムである．彼等の給与及び賞与は，利益を生み出すことで頻繁かつ劇的に増加するが，損失をもたらしても給与も賞与も減額されない．この第2の不釣り合いは重要であるにもかかわらず，つい最近まで公に取り上げて論じられることがなかった．それでも，第1の不釣り合いが明るみになり，銀行業に厳格な規制が必要であることにほとんど異論はなくなった．だが，そのような規制の詳細は，「政治的」というよりは「サブ政治」的問題であり，政策決定者の議論の題材としてほとんど取り上げられてこなかった．「サブ政治」的問題には，各行の「バリューアットリスク」の算定に利用されるモデル，そのようなモデル及びポートフォリオを市場価格で評価することが「景気循環増幅」(好況期に過大なリスクを取り，不況時には景気を螺旋的に押し下げることになる．Goodhart and Persaud 2008を参照されたい)」をもたらすか，銀行が保持すべき資本準備金を決定するための信用格付けの役割，事あるごとに追加的リターン（つまりボーナス）を約束するが，巨額の損失を被るリスクを取る方針を採用するインセンティブを抑制する方法等が含まれる．

　もちろん，会計基準や銀行規制の問題は専門的である．それが問題を幅広く議論する障害となっている．そのため，公共社会科学をなす重要な一分野として金融社会論がなし得ることは，そのような問題の重大さを浮き彫りにし，広く大衆が把握し得るよう説明することである．したがって，その領域内で研究者がいかに書くかが問題であり，またどこに書くかも問題となる．読み手が限定されるアカデミックな雑誌に掲載するだけでは十分ではないし，研究書の読者層にも限界がある．より一般向けの雑誌（例えばMacKenzie 2007bなど）に載せれば，少なくともその10倍もの読者の目に届く．新聞への論稿は潜在的読者が100倍にも膨れ上がるだろう．さらにBurawoy (2005) も強調しているが，あるべき公共社会

第8章　結論：ファイナンスのブラックボックスを開ける

学が単に書物による出版だけでなく，インターネットを通じた報告媒体により広く読者を獲得すべきである．市場の特質を変えようとする者が我々から何かを学ぼうとするのと同じだけ，我々研究者も彼等から何か学べることがある．特に，排出量市場のような市場デザインの細部が既に広く議論され，政治的な動きにも左右される分野では，「公共社会学が社会学を公共との対話の場に引っ張り出すことで，対話に関わる人々も社会学を理解するようになる」(Burawoy 2005: 7)．

ゆえに，金融社会論として示される市場の物質社会学は，市場に関する学術研究を積み上げるだけでなく，公の議論やそれに関連する活動を拡大するのに役立つことで，結果的に当該分野自体を洗練する可能性がある．市場は疑いもなく，今後も現代生活の中心に定着し続けるだろう．経済的な物の供給が，市場形態から大幅に乖離することなど，もはや考えられない．だが，多くの人々にとって，市場での直接体験は限られている．例えば，信用危機はSIV（特別投資媒体）のような事業体やCDO（債務担保証券）のような仕組み商品やモノライン（債券保証業者）といった企業など，部外者がそれまで耳にしたこともないものにも突如としてスポットライトを当てることになった．金融市場は，科学技術社会論が「ブラックボックス」と呼ぶようなもので満ちている．第2章で論じたように，「ブラックボックス」は方策，実務，規制，組織，モデル等であり，その内部構造となっている内容が「技術的」だとしばしば見なされる結果，軽視されるか部外者には不透明である（MacKenzie 2005を参照されたい）．

したがって，金融のブラックボックスを開ける研究は，学術的営みだけでなく，公にも貢献し得る．本書は，まずもって慎重に複数のブラックボックスを開けようと試みた．（しばしば極めて不透明な組織だと捉えられがちな）ヘッジファンド，（しばしば非常に専門的に運営される）デリバティブ市場，（市場に不可欠な行為であるが，社会技術的特性がほとんど研究されていない）裁定取引，（会計専門家以外は滅多に研究しない）会計，及び（初対面でその複雑さに非常に気が遠くなる）排出量市場のブラックボックスである．本書の試みによってブラックボックスの中身が披露され，それを理解した人々が知的好奇心を高め，場合によっては現実世界の行為にある程度何らかの影響を及ぼすことが私の願いである．本書が部分的にこれを達成するならば，著者の願いは叶えられたと言えるだろう．

用語集

　金融市場で用いられる用語の多くは多義的であり，以下の各用語も様々な意味を持つが，この用語集は本書の内容に関連する意味に限定している．より幅広い意味を参照する場合，この用語集が主に依拠しているMoles and Terry (1999) を参照されたい[1]．

インプライド・ボラティリティ (Implied Volatility)
　株式や指数の**オプション**価格から推定される株式や指数の**ボラティリティ**．

売り持ち高 (Short Position)
　資産価格が下落すれば，その価値が高まることになる資産及び（もしくは）その**デリバティブ**からなるポートフォリオ．例えば，売り持ち高は資産の**空売り**から構成される．対義語は**買い持ち高**．

オプション (Option)
　買手が資産を与えられた価格（行使価格・権利行使価格）で一定期日もしくは将来の期日（期限）までに購入する（コール）か，売却（プット）する権利を入手するが，必ずしもその権利を行使する必要がない契約．売手（ライターともいう）は，要求があれば契約に関する履行義務を果たさなければならない．

オープン・アウトクライ (Open Outcry)
　立会場において，見聞き可能な一定の場所で行われる声や手指示による売買．

買い持ち高 (Long Position)
　資産価格が上昇すれば，その価値が高まることになる資産及び（もしくは）その**デリバティブ**からなるポートフォリオ．対義語は**売り持ち高**．

---

(1) この用語集の大部分は，拙著 (2006) *An Engine, not a Camera: How Financial Models Shape Markets* (Cambridge, Mass.: MIT Press) から転載したものである．ここでの再掲を許可して下さったMIT Pressに感謝申し上げる．

用語集

株式（Stock（米）またはShare（英））
企業の部分的所有権が付された証券．

空売り（Short Selling）
トレーダーが所有していないか，一時的に所有している証券を売却する行為．空売りするためには，代金と引き換えにトレーダーに特定の証券を「貸し出し」てくれる所有者を見つけなければならない．つまりその人物は，証券の所有権をトレーダーに一時的に移転し，後から返却することを引き受けることになる．例えば，空売りを行うトレーダーは，証券の返却時までにその価格が下落し，（代金を差し引いても）空売り価格との差が生じると期待する．

債券（Bond）
売買可能な負債（証券）．通常，債券発行者（最も一般的なのは政府や企業）は定められた額（元本）を一定期日に返済し，その期日まで毎期一定額の利息（クーポン）を支払うことになる．債券保有者は，債券を他の投資家に売却することができる．

裁定取引（Arbitrage）
金融市場における用語として，類似資産の価格差など価格の相違からローリスクで利益を得ることを目的とした売買を意味する．ファイナンス理論上，裁定取引は資金を拠出することなく無リスクで利益を生む売買を指す．

債務担保証券（Collateralized Debt Obligation: CDO）
債券やローン及びモーゲージ債などの債務証券を集めて所有し，そこから生じるキャッシュフローだけでなく，その発行者が倒産に陥るリスクまでも組み込んで商品化し，投資家に売り出される投資手段．

先物（Future）
一方の当事者が特定の種類の資産を一定の価格で将来の期日に購入すると同時に，他方の当事者が売却する，組織的な取引所で売買される標準化された契約．この言葉は，将来の購入または売却に経済学的に極めて類似するが，現金で決済される契約を表すこともある．

先渡（Forward）
一方の当事者が特定の種類の資産を一定の価格で将来の期日に購入すると同時に，他方の当事者が売却することを引き受ける契約．契約が標準化され，組織

209

的な取引所で売買される場合は**先物**と表現されることもある．

スワップ（Swap）
異なる二つの収入源を交換する契約．例えば，同額の名目元本に関する固定金利と変動金利のスワップがある．

デリバティブ（Derivative）
契約もしくは証券（**先物・先渡・オプション・スワップ**など）であり，その価値が指数水準や為替相場もしくは金利の他に，債券発行者のデフォルト確率などの指標からなる「原」資産の価格の動きに左右される．

ピット（Pit）
オープン・アウトクライによる売買が実際に行われる場所（通常，中心から周囲にかけて階段状になっている立会場）．

ヘッジファンド（Hedge Fund）
特別な部類の投資機関であり，しばしばオフショアで登記され，1940年米国投資会社法の適用除外を受ける「プライベート・ファンド」に分類されることが多い．典型的に大口の投資及び（もしくは）限られた数の投資家を受け入れ，広告を出すことは禁じられているが，多くの規制要件の対象外となる．そのため，他の投資家が利用することができない投資戦略（**空売り**や借入金で投資額を増大させることなど）を自由に組み立てることができる．

ボラティリティ（Volatility）
資産価格の変動幅のことであり，実務上は資産から得られる連続複利型リターンの年間標準偏差として測定される．

利息（クーポン：Coupon）
債券を参照．

利回り（Yield）
債券利回りは，現在の市場価格で債券の残存期間において提供されるリターンであり，通常，債券の元本と利息の現在価値の合計が現在の価格に等しくなる**割引率**を算出して計算される．

割引（Discount）
将来のコストや支払いその他利得の額を減額し，現在価値を計算すること．

LIBOR

ロンドン銀行間取引金利のことであり，算出パネルを構成する主要行が特定の期間に特定の通貨で他の銀行に資金を貸し付ける際に用いると申告する金利の平均である．その平均値がいかに計算されるかは，第4章を参照されたい．

引用文献

Abolafia, Mitchel Y. 1996. *Making Markets: Opportunism and Restraint on Wall Street*. Cambridge, Mass.: Harvard University Press.
─────── 1998. 'Markets as Cultures: An Ethnographic Approach'. Pp. 69-85 in *The Laws of the Markets*, edited by Michel Callon. Oxford: Blackwell.
Abreu, Dilip, and Brunnermeier, Markus D. 2002. 'Synchronization Risk and Delayed Arbitrage', *Journal of Financial Economics*, 66: 341-60.
Adler, Patricia A., and Adler, Peter (eds.). 1984. *The Social Dynamics of Financial Markets*. Greenwich, Conn.: JAI Press.
Alder, Ken. 1997. *Engineering the Revolution: Arms and Enlightenment in France, 1763-1815*. Princeton: Princeton University Press.
Allen, Franklin, and Gale, Douglas. 1994. *Financial Innovation and Risk Sharing*. Cambridge, Mass.: MIT Press.
Anderson, R. J., Hughes, J. A., and Sharrock, W. W. 1989. *Working for Profit: The Social Organisation of Calculation in an Entrepreneurial Firm*. Aldershot: Avebury.
Anderson-Gough, Fiona, Grey, Christopher, and Robson, Keith. 1998. *Making Up Accountants: The Organizational and Professional Socialization of Trainee Chartered Accountants*. Aldershot: Ashgate.
Anon. 2002. 'BP's Credibility Gap over Carbon Emissions'. *ENDS Report* no.326: 3-4.
─────── 2005a. 'The Vision Thing [Lex Column]', *Financial Times*, 20 April: 18.
─────── 2005b. 'Case for a Closer Look at Hedge Funds', *Financial Times*, 12 May: 18.
─────── 2007. 'EU ETS 2008-2012 Allocation Overview', *Carbon Market Europe*, 6/43 (2 November): 3.
Arnoldi, Jakob. 2004. 'Derivatives: Virtual Values and Real Risks', *Theory, Culture and Society*, 21/6: 23-4.
Arthur, W. Brian. 1984. 'Competing Technologies and Economic Prediction', *Options*, April: 10-13.
Attari, Mukarram, Mello, Antonio S., and Ruckes, Martin E. 2005. 'Arbitraging Arbitrageurs', *Journal of Finance*, 60: 2471-511.
Austin, J. L. 1962. *How To Do Things With Words*. Oxford: Clarendon.
Avrahampour, Yally. 2007. 'Agency, Networks and Professional Rivalry: The Valuation and Investment of UK Pension Funds (1948-2006)'. Ph.D. thesis: University of Essex.
Baker, Wayne E. 1981. 'Markets as Networks: A Multimethod Study of Trading Networks in a Securities Market'. Ph.D. thesis: Northwestern University.
─────── 1984a. 'The Social Structure of a National Securities Market', *American Journal of Sociology*, 89: 775-811.
─────── 1984b. 'Floor Trading and Crowd Dynamics'. Pp. 107-28 in *The Social Dynamics of Financial Markets*, edited by Patricia A. Adler and Peter Adler. Greenwich, Conn.: JAI Press.
Barnes, Barry. 1982. T. S. *Kuhn and Social Science*. London: Macmillan.
─────── 1983. 'Social Life as Bootstrapped Induction', *Sociology*, 17: 524-45.
─────── 1988. *The Nature of Power*. Cambridge: Polity.
─────── 1995. *The Elements of Social Theory*. London: UCL Press.
─────── Bloor, David, and Henry, John. 1996. *Scientific Knowledge: A Sociological Analysis*. London: Athlone.
─────── and Edge, David (eds.). 1982. *Science in Context: Readings in the Sociology of Science*. Milton Keynes: Open University Press.
Barrett, Scott. 2003. *Environment and Statecraft: The Strategy of Environmental Treaty-Making*. Oxford:

引用文献

Oxford University Press.
Bay, Wolf, and Bruns, Hans-Ceorg. 2003. 'Multinational Companies and International Capital Markets'. Pp. 385-404 in *International Accounting*, edited by Peter Walton, Axel Haller, and Bernard Raffournier. London: Thomson.
Beales, Richard, and Tett, Gillian. 2007. 'Hedge Funds Rival Banks for Share of US Treasury Market', *Financial Times*, 9 March: 1.
Bear, Keith, Hod, Zohar, Enness, Phil, and Graham, Andrew. 2006. 'Tackling Latency: The Algorithmic Arms Race'. London: IBM UK.
Beattie, Vivien, Fearnley, Stella, and Brandt, Richard. 2001. *Behind Closed Doors: What Company Audit is Really About*. Basingstoke: Palgrave.
Beck, Ulrich. 1996. 'World Risk Society as Cosmopolitan Society? Ecological Questions in a Framework of Manufactured Uncertainties', *Theory, Culture and Society*, 13/4: 1-32.
Benedick, Richard E. 1991. *Ozone Diplomacy: New Directions in Safeguarding the Planet*. Cambridge, Mass.: Harvard University Press.
―――― 2001. 'Striking a New Deal on Climate Change'. Available at <http://www.issues.org/18.1/benedick.html>, accessed 26 May 2006.
Beresford, Dennis R., Katzenbach, Nicholas de B., and Rogers, C. B., Jr. 2003. 'Report of Investigation by the Special Investigative Committee of the Board of Directors of WorldCom, Inc'. Available at <http://news.findlaw.com/legalnews/lit/worldcom#documents>, accessed 17 March 2006.
Beunza, Daniel, and Garud, Raghu. 2004. 'Security Analysts as Frame-Makers'. Paper presented to workshop 'The Performativities of Economics', Paris, 29-30 August.
―――― Hardie, Iain, and MacKenzie, Donald. 2006. 'A Price is a Social Thing: Towards a Material Sociology of Arbitrage', *Organization Studies*, 27: 721-45.
Beunza, and Muniesa, Fabian. 2005. 'Listening to the Spread Plot'. Pp. 628-33 in *Making Things Public: Atmospheres of Democracy*, edited by Bruno Latour and Peter Weibel. Cambridge, Mass.: MIT Press.
―――― and Stark, David. 2003. 'The Organization of Responsiveness: Innovation and Recovery in the Trading Rooms of Lower Manhattan', *Socio-Economic Review*, 1: 135-64.
―――― 2004. 'Tools of the Trade: The Socio-Technology of Arbitrage in a Wall Street Trading Room', *Industrial and Corporate Change*, 13: 369-400.
―――― 2005. 'Resolving Identities: Successive Crises in a Trading Room after 9/11'. Pp. 293-320 in *Wounded City: The Social Impact of 9/11*, edited by Nancy Foner. New York: Russell Sage Foundation Press.
Biggs, Barton. 2006. *Hedge Hogging*. Hoboken, NJ: Wiley.
Black, Deborah G. 1986. 'Success and Failure of Futures Contracts: Theory and Empirical Evidence'. New York University: Salomon Brothers Center for the Study of Financial Institutions, Monograph 1986-1.
Black, Fischer, and Scholes, Myron. 1973. 'The Pricing of Options and Corporate Liabilities', *Journal of Political Economy*, 81: 637-54.
Black, John. 2002. *A Dictionary of Economics*. Oxford: Oxford University Press.
Bloor, David. 1997. *Wittgenstein, Rules and Institutions*. London: Routledge.
Brady, Chris, and Ramyar, Richard. 2006. 'White Paper on Spread Betting'. London: Cass Business School.
Braithwaite, Tom, and Tighe, Chris. 2007. 'I'm here to take the lot out; they're going under, aren't they?' *Financial Times*, 15-16 September: 1.
Brav, Alon, and Heaton, J. B. 2002. 'Competing Theories of Financial Anomalies', *Review of Financial Studies*, 15: 575-606.
Browne, John. 1997. 'Addressing Climate Change'. Speech at Stanford University. Available at <http://

www.bp.com/genericarticle.do?categoryId=98&contentId=2000427>, accessed 19 September 2006.
Burawoy, Michael. 2005. 'For Public Sociology', *American Sociological Review*, 70: 4-28.
————— 2007. 'Public Sociology vs. the Market', *Socio-Economic Review*, 5: 356-67.
Burgstahler, David, and Dichev, Ilia. 1997. 'Earnings Management to Avoid Earnings Decreases and Losses', *Journal of Accounting and Economics*, 24: 99-126.
Burt, Ronald S. 2005. *Brokerage and Closure: An Introduction to Social Capital*. Oxford: Oxford University Press.
Burtraw, Dallas, Evans, David A., Krupnick, Alan, Palmer, Karen, and Toth, Russell. 2005. 'Economics of Pollution Trading for SO_2 and NOx', *Annual Review of Environmental Resources*, 30: 253-89.
Button, Graham, and Harper, R. H. R. 1993. 'Taking the Organisation into Accounts'. Pp. 98-107 in *Technology in Working Order: Studies of Work, Interaction and Technology*, edited by Graham Button. London: Routledge.
Caldwell, Bruce. 2004. *Hayek's Challenge: An Intellectual Biography of F. A. Hayek*. Chicago: University of Chicago Press.
Caliskan, Koray. 2005. 'Making a Global Commodity: The Production of Markets and Cotton in Egypt, Turkey, and the United States'. Ph.D. thesis: New York University.
Callon, Michel. 1986. 'Some Elements of a Sociology of Translation: Domestication of the Scallops and the Fishermen of St Brieuc Bay'. Pp. 196-233 in *Power, Action and Belief: A New Sociology of Knowledge?*, edited by John Law. London: Routledge and Kegan Paul.
————— (ed.) 1998. *The Laws of the Markets*. Oxford: Blackwell.
————— 2005. 'Why Virtualism Paves the Way to Political Impotence: A Reply to Daniel Miller's Critique of *The Laws of the Markets*', *Economic Sociology: European Electronic Newsletter*, 6/2 (February): 3-20.
————— 2007. 'What does it mean to say that Economics is Performative?' Pp. 311-57 in *Do Economists Make Markets? On the Performativity of Economics*, edited by Donald MacKenzie, Fabian Muniesa, and Lucia Siu. Princeton: Princeton University Press.
————— and Caliskan, Koray. 2005. 'New and Old Directions in the Anthropology of Markets'. Paper presented to Wenner-Gren Foundation for Anthropological Research, New York, 9 April.
————— and Latour, Bruno. 1981. 'Unscrewing the Big Leviathan: How Actors Macro-Structure Reality and How Sociologists Help Them To Do So'. Pp. 277-303 in *Advances in Social Theory and Methodology: Toward an Integration of Micro- and Macro-Sociologies*, edited by Karin Knorr Cetina and A. V. Cicourel. Boston: Routledge and Kegan Paul.
————— and Law, John. 2005. 'On Qualculation, Agency and Otherness', *Environment and Planning D: Society and Space*, 23: 717-33.
Calvo, Guillermo A., and Mendoza, E. G. 2000. 'Capital-Markets Crises and Economic Collapse in Emerging Markets: An Informational-Frictions Approach', *American Economic Review*, 90: 59-64.
Carbon Market Data. 2006. 'Carbon Market Data Publishes Key Figures on the European Emissions Trading Scheme'. Available at <http://www.carbonmarketdata.com/pages/news.php>, accessed 26 June 2006.
Carlson, Curtis, Burtraw, Dallas, Cropper, Maureen, and Palmer, Karen. 2000. 'SO_2 Control by Electric Utilities: What Are the Gains from Trade?' *Journal of Political Economy*, 108: 1292-326.
Carruthers, Bruce G., and Stinchcombe, Arthur L. 1999. 'The Social Structure of Liquidity: Flexibility, Markets, and States', *Theory and Society*, 28: 353-82.
Casamento, Robert. 2005. 'Accounting for and Taxation of Emission Allowances and Credits'. Pp. 55-70 in *Legal Aspects of Implementing the Kyoto Protocol Mechanisms: Making Kyoto Work*, edited by David Freestone and Charlotte Streck. Oxford: Oxford University Press.
Cason, Timothy N., and Plott, Charles R. 1996. 'EPA's New Emissions Trading Mechanism: A Laboratory Evaluation', *Journal of Environmental Economics and Management*, 30: 133-60.
Cass, Loren. 2005. 'Norm Entrapment and Preference Change: The Evolution of the European Union

引用文献

Position on International Emissions Trading', *Global Environmental Politics*, 5/2: 38-60.

Christiansen, Atle Christer, and Arvanitakis, Andreas. 2004. 'What Determines the Price of Carbon in the European Union?' N.p.: Point Carbon and Chicago Climate Exchange.

────── and Wettestad, Jørgen. 2003. 'The EU as a Frontrunner on Greenhouse Gas Emissions Trading: How Did It Happen and Will the EU Succeed?' *Climate Policy*, 3: 3-18.

Christie, William G., and Schultz, Paul H. 1994. 'Why Do NASDAQ Market Makers Avoid Odd-Eighth Quotes?' *Journal of Finance*, 49: 1813-40.

Clark, G. 2000. *Pension Fund Capitalism*. Oxford: Oxford University Press.

Clinton Administration. 1998. 'The Kyoto Protocol and the President's Policies to Address Climate Change: Administration Economic Analysis'. Available at <http://yosemite.epa.gov/OAR/globalwarming.nsf/content/ResourceCenterPublicationsPositionPapersWhyKyoto.html#execsum>, accessed 24 April 2006.

Coase, R. H. 1960. 'The Problem of Social Cost', *Journal of Law and Economics*, 3: 1-44.

Collin, Peter, Knox, Helen, Ledésert, Margaret, and Ledésert, René (eds.). 1982. *Harrap's Shorter French-English Dictionary*. London: Harrap.

Collins, Harry M. 1974. 'The TEA Set: Tacit Knowledge and Scientific Networks', *Science Studies*, 4: 165-86.

────── 1990. *Artificial Experts: Social Knowledge and Intelligent Machines*. Cambridge, Mass.: MIT Press.

────── and Yearley, Steven. 1992. 'Epistemological Chicken'. Pp. 301-26 in *Science as Practice and Culture*, edited by Andrew Pickering. Chicago: Chicago University Press.

Commission Of The European Communities. 2005. 'Further Guidance on Allocation Plans for the 2008 to 2012 Trading Period of the EU Emission Trading Scheme'. Brussels: Commission of the European Communities. Available at <http://ec.europa.eu/environment/climat/emission.htm>, accessed 16 March 2007.

────── 2006. 'Commission Decision of 29 November 2006 Concerning the National Allocation Plan for the Allocation of Greenhouse Gas Emission Allowances Notified by Latvia in Accordance with Directive 2003/87/EC of the European Parliament and of the Council'. Brussels: Commission of the European Communities. Available at <http://ec.europa.eu/environment/climat/pdf/nap2006/20061128_lv_nap_en.pdf>, accessed 6 January 2008.

Cook, Allan. 2009. 'Emission Rights: From Costless Activity to Market Operations', *Accounting, Organizations and Society*, 34/3-4: 456-68.

Cooper, David J., and Robson, Keith. 2006. 'Accounting, Professions and Regulation: Locating the Sites of Professionalization', *Accounting, Organizations and Society*, 31/4-5: 415-44.

Cramer, James J. 2002. *Confessions of a Street Addict*. New York: Simon and Schuster.

Crocker, Thomas D. 1966. 'The Structuring of Atmospheric Pollution Control Systems'. Pp. 61-86 in *The Economics of Air Pollution*, edited by Harold Wolozin. New York: Norton.

Cronon, William. 1991. *Nature's Metropolis: Chicago and the Great West*. New York: Norton.

Crooks, Ed. 2007. 'Electricity Generators Gain from Emissions Trading', *Financial Times*, 18 June: 4.

Dales, J. H. 1968a. 'Land, Water, and Ownership', *Canadian Journal of Economics*, 1: 791-804.

────── 1968b. *Pollution, Property and Prices: An Essay in Policy-Making and Economics*. Toronto: University of Toronto Press.

Damasio, Antonio R. 1995. *Descartes's Error: Emotion, Reason and the Human Brain*. London: Picador.

Damro, Chad, and Méndez, Pilar Luaces. 2003. 'Emissions Trading at Kyoto: From EU Resistance to Union Innovation', *Environmental Politics*, 12/2: 71-94.

David, Paul A. 1992. 'Heroes, Herds and Hysteresis in Technological History: Thomas Edison and "The Battle of the Systems" Reconsidered', *Industrial and Corporate Change*, 1: 129-80.

Dechow, Patricia M., Richardson, Scott A., and Tuna, Irem. 2003. 'Why Are Earnings Kinky? An

215

Examination of the Earnings Management Explanation', *Review of Accounting Studies*, 8: 355-84.

Delbeke, Jos (ed.). 2006. *EU Environmental Law: The EU Greenhouse Gas Emissions Trading Scheme*. Leuven: Claeys & Castells.

Deleuze, Gilles, and Guattari, Félix. 2004. *A Thousand Plateaus: Capitalism and Schizophrenia*. London: Continuum.

Dennis, Jeanne M. 1993. 'Smoke for Sale: Paradoxes and Problems of the Emissions Trading Program of the Clean Air Act Amendments of 1990', *UCLA Law Review*, 40/4: 1101-25.

Department of Justice. 1996. 'United States of America, Plaintiff v. Alex. Brown & Sons Inc. [and others]: Competitive Impact Statement'. Available at <http://www.usdoj.gov/atr/cases/f0700/0739.htm>, accessed 25 September 2006.

Donaldson, R. Glen, and Kim, Harold Y. 1993. 'Price Barriers in the Dow Jones Industrial Average', *Journal of Financial and Quantitative Analysis*, 28: 313-30.

Edgerton, David. 2004. '"The Linear Model" Did Not Exist: Reflections on the History and Historiography of Science and Research in Industry in the Twentieth Century'. Pp. 31-57 in *The Science-Industry Nexus: History, Policy, Implications*, edited by Karl Grandin, Nina Wormbs, and Sven Widmalm. Sagamore Beach, Mass.: Science History Publications.

Eichengreen, Barry, and Mody, Ashoka. 2000. 'What Explains Spreads on Emerging-Market Debt: Fundamentals of Market Sentiment?' National Bureau of Economic Research Working Paper 6408.

Ellerman, A. Denny, and Buchner, Barbara K. 2007. 'The European Union Emissions Trading Scheme: Origins, Allocation, and Early Results', *Review of Environmental Economics and Policy*, 1: 66-87.

────── Schmalensee, Richard, Bailey, Elizabeth M., Joskow, Paul L., and Montero, Juan-Pablo. 2000. *Markets for Clean Air: The U.S. Acid Rain Program*. Cambridge: Cambridge University Press.

Engels, Anita. 2006. 'Market Creation and Transnational Rule-Making: The Case of CO_2 Emissions Trading'. Pp. 329-48 in *Transnational Governance: International Dynamics of Regulation*, edited by Marie-Laure Djelic and Kerstin Sahlin-Andersson. Cambridge: Cambridge University Press.

Environmental Defense Fund. 1998. '1998 Annual Report'. New York: Environmental Defense Fund, available at <http://www.environmentaldefense.org/documents/218_AR98.pdf>, accessed 2 September 2006.

EPA (Environmental Protection Agency). 1997. 'EPA Traceability Protocol for Assay and Certification of Gaseous Calibration Standards'. Research Triangle Park, NC: EPA National Exposure Research Laboratory, EPA-600/R-97/121. Available at <http://www.epa.gov/ttn/emc/news/sec1.pdf>, accessed 7 September 2006.

European Parliament, Council. 2003. 'Directive 2003/87/EC of the European Parliament and of the Council', *Official Journal of the European Union*, 275 (25 October): 32-46.

────── 2004. 'Directive 2004/101/EC of the European Parliament and of the Council', *Official Journal of the European Union*, 338(13 November): 18-23.

Evans, David. 2007. 'Unsafe Havens', *Bloomberg Markets*, October: 36-54.

Falloon, William D. 1998. *Market Maker: A Sesquicentennial Look at the Chicago Board of Trade*. Chicago: Chicago Board of Trade.

FASB (Financial Accounting Standards Board). 1985. 'Statement of Financial Accounting Concepts No. 6: Elements of Financial Statements'. Norwalk, Conn.: FASB.

Fenton-O'Creevy, Mark, Nicholson, Nigel, Soane, Emma, and Willman, Paul. 2005. *Traders: Risks, Decisions, and Management in Financial Markets*. Oxford: Oxford University Press.

Fialka, John J. 2000. 'Green Leader Lobbies Hard to Gain Corporate Support', *Wall Street Journal Europe*, 22 November: 2.

FIDE (Fédération Internationale Des Échecs). 2005a. 'FIDE Laws of Chess'. Available at <http://www.fide.com>, accessed 16 May 2005.

────── 2005b. 'FIDE Laws of Chess'. Available at <http://www.fide.com>, accessed 11 October 2005.

引用文献

Financial Services Authority. 2005. 'Final Notice to Citigroup Global Markets Limited, June 28'. Available at <http://www.fsa.gov.uk/pubs/final/cgml>, accessed 30 June 2005.

Fleck, James. 1994. 'Learning by Trying: The Implementation of Configurational Technology', *Research Policy*, 23: 637-52.

Fligstein, Neil. 2001. *The Architecture of Markets*. Princeton: Princeton University Press.

Forman, Paul. 2007. 'The Primacy of Science in Modernity, or Technology in Postmodernity, and of Ideology in the History of Technology', *History and Technology*, 23: 1-160.

Freshfields Bruckhaus Deringer. 2005. 'EU ETS Trading Commences'. Available at <http://www.freshfields.com/practice/environment/publications/pdfs/10573.pdf>, accessed 26 September 2006.

Gangahar, Anuj. 2007. 'Chicago Trio Shake Up Markets', *Financial Times*, 20 March: 39.

Garfinkel, Harold. 1967. *Studies in Ethnomethodology*. Englewood Cliffs, NJ: Prentice-Hall.

Gemmill, Gordon, and Dickins, Paul. 1986. 'An Examination of the Efficiency of the London Traded Options Market', *Applied Economics*, 18: 995-1010.

Godechot, Olivier. 2000. 'Le Bazar de la rationalité: Vers une sociologie des formes concrètes de raisonnement', *Politix*, 13/52: 17-56.

─────── 2001. *Les Traders: Essai de sociologie des marchés financiers*. Paris: La Découverte.

─────── 2004. 'L'Appropriation du profit: Politiques des bonus dans l'industrie financière'. Ph.D. thesis: Conservatoire National des Arts et Métiers.

─────── 2007. *Working rich: Salaires, bonus et appropriation du profit dans l'industrie financière*. Paris: La Découverte.

Goede, Marieke De. 2005. *Virtue, Fortune, and Faith: A Genealogy of Finance*. Minneapolis: University of Minnesota Press.

Goodhart, Charles, and Persaud, Avinash. 2008. 'A Proposal for How to Avoid the Next Crash', *Financial Times*, 31 January: 13.

Granovetter, Mark. 1973. 'The Strength of Weak Ties', *American Journal of Sociology*, 78: 1360-80.

─────── 1985. 'Economic Action and Social Structure: The Problem of Embeddedness', *American Journal of Sociology*, 91: 485-510.

─────── 1992. 'Economic Institutions as Social Constructions: A Framework for Analysis', *Acta Sociologica*, 35: 3-11.

Grant, Jeremy. 2006. 'CME in Cheese Price-Fix Investigation', *Financial Times*, 18 August: 19.

Greimas, Algirdas J. 1987. *On Meaning: Selected Writings in Semiotic Theory*. London: Pinter.

─────── and Courtés, Joseph. 1982. *Semiotics and Language: An Analytical Dictionary*. Bloomington, Ind.: Indiana University Press.

Grubb, Michael. 1999. *The Kyoto Protocol: A Guide and Assessment*. London: Royal Institute of International Affairs.

Hacking, Ian. 1983. *Representing and Intervening: Introductory Topics in the Philosophy of Natural Science*. Cambridge: Cambridge University Press.

Hahn, Robert W. 1989. 'Economic Prescriptions for Environmental Problems: How the Patient Followed the Doctor's Orders', *Journal of Economic Perspectives*, 3/2: 95-114.

Hall, Peter A., and Soskice, David (eds.). 2001. *Varieties of Capitalism: The Institutional Foundations of Comparative Advantage*. New York: Oxford University Press.

Hardie, Iain. 2004. '"The Sociology of Arbitrage": A Comment on MacKenzie', *Economy and Society*, 33: 239-54.

─────── 2007. 'Trading the Risk: Financialisation, Loyalty and Emerging Market Government Policy Autonomy'. Ph.D. thesis: University of Edinburgh.

─────── and MacKenzie, Donald. 2007. 'Assembling an Economic Actor: The *Agencement* of a Hedge Fund', *Sociological Review*, 55:57-80.

Harford, Tim. 2006. 'Green Taxes and Posturing Politicians', *Financial Times*, 21 July: 13.

Harris, L. 1991. 'Stock Price Clustering and Discreteness', *Review of Financial Studies*, 4: 389-415.
Harvey, Fiona. 2005. 'Cold Snap Pushes Up Carbon Price', *Financial Times*, 25 February: 3.
Hassoun, Jean-Pierre. 2000. 'Trois interactions hétérodoxes sur les marchés à la criée du MATIF', *Politix*, 13/52: 99-119.
Hatherly, David, Leung, David, and MacKenzie, Donald. 2008. 'The Finitist Accountant: Classifications, Rules and the Construction of Profits'. Pp. 131-60 In *Living in a Material World: On the Mutual Constitution of Technology, Economy and Society*, edited by Trevor Pinch and Richard Swedberg. Cambridge, Mass.: MIT Press, in press.
Hawawini, Gabriel, and Vora, Ashok. 2007. 'A Brief History of Yield Approximations'. Pp. 19-30 in *Pioneers of Financial Economics, ii: Twentieth-Century Contributions*, edited by Geoffrey Poitras and Franck Jovanovic. Cheltenham: Elgar.
Healy, Paul M., and Wahlen, James M. 1999. 'A Review of the Earnings Management Literature and its Implications for Standard Setting', *Accounting Horizons*, 13: 365-83.
Heath, Christian, Jirotka, Marina, Luff, Paul, and Hindmarsh, Jon. 1993. 'Unpacking Collaboration: The Interactional Organisation of Trading in a City Dealing Room'. Proceedings of the Third European Conference on Computer-Supported Collaborative Work, 13-17 September, Milan.
Henker, Thomas, and Martens, Martin. 2005. 'Index Futures Arbitrage before and after the Introduction of Sixteenths on the NYSE', *Journal of Empirical Finance*, 12: 353-73.
Henry, David. 2004. 'Fuzzy Numbers', *Business Week*, 4 October: 50-4.
Hertz, Ellen. 1998. *The Trading Crowd: An Ethnography of the Shanghai Stock Market*. Cambridge: Cambridge University Press.
Hesse, Mary. 1974. *The Structure of Scientific Inference*. London: Macmillan.
Hicks, John R. 1946. *Value and Capital: An Inquiry into Some Fundamental Principles of Economic Theory*. Oxford: Clarendon.
Hines, Ruth D. 1988. 'Financial Accounting: In Communicating Reality, We Construct Reality', *Accounting, Organizations and Society*, 13: 251-61.
Holmwood, John. 2007. 'Sociology as Public Discourse and Professional Practice: A Critique of Michael Burawoy', *Sociological Theory*, 25/1: 46-66.
Holzer, Boris, and Millo, Yuval. 2005. 'From Risks to Second-Order Dangers in Financial Markets: Unintended Consequences of Risk Management Systems', *New Political Economy*, 10: 223-45.
Hopwood, Anthony G., and Bromwich, Michael. 1984. 'Accounting Research in the United Kingdom'. Pp. 133-61 in *European Contributions to Accounting Research: The Achievements of the Last Decade*, edited by Anthony G. Hopwood and Hein Schreuder. Amsterdam: Free University Press.
Hounshell, David A. 2004. 'Industrial Research: Commentary'. Pp. 59-65 in *The ScienceIndustry Nexus: History, Policy, Implications*, edited by Karl Grandin, Nina Wormbs, and Sven Widmalm. Sagamore Beach, Mass.: Science History Publications.
Hutchins, Edwin. 1995a. *Cognition in the Wild*. Cambridge, Mass.: MIT Press.
—————— 1995b. 'How a Cockpit Remembers its Speeds', *Cognitive Science*, 19: 265-88.
IASB (International Accounting Standards Board). 2005. *International Financial Reporting Standards (IFRSs) 2005*. London: IASB.
Ingebretsen, Mark. 2002. *NASDAQ: A History of the Market that Changed the World*. Roseville, Calif.: Forum.
Intergovernmental Panel on Climate Change. 2007. *Climate Change 2007: The Physical Science Basis*. Cambridge: Cambridge University Press.
Izquierdo Martin, A. Javier. 1998. 'El declive de los grandes números: Benoit Mandelbrot y la estadística social', *Empiria: Revista de metodología de ciencias sociales*, 1: 51-84.
—————— 2001. 'Reliability at Risk: The Supervision of Financial Models as a Case Study for Reflexive Economic Sociology', *European Societies*, 3: 69-90.

引用文献

Jaffe, Adam B., Newell, Richard G., and Stavins, Robert N. 2005. 'A Tale of Two Market Failures: Technology and Environmental Policy', *Ecological Economics*, 54: 154-74.
Jenkins, Patrick, and Milne, Richard. 2005. 'Hedge Funds Hold a Quarter of Germany's Blue-Chips', *Financial Times*, 2 September: 17.
Jeter, Lynne W. 2003. *Disconnected: Deceit and Betrayal at WorldCom*. Hoboken, NJ: Wiley.
Johnson, Steve, and Simensen, Ivar. 2006. 'Iceland's Collapse Has Global Impact', *Financial Times*, 23 February: 42.
Jones, Jennifer J. 1991. 'Earnings Management during Import Relief Investigations', *Journal of Accounting Research*, 29: 193-228.
Jopson, Barney. 2006. 'Activists Trigger Accounting Review', *Financial Times*, 22 November: 6.
Kahneman, Daniel, and Tversky, Amos. 1979. 'Prospect Theory: An Analysis of Decision under Risk', *Econometrica*, 47: 263-91.
Kalthoff, Herbert, Rottenburg, Richard, and Wagener, Hans-Jürgen. 2000. *Ökonomie und Gesellschaft, Jahrbuch 16. Facts and Figures: Economic Representations and Practices*. Marburg: Metropolis.
Kay, John. 2004. 'Ignore the Wisdom of Accounting at Your Own Risk', *Financial Times*, 7 September: 21.
Kerr, Richard A. 1998. 'Acid Rain Control: Success on the Cheap', Science, 282/5391 (6 November): 1024-6.
Kinner, Amy, and Birnbaum, Rona, 2004. 'The Acid Rain Experience: Should We Be Concerned about SO_2 Emissions Hotspots?'. Available at <http://www.epa.gov/airmarkets/articles/arpexperience.ppt>, accessed 2 September 2006.
Kirkham, Linda M., and Loft, Anne. 1993. 'Gender and the Construction of the Professional Accountant', *Accounting, Organizations and Society*, 18: 507-58.
Knorr Cetina, Karin. 2005. 'How Are Global Markets Global? The Architecture of a Flow World'. Pp. 38-61 in *The Sociology of Financial Markets*, edited by Karin Knorr Cetina and Alex Preda. Oxford: Oxford University Press.
────── and Bruegger, Urs. 2000. 'The Market as an Object of Attachment: Exploring Postsocial Relations in Financial Markets', *Canadian Journal of Sociology*, 25: 141-68.
────── 2002a. 'Global Microstructures: The Virtual Societies of Financial Markets', *American Journal of Sociology*, 107: 905-51.
────── 2002b. 'Inhabiting Technology: The Global Lifeform of Financial Markets', *Current Sociology*, 50: 389-405.
────── and Preda, Alex (eds.). 2005. *The Sociology of Financial Markets*. Oxford: Oxford University Press.
Kuhn, Thomas S. 1970. *The Structure of Scientific Revolutions*, Chicago: Chicago University Press, 2nd edition.
Kynaston, David. 1997. *LIFFE: A Market and its Makers*. Cambridge: Granta.
Lakatos, Imre. 1976. *Proofs and Refutations: The Logic of Mathematical Discovery*, Cambridge: Cambridge University Press.
Latham & Watkins LLP. 2005. 'Global Climate Change News: April'. Available at <http://www.lw.com/resource/Publications/_pdf/pub1385_1.2.pdf>, accessed 26 September 2006.
Latour, Bruno. 1986. 'Visualization and Cognition: Thinking with Eyes and Hands'. Pp. 1-40 in *Knowledge and Society: Studies in the Sociology of Culture Past and Present*, vol. vi, edited by Henrika Kuklick and Elizabeth Long. London: JAI.
────── 1987. *Science in Action*. Cambridge, Mass.: Harvard University Press.
────── 2005. *Reassembling the Social: An Introduction to Actor-Network Theory*. Oxford: Oxford University Press.
────── and Woolgar, Steve. 1986. *Laboratory Life: The Construction of Scientific Facts*. Princeton: Princeton University Press.
Law, John. 1999. 'After ANT: Complexity, Naming and Topology'. Pp. 1-14 in *Actor Network Theory and After*, edited by John Law and John Hassard. Oxford: Blackwell.

Ledyard, John O. 1995. 'Public Goods: A Survey of Experimental Research'. Pp. 111-94 in *The Handbook of Experimental Economics*, edited by John H. Kagel and Alvin E. Roth. Princeton: Princeton University Press.

Lépinay, Vincent-Antonin. 2004. 'The Concrete Abstraction of Capital: Hilferding Meets Callon in a Trading Room'. Paper presented to workshop 'The Performativities of Economics', Paris, 29-30 August.

────── 2007. 'Decoding Finance: Articulation and Liquidity around a Trading Room'. Pp. 87-127 in *Do Economists Make Markets? On the Performativity of Economics*, edited by Donald MacKenzie, Fabian Muniesa, and Lucia Siu. Princeton: Princeton University Press.

Lerner, Josh. 2002. 'Where Does *State Street* Lead? A First Look at Financial Patents, 1971 to 2000', *Journal of Finance*, 57: 901-30.

Leslie, James, and Wyatt, Geoffrey. 1992. 'Futures and Options'. Pp. 85-110 in Markets and Dealers: *The Economics of the London Financial Markets*, edited by David Cobham. Harlow: Longman.

Levin, Peter. 2001. 'Gendering the Market: Temporality, Work, and Gender on a National Futures Exchange', *Work and Occupations*, 28: 112-30.

────── and Espeland, Wendy Nelson. 2002. 'Pollution Futures: Commensuration, Commodification, and the Market for Air'. Pp. 119-47 in *Organizations, Policy, and the Natural Environment: Institutional and Strategic Perspectives*, edited by Andrew J. Hoffman and Marc J. Ventresca. Stanford, Calif.: Stanford University Press.

Levitt, Arthur. 1998. 'The "Number Game"'. Available at <http://www.sec.gov/news/speech/speecharchive/1998/spch220.txt>, accessed 7 April 2004.

Levy, Marc A. 1993. 'European Acid Rain: The Power of Tote-Board Diplomacy'. Pp. 75-132 in *Institutions for the Earth: Sources of Effective Environment Protection*, edited by Peter M. Haas, Robert O. Keohane, and Marc A. Levy. Cambridge, Mass.: MIT Press.

LiPuma, Edward, and Lee, Benjamin. 2004. *Financial Derivatives and the Globalization of Risk*. Durham, NC: Duke University Press.

────── 2005. 'Financial Derivatives and the Rise of Circulation', *Economy and Society*, 34: 404-27.

Lohmann, Larry. 2005. 'Marketing and Making Carbon Dumps: Commodification, Calculation and Counterfactuals in Climate Change Mitigation', *Science as Culture*, 14: 203-35.

Lohmann, Larry. 2006. 'Carbon Trading: A Critical Conversation on Climate Change, Privatisation and Power', *Development Dialogue*, 48 (September): 4-359.

Loomis, Carol J. 1966. 'The Jones Nobody Keeps Up With', *Fortune*, April: 237-47.

Lynn, Cari. 2004. *Leg the Spread: A Woman's Adventures inside the Trillion-Dollar Boys' Club of Commodities Trading*. New York: Broadway.

McDowell, Linda. 1997. *Capital Culture: Gender at Work in the City*. Oxford: Blackwell.

McGinty, Lee, Beinstein, Eric, Ahluwalia, Rishad, and Watts, Martin. 2004. 'Credit Correlation: A Guide'. London: JP Morgan. Available at <http://www.math.nyu.edu/~cousot/Teaching/IRCM/Lecture10/Base%20correlationJPM.pdf>, accessed 24 June 2006.

MacKenzie, Donald. 1990. *Inventing Accuracy: A Historical Sociology of Nuclear Missile Guidance*. Cambridge, Mass.: MIT Press.

────── 2003. 'Long-Term Capital Management and the Sociology of Arbitrage', *Economy and Society*, 32: 349-80.

────── 2004. 'The Big, Bad Wolf and the Rational Market: Portfolio Insurance, the 1987 Crash and the Performativity of Economics', *Economy and Society*, 33: 303-34.

────── 2005. 'Opening the Black Boxes of Global Finance', *Review of International Political Economy*, 12: 555-76.

────── 2006. *An Engine, not a Camera: How Financial Models Shape Markets*. Cambridge, Mass.: MIT Press.

引用文献

―――― 2007a. 'The Material Production of Virtuality: Innovation, Cultural Geography and Facticity in Derivatives Markets', *Economy and Society*, 36: 355-76.
―――― 2007b. 'The Political Economy of Carbon Trading' *London Review of Books*, 29/7 (5 April): 29-31.
―――― 2008. 'Producing Accounts: Finitism, Technology and Rule Following'. Pp. 99-117 in *Knowledge as Social Order: Rethinking the Sociology of Barry Barnes*, edited by Massimo Mazzotti. Aldershot: Ashgate.
―――― and Millo, Yuval. 2003. 'Constructing a Market, Performing Theory: The Historical Sociology of a Financial Derivatives Exchange', *American Journal of Sociology*, 109: 107-45.
―――― Muniesa, Fabian, and Siu, Lucia (eds.). 2007. *Do Economists Make Markets? On the Performativity of Economics*. Princeton: Princeton University Press.
―――― and Wajcman Judy (eds.). 1999. *The Social Shaping of Technology*. Buckingham: Open University Press.
Mackintosh, James. 2006. 'Hedge Funds Ahead of Estimates', *Financial Times*, 29 November: 30.
McNichols, Maureen F. 2000. 'Research Design Issues in Earnings Management Studies', *Journal of Accounting and Public Policy*, 19: 313-45.
Manzocchi, Stefano. 2001. 'Capital Flows to Developing Economies throughout the Twentieth Century'. Pp. 51-73 in *Financial Globalization and Democracy in Emerging Markets*, edited by Leslie Elliott Armijo. Basingstoke: Palgrave.
Mason, William. 1999. 'Rate Setting in London'. British Bankers' Association, typescript.
Maurer, Bill. 2001. 'Engineering an Islamic Future: Speculations on Islamic Financial Alternatives', *Anthropology Today*, 17/1: 8-11.
―――― 2002. 'Repressed Futures: Financial Derivatives' Theological Unconscious', *Economy and Society*, 31: 15-36.
―――― 2005. *Mutual Life, Limited: Islamic Banking, Alternative Currencies, Lateral Reason*. Princeton: Princeton University Press.
Melamed, Leo, and Tamarkin, Bob 1996. *Leo Melamed: Escape to the Futures*. New York: Wiley.
Merges, Robert P. 2000. 'One Hundred Years of Solicitude: Intellectual Property Law 1900-2000', *California Law Review*, 88: 2187-240.
Merton, Robert C. 1973. 'Theory of Rational Option Pricing', *Bell Journal of Economics and Management Science*, 4: 141-83.
―――― and Bodie, Zvi. 2005. 'Design of Financial Systems: Towards a Synthesis of Function and Structure', *Journal of Investment Management*, 3: 1-23.
Merton, Robert K. 1948. 'The Self-Fulfilling Prophecy', *Antioch Review*, 8: 193-210.
Miller, Daniel (ed.). 2005. *Materiality*. Durham, NC: Duke University Press.
Miller, Peter, and Power, Michael. 1995. 'Calculating Corporate Failure'. Pp. 51-76 in *Professional Competition and Professional Power. Lawyers, Accountants and the Social Construction of Markets*, edited by Yves Dezalay and David Sugarman. London: Routledge.
Millo, Yuval. 2003. 'Where Do Financial Markets Come From? Historical Sociology of Financial Derivatives Markets'. Ph.D. thesis: University of Edinburgh.
―――― Muniesa, Fabian, Panourgias, Nikiforos S., and Scott, Susan V. 2005. 'Organized Detachment: Clearinghouse Mechanisms in Financial Markets', *Information and Organization*, 15: 229-46.
Milner, Mark, and Gow, David. 2006. 'In Theory, Only the Virtuous Are Rewarded', *The Guardian*, 16 May: 4.
Mirowski, Philip. 2002. *Machine Dreams: Economics Becomes a Cyborg Science*. Cambridge: Cambridge University Press.
―――― and Nik-Khah, Edward. 2007. 'Markets Made Flesh: Performativity, and a Problem in Science Studies, Augmented with Consideration of the FCC Auctions'. Pp. 190-224 in *Do Economists Make*

Markets? On the Performativity of Economics, edited by Donald MacKenzie, Fabian Muniesa, and Lucia Siu. Princeton: Princeton University Press.

Mitchell, Timothy. 2002. *Rule of Experts: Egypt, Techno-Politics, Modernity*. Berkeley and Los Angeles: University of California Press.

Mixon, Scott. 2006. 'Option Markets and Implied Volatility: Past versus Present'. Typescript.

Miyazaki, Hirokazu. 2003. 'The Temporalities of the Market', *American Anthropologist*, 105/2: 255-65.

——— 2005. 'The Materiality of Finance Theory'. Pp. 165-81 in *Materiality*, edited by Daniel Miller. Durham, NC: Duke University Press.

Moles, Peter, and Terry, Nicholas. 1999. *The Handbook of International Financial Terms*. Oxford: Oxford University Press.

Monni, Suvi, Syri, Sanna, and Savolainen, Ilkka. 2004. 'Uncertainties in the Finnish Greenhouse Gas Emission Inventory', *Environmental Science and Policy*, 7: 87-98.

Montgomery, W. David. 1972. 'Markets in Licenses and Efficient Pollution Control Programs', *Journal of Economic Theory*, 5: 395-418.

Moore, Lyndon, and Juh, Steve. 2006. 'Warrant Pricing 60 Years before Black Scholes: Evidence from the Johannesburg Stock Exchange', *Journal of Finance*, 62: 3069-98.

Morrison, Kevin. 2006. 'Lower Pollution in EU Sees CO_2 Permits Fall 30%', *Financial Times*, 27 April: 19.

Mosley, Layna. 2003. *Global Capital and National Governments*. Cambridge: Cambridge University Press.

Muniesa, Fabian. 2003. 'Des marchés comme algorithmes: Sociologie de la cotation électronique à la Bourse de Paris'. Ph.D. thesis: École Nationale Supérieure des Mines.

——— 2005. 'Contenir le marché: La transition de la criée à la cotation électronique à la Bourse de Paris', *Sociologie du travail*, 47: 485-501.

——— and Callon, Michel. 2007. 'Economic Experiments and the Construction of Markets'. Pp. 163-89 in *Do Economists Make Markets? On the Performativity of Economics*, edited by Donald MacKenzie, Fabian Muniesa, and Lucia Siu. Princeton: Princeton University Press.

National Audit Office. 2004. *The UK Emissions Trading Scheme: A New Way to Combat Climate Change*. London: Stationery Office.

National Technical University of Athens. n.d. 'The Primes Energy System Model: Summary Description'. Athens: National Technical University, available at <http://www.e3mlab.ntua.gr/manuals/PRIMsd.pdf>, accessed 6 January 2008.

Nordhaus, William D. 2000. 'From Porcopolis to Carbopolis: The Evolution from Pork Bellies to Emissions Trading'. Pp. 61-73 in *Emissions Trading: Environmental Policy's New Approach*, edited by Richard F. Kosobud. New York: Wiley.

O'Brien, Richard. 1992. *Global Financial Integration: The End of Geography*. London: Pinter.

O'Malley, Pat. 2003. 'Moral Uncertainties: Contract Law and Distinctions between Speculation, Gambling, and Insurance'. Pp. 231-57 in *Risk, and Morality*, edited by Richard V. Ericson and Aaron Doyle. Toronto: University of Toronto Press.

Osler, Carol L. 2003. '"Currency Orders and Exchange Rate Dynamics: An Explanation for the Predictive Success of Technical Analysis', *Journal of Finance*, 58: 1791-819.

Oudshoorn, Nelly, and Pinch, Trevor (eds.). 2003. *How Users Matter: The Co-Construction of Users and Technology*. Cambridge, Mass.: MIT Press.

Patel, Kanak. 1994. 'Lessons from the FOX Residential Property Futures and Mortgage Interest Rate Futures Market', *Housing Policy Debate*, 5: 343-60.

Perks, Robert. 2004. *Financial Accounting for Non-Specialists*. Maidenhead: McGraw-Hill.

Pigou, Arthur Cecil. 1920. *The Economics of Welfare*. London: Macmillan.

Pirrong, Craig. 1996. '"Market Liquidity and Depth on Computerized and Open Out-cry Trading Systems: A Comparison of DTB and LIFFE Bund Contracts', *Journal of Futures Markets*, 16: 519-43.

Podolny, Joel M. 1993. 'A Status-Based Model of Market Competition', *American Journal of Sociology*, 98:

引用文献

829-72.
―――― 2001. 'Networks as the Pipes and Prisms of the Market', *American Journal of Sociology*, 107: 33-60.
Point Carbon. 2006. 'Carbon 2006: Towards a Truly Global Market'. Oslo: Point Carbon.
―――― 2007. 'Carbon 2007: A New Climate for Carbon Trading'. Oslo: Point Carbon.
Porter, Theodore M. 1995. *Trust in Numbers: The Pursuit of Objectivity in Science and Public Life*. Princeton: Princeton University Press.
Power, Michael K. 1991. "Educating Accountants: Towards a Critical Ethnography', *Accounting, Organizations and Society*, 16: 333-53.
―――― 1992. 'The Politics of Brand Accounting in the United Kingdom', *European Accounting Review*, 1: 39-68.
Preda, Alex. 2001a. 'The Rise of the Popular Investor: Financial Knowledge and Investing in England and France, 1840-1880', *Sociological Quarterly*, 42: 205-32.
―――― 2001b. 'In the Enchanted Grove: Financial Conversations and the Marketplace in England and France in the 18th Century', *Journal of Historical Sociology*, 14: 276-307.
―――― 2001c. 'Sense and Sensibility: Or, How Should Social Studies of Finance Behave: A Manifesto', *Economic Sociology: European Electronic Newsletter*, 2/2: 15-18.
―――― 2004a. 'Informative Prices, Rational Investors: The Emergence of the Random Walk Hypothesis and the Nineteenth-Century "Science of Financial Investments"', *History of Political Economy*, 36: 351-86.
―――― 2004b. 'Epistemic Performativity: The Case of Financial Chartism', Paper presented to workshop, 'The Performativities of Economics', Paris, 29-30 August.
Preda, Alex. 2006. 'Socio-Technical Agency in Financial Markets: The Case of the Stock Ticker', *Social Studies of Science*, 36: 753-82.
Prins, Gwyn, and Rayner, Steve. 2007. 'Time to Ditch Kyoto', *Nature*, 449 (25 October): 973-5.
Pryke, Michael D. 2007. 'Geomoney: An Option on Frost, Going Long on Clouds', *Geoforum*, 38/3: 576-88.
―――― and Allen, John. 2000. 'Monetized Time-Space: Derivatives—Money's "New Imaginary"?' *Economy and Society*, 29: 264-84.
Pulliam, Susan. 2003. 'Accountant Balked, then Caved', *Wall Street Journal Europe*, 24 June: M6-M7.
―――― and Solomon, Deborah. 2002. 'How 3 Unlikely Sleuths Uncooked WorldCom's Books', *Wall Street Journal Europe*, 31 October: A8.
Quattrone, Paolo, and Hopper, Trevor. 2006. 'What is IT? SAP, Accounting, and Visibility in a Multinational Organisation', *Information and Organization*, 16: 212-50.
Reinganum, Marc R. 1983. 'The Anomalous Stock Market Behavior of Small Firms in January: Empirical Tests for Tax-Loss Selling Effects', *Journal of Financial Economics*, 12: 89-104.
Riles, Annelise. 2004. 'Real Time: Unwinding Technocratic and Anthropological Knowledge', *American Ethnologist*, 31: 392-405.
Ripley, Amanda. 2002. 'The Night Detective', Available at <http://www.time.com/time/subscriber/personoftheyear/2002/>, accessed 2 February 2007.
Robotti, Paola. n.d. 'Arbitrage/Short Selling: A Political Economy Approach'. Typescript.
Rose, Arnold M. 1951. 'Rumor in the Stock Market', *Public Opinion Quarterly*, 15: 461-86.
―――― 1966. 'A Social Psychological Approach to the Study of the Stock Market', *Kyklos*, 19: 267-87.
Rubin, Robert E., and Weisberg, Jacob. 2003. *In an Uncertain World: Tough Choices from Wall Street to Washington*. New York: Random House.
RWE AG. 2007. 'RWE erzielt Einigung mit Bundeskartellamt in CO_2-Verfahren'. Essen: RWE AG, 27 September. Available at <http://www.rwe.com>, accessed 28 September 2007.
Sandler, Linda. 1998. 'U.S. Universities Get Burned by Rash of Risky Strategies', *Wall Street Journal Europe*, 13 October: 5B.

Sandor, Richard L., and Sosin, Howard B. 1983. 'Inventive Activity in Futures Markets: A Case Study of the Development of the First Interest Rate Futures Market', Pp. 255-72 in *Futures Markets; Modeling, Managing and Monitoring Futures Trading*, edited by Manfred E. Streit. Oxford: Blackwell.

Sanfey, Alan G., Rilling, James K., Aronson, Jessica A., Nystrom, Leigh E., and Cohen, Jonathan D. 2003. 'The Neural Basis of Economic Decision-Making in the Ultimatum Game', *Science*, 300 (13 June): 1755-8.

Schaffer, Simon. 1992. 'Late Victorian Metrology and its Instrumentation: A Manufactory of Ohms'. Pp. 23-56 in *Invisible Connections: Instruments, Institutions, and Science*, edited by Robert Bud and Susan Cozzens. Bellingham, Wash.: SPIE Optical Engineering Press.

Schipper, Katherine. 1989. 'Commentary on Earnings Management', *Accounting Horizons*, 3: 91-102.

Shalen, Catherine. n.d. 'The Nitty-Gritty of CBOT^R DJIA^{SM} Futures Index Arbitrage'. Available at <http://www.cbot.com/cbot/docs/29685.pdf>, accessed 30 July 2005.

Shapin, Steven. 1994. *A Social History of Truth: Civility and Science in Seventeenth-Century England*. Chicago: University of Chicago Press.

—————— and Schaffer, Simon. 1985. *Leviathan and the Air-Pump: Hobbes, Boyle, and the Experimental Life*. Princeton: Princeton University Press.

Shleifer, Andrei, and Vishny, Robert W. 1997. 'The Limits of Arbitrage', *Journal of Finance*, 52: 35-55.

Sijm, Jos, Neuhoff, Karsten, and Chen, Yihsu. 2006. 'CO$_2$ Cost Pass-Through and Windfall Profits in the Power Sector', *Climate Policy*, 6: 49-72.

Silber, William L. 1981. 'Innovations, Competition, and New Contract Design in Futures Markets', *Journal of Futures Markets*, 1: 123-55.

Simon, Herbert. 1955. 'A Behavioral Model of Rational Choice', *Quarterly Journal of Economics*, 69: 99-118.

Skorecki, Alex, and Munter, Päivi. 2005. 'Dealers Get the Squeeze', *Financial Times*, 2 February; 41.

Slimmings, Sir William. 1981. 'The Scottish Contribution'. Pp. 12-26 in *British Accounting Standards: The First 10 Years*, edited by Sir Ronald Leach and Edward Stamp. Cambridge: Woodhead-Faulkner.

Smith, Charles W. 1981. *The Mind of the Market: A Study of Stock Market Philosophies, Their Uses, and Implications*. Totowa, NJ: Rowman & Littlefield.

Sørensen, Knut H., and Williams, Robin (eds.). 2002. *Shaping Technology, Guiding Policy: Concepts, Spaces and Tools*. Cheltenham: Elgar.

Sorrell, Steve. 1994. 'Pollution on the Market: The US Experience with Emissions Trading for the Control of Air Pollution', Brighton: University of Sussex, Science Policy Research Unit.

—————— 2003. 'Who Owns the Carbon? Interactions between the EU Emissions Trading Scheme and the UK Renewables Obligations and Energy Efficiency Commitment', *Energy and Environment*, 14: 677-703.

Stavins, Robert N. 1988. 'Project 88: Harnessing Market Forces to Protect the Environment'. Available at <http://ksghome.harvard.edu/~rstavins/Monographs_&_Reports/Project_88-1.pdf >, accessed 11 September 2006.

—————— 1998. 'What Can We Learn from the Grand Policy Experiment? Lessons from SO$_2$ Allowance Trading', *Journal of Economic Perspectives*, 12/3: 69-88.

Steen, David. 1982. 'How Traded Options Started', *Money Observer*, 27 April.

Stern, Nicholas. 2007. *The Economics of Climate Change: The Stern Review*. Cambridge: Cambridge University Press.

Suchman, Lucy A. 1983. 'Office Procedure as Practical Action: Models of Work and System Design', *ACM Transactions on Office Information Systems*, 1: 320-8.

Sullivan, Scott. 2002. '"White Paper" Submitted to Board of WorldCom, Inc'. Available at <http://news.corporate.findlaw.com/legalnews/documents/archive_w.html> , accessed 8 September 2006.

Swan, Edward J. 2000. *Building the Global Market: A 4000 Year History Derivatives*. London: Kluwer.

引用文献

Swift, Byron. 2000. 'Allowance Trading and Potential Hot Spots: Good News from the Acid Rain Program', *Environment Reporter*, 31 (12 May): 954-9.
Tamarkin, Bob. 1993. *The Merc: The Emergence of a Global Financial Powerhouse*. New York: HarperCollins.
Teoh, Siew Hong, Wong, T. J., and Rao, Gita R. 1988. 'Are Accruals during Initial Public Offerings Opportunistic?' *Review of Accounting Studies*, 3: 175-208.
Tett, Gillian. 2007. 'Libor's Value is Called into Question', *Financial Times*, 26 September: 43.
Thomas, Daniel. 2007. 'Hedge Fund Assets Soar to almost $2,500bn', *Financial Times*, 10 October: 23.
Thompson, Paul. 1997. 'The Pyrrhic Victory of Gentlemanly Capitalism: The Financial Elite of the City of London, 1945-90', *Journal of Contemporary History*, 32: 283-304 and 427-40.
Thrift, Nigel. 1994. 'On the Social and Cultural Determinants of Financial Centres: The Case of the City of London'. Pp. 327-55 in *Money, Power, and Space*, edited by Stuart Corbridge and Ron Martin. Oxford: Blackwell.
—————— 2000. 'Pandra's Box? Cultural Geographies of Economies'. Pp. 689-704 in *Oxford Handbook of Economic Geography*, edited by Gordon L. Clark, Meric S. Gertler, and Maryann P. Feldman. Oxford: Oxford University Press.
Tickell, Adam. 1998. 'Unstable Futures: Controlling and Creating Risks in International Money', *Socialist Register*. 248-77.
—————— 2000. 'Dangerous Derivatives: Controlling and Creating Risks in International Money', *Geoforum*, 31: 87-99.
Tricks, Henry, and Buck, Tobias. 2004. 'ASB Tells UK Companies to Ignore EU Ruling on Accounting Standards', *Financial Times*, 12 October: 1.
—————— and Hargreaves, Deborah. 2004. 'Accounting Watchdog Sees Trouble', *Financial Times*, 10 November: 19.
Tufano, Peter. 1989. 'Financial Innovation and First-Mover Advantages', *Journal of Financial Economics*, 25: 213-40.
—————— 2003. 'Financial Innovation', Pp. 307-35 in *Handbook of the Economics of Finance, ia: Corporate Finance*, edited by George M. Constantinides, Milton Harris and René M. Stulz. Amsterdam: Elsevier.
Ulset, Kjersti. 2007. 'Should Anyone Be Surprised by the NAP Decisions?' *Carbon Market Europe*, 6/13 (19 January): 1.
Uzzi, Brian. 1999. 'Embeddedness in the Making of Financial Capital: How Social Relations and Networks Benefit Firms Seeking Financing', *American Sociological Review*, 64: 481-504.
van Duyn, Aline, and Munter Päivi. 2004. 'How Citigroup Shook Europe's Bond Markets with Two Minutes of Trading'. *Financial Times*, 10 September: 17.
Victor, David G., and House, Joshua C. 2006. 'BP's Emissions Trading Scheme', *Energy Policy*, 34: 2100-12.
Vintcent, Charles. 2002. *How to Win at Financial Spread Betting*. London: Pearson.
Vogel, Steven K. 1996. *Freer markets, More Rules: Regulatory Reform in Advanced Industrial Countries*. Ithaca, NY: Cornell University Press.
Volcovici, Valerie. 2007. 'The RGGI Experiment', *Trading Carbon*, 1/1 (December): 28-9.
Walton, Peter, Haller, Axel, and Raffournier, Bernard (eds.). 2003. *International Accounting*. London: Thomson.
Wara, Michael. 2007. 'Is the Global Carbon Market Working?' *Nature*, 445 (8 February): 595-6.
Weber, Max. 1970. 'Class, Status, Party'. Pp. 180-95 in *From Max Weber: Essays in Sociology*, edited by H. H. Gerth and C. Wright Mills. London: Routledge and Kegan Paul.
—————— 2000a. 'Stock and Commodity Exchanges [Die Börse (1894)]', *Theory and Society*, 29: 305-38.
—————— 2000b. 'Commerce on the Stock and Commodity Exchanges [Die Börsenverkehr]', *Theory and Society*, 29: 339-71.
Weitzman, Hal. 2005. 'Ecuador Paves Way for $750m Bond Issue', *Financial Times*, 5 December: 8.

Wettestad, Jørgen. 2005. 'The Making of the 2003 EU Emissions Directive: An Ultra-Quick Process due to Entrepreneurial Proficiency?' *Global Environmental Politics*, 5: 1-23.
White, Harrison C. 1981. 'Where Do Markets Come From?' *American Journal of Sociology*, 87: 517-47.
────── 2001. *Markets from Networks*. Princeton: Princeton University Press.
Widick, Richard. 2003. 'Flesh and the Free Market (On Taking Bourdieu to the Options Exchange)', *Theory and Society*, 32: 677-723.
Willman, John. 2007. 'The City v Wall Street: The Smart Money is on (and in) London', *Financial Times*, 27-8 January: 11.
Winner, Langdon. 1980. 'Do Artifacts have Politics?' *Daedalus*, 109/1: 121-36.
Wise, J. Macgregor. 2005. 'Assemblage'. Pp. 77-87 in *Gilles Deleuze: Key Concepts*, edited by Charles J. Stivale. Chesham: Acumen.
Wittgenstein, Ludwig. 1967. *Philosophical Investigations*. Oxford: Blackwell.
Wyns, Tomas. 2007. 'NAP II Court Cases: A Double-Edged Sword', *Carbon Market Europe*, 6/21 (1 June): 1.
Yamin, Farhana (ed.). 2005. *Climate Change and Carbon Markets: A Handbook of Emissions Reduction Mechanisms*. London: Earthscan.
Yule, George Udny. 1927. 'On Reading a Scale', *Journal of the Royal Statistical Society*, 90: 570-87.
Zaloom, Caitlin. 2003. 'Ambiguous Numbers: Trading Technologies and Interpretation in Financial Markets', *American Ethnologist*, 30: 258-72.
────── 2004. 'The Productive Life of Risk', *Cultural Anthropology*, 19: 365-91.
────── 2006. *Out of the Pits: Trading and Technology from Chicago to London*. Chicago: Chicago University Press.
Zapfel, Peter, and Vainio, Matti. 2002. 'Pathways to European Greenhouse Gas Emissions Trading History and Misconceptions'. Available at <http://ssrn.com/abstract=342924>, accessed 19 September 2006.
Zeff, Stephen A. 1984. 'Some Junctures in the Evolution of the Process of Establishing Accounting Principles in the U.S.A.: 1917-1972', *Accounting Review*, 59: 447-68.
Zorn, Dirk M. 2004. 'Here a Chief, There a Chief: The Rise of the CFO in the American Firm', *American Sociological Review*, 69: 345-64.
Zuckerman, Ezra W. 1999. 'The Categorical Imperative: Securities Analysts and the Illegitimacy Discount', *American Journal of Sociology*, 104: 1398-438.
────── 2004. 'Structural Incoherence and Stock Market Activity', *American Sociological Review*, 69: 405-32.

索引

英語（アルファベット）・数字

Abolafia, Mitchel（ミッチェル・アボラフィア）
　　　　　　　　　　　　　　2, 26, 42, 79, 117
Abreu, Dilip（ディリップ・アブリュー）…… 118
Arditti, Fred（フレッド・アルディッティ）
　　　　　　　　　　　　　　　　　　75, 89
Attari, Mukkaram（ムカラム・アタリ）
　　　　　　　　　　　　　　　　118-119
Austin, J. L.（J. L.・オースティン）……………34
Avrahampour, Yally（ヤリー・アブラハムプア）
　　　　　　　　　　　　　　　　　　　205
A.W. Jones & Co. ………………………………43
Baker, Wayne（ウェイン・ベイカー）…2, 4, 27, 81
Barnes, Barry（バリー・バーンズ）……iii, 29-31, 36, 74, 148
Beattie, Vivien（ヴィヴィアン・ベティー）
　　　　　　　　　　　　　　　　145-146
Beck, Ulrich（ウルリヒ・ベック）……………204
Beunza, Daniel（ダニエル・ベウンザ）…… x, 2, 6, 42, 58, 97-98, 103-104, 107-108, 110
Biggs, Barton（バートン・ビッグス）…………59
Black, Fischer（フィッシャー・ブラック）……97
Blair, Tony（トニー・ブレア）………………172
Bloor, David（デビッド・ブルア）…… 6, 31, 33, 145
Bobbitt, Max（マックス・ボビット）………143
BP（ブリティッシュ・ペトロリウム）………154
Brandt, Richard（リチャード・ブラント）…145-146
Brav, Alon（アロン・ブラブ）……………… 118
Browne, John（ジョン・ブラウン）…………171
Bruegger, Urs（ウルス・ブルガー）…… 2, 14, 42, 51, 57, 103
Brunnermeier, Markus（マルクス・ブルナマイヤー）
　　　　　　　　　　　　　　　　　　　118
Buchner, Barbara（バーバラ・ブフナー）… 181, 189
Burawoy, Michael（マイケル・ブラウォイ）
　　　　　　　　　　　　　7, 203, 206-207
Burdick, Quentin（クウェンティン・バーディック）
　　　　　　　　　　　　　　　　　　　164

Burgstahler, David（デビッド・バーグスターラー）
　　　　　　　　　　　　　　　　139-140
Bush, George H. W.（ジョージ・H. W.・ブッシュ）
　　　　　　　　　　　　　　　160-161, 197
Bush, George W.（ジョージ・W.・ブッシュ）
　　　　　　　　　　　　　122, 161, 169, 175
Caliskan, Koray（コレイ・カリスカン）……2, 23
Carruthers, Bruce（ブルース・カラザース）
　　　　　　　　　　　　　　　　　11, 202
Cason, Timothy（ティモシー・ケイリン）… 163
CDO（債務担保証券）……16-17, 19, 201, 207, 209
Chen, Yihsu（Y・チェン）…………… 188
Christie, William（ウィリアム・クリスティー）
　　　　　　　　　　　　　　　　　38-39
Clinton, Bill（ビル・クリントン）… 143, 167, 175
Coase, Ronald（ロナルド・コース）………… 156
Collins, Harry（ハリー・コリンズ）……23, 31, 67
Cooper, Cynthia（シンシア・クーパー）… 141
Crocker, Thomas D.（トーマス・D.・クロッカー）
　　　　　　　　　　　　　　　　　　　156
Dales, J. H.（J. H.・デイルズ）…………156-158
Delbecke, Jos（ヨス・デルベケ）………… 173
Deleuze, Gilles（ジル・ドゥルーズ）…………21
Dichev, Ilia（イリア・ディチェフ）…… 139-140
Donaldson, R. Glen（グレン・R.・ドナルドソン）
　　　　　　　　　　　　　　　　　　　16
Ebbers, Bernard（バーナード・エバース）… 137
Edge, David（デビッド・エッジ）………… 36, 75
Ellerman, A. Denny（デニー・A.・エラーマン）
　　　　　　　 21, 160-161, 163-166, 181, 189 196
Energy Efficiency Commitment（エネルギー効率性コミットメント）[UK]……………… 172
EONIA ……………………………………91
EU
　　─の炭素税……………………… 167, 173-174
Fearnley, Stella（ステラ・ファンリー）… 145-146
Fleck, James（ジェイムス・フレック）… 36, 75
Fligstein, Neil（ニール・フリグスタイン）… 203
Forman, Paul（ポール・フォアマン）…………36
FTSE-100 先物…………………………… 78, 84
F9サル……………………………………24

227

Garfinkel, Harold（ハロルド・ガーフィンケル）
　………………………………………………… 29
Godechot, Olivier（オリバー・G.）………… 2, 68
Goede, Marieke de（マリエケ・デ・コード）
　………………………………………………… 2, 71
Goffman, Joe（ジョー・ゴフマン）………… 161
Goodhart, Charles（チャールズ・グッドハート）
　…………………………………………………… 206
Gore, Al（アル・ゴア）……………………… 167
Grady, Robert（ロバート・グレイディ）…… 161
Granovetter, Mark（マーク・グラノヴェッター）
　………………………………………………… 202-203
Greimas, A. J.（A. J.・グレマス）……………… 22
Grimm, Christine（クリスティーン・グリム）… 147
Hahn, Robert（ロバート・ハーン）………… 160
Hardie, Iain（イエイン・ハーディー）…… ix, 5-7,
　41, 45-47, 69, 95, 99-100, 102
HCFC22（クロロジフルオロメタン）……… 184
Heaton, J. B.（J・B・ヒートン）…………… 118
HFC23（トリフルオロメタン）………… 184, 189
Hicks, John（ジョン・ヒックス）……… 131-132
Holmwood, John（ジョン・ホルムウッド）… 203
Hutchins, Edwin（エドウィン・ハッチンス）… 18,
　52, 53
IAS第2号 ……………………………………… 150
IAS第19号 ……………………………………… 205
IAS第38号 ……………………………………… 125
IAS第39号 …………………………… 120, 131, 138, 150
IG（インベスターズ・ゴールド）インデックス
　………………………………………………… 73
J. Aron & Company …………………………… 103
Jones, A. W.（A・W・ジョーンズ）………… 43
Jones, Jennifer（ジェニファー・ジョーンズ）… 138
JWMパートナーズ …………………………… 112
Kahneman, Daniel（ダニエル・カーネマン）
　……………………………………………… 25, 65
Kerviel, Jérôme（ジェローム・カービエル）… 111
Kilcollin, Rick（リック・キルコリン）… 74, 78-79,
　81, 84
Kim, Harold（ハロルド・キム）……………… 16
Knorr Cetina, Karin（カリン・クノール・セティナ）
　………………………………… 2, 10, 14-15, 51, 57, 103
KPMG ………………………………………… 123, 143
Krupp, Fred（フレッド・クルップ）……… 170
Kynaston, David（デビッド・キナストン）… 74,
　78-79, 81, 84
Latour, Bruno（ブルーノ・ラトゥール）… 10, 18,
　20, 22, 77, 202-203, 239

Law, John（ジョン・ロー）…………………… 22
Laws of the Markets, The …………………… 204
Leeson, Nick（ニック・リーソン）………… 111
Lépinay, Vincent-Antonin（ヴィンセント, アントニン・レピネイ）…………………………… 2, 49
Leung, David（デビッド・ルング）… x, 237, 239
Levy, Marc（マーク・レビー）……………… 27
LIBOR ………………… 1-3, 10-14, 18-19, 26, 72,
　74, 83-84, 87-92, 131, 200-201, 211
　―の形成 ……………………………… 74, 87-88
　―のためのバックアップの手配 ……………… 2
　―の定義 ……………………………… 87, 211
　―への無償の情報提供 ……………………… 26
LIFFE
　―のポンド短期金利先物 …………………… 87
Long-Term Capital Management
　―の分散投資 ………………………………… 112
LTOM（ロンドンオプション売買市場）… 78, 81
MacKenzie, Donald（ドナルド・マッケンジー）
　……………… vii, x, 4, 7, 15, 24, 27, 34-36, 38, 42-43,
　74-76, 83, 85, 91, 97, 134-144, 189, 202, 207,
　236
Malone, Ferrell（フェレル・マローン）…… 143
Maurer, Bill（ビル・マウラー）………… 2, 70-71
McNichols, Maureen（マウリーン・マクニコルス）
　…………………………………………………… 139
Melamed, Leo（レオ・メラメッド）… 73, 76, 89, 91
Mello, Antonio（アントニオ・メロ）… 118-119
Meriwether, John W.（ジョン・W・メリウェザー）
　…………………………………………………… 112
Merton, Robert C.（ロバート・C・マートン）
　……………………………………………… 15, 97
Merton, Robert K.（ロバート・K・マートン）
　…………………………………………………… 129
Mirowski, Philip（フィリップ・ミロウスキー）
　……………………………………… 35, 105, 163
Miyazaki, Hirokazu（ミヤザキ・ヒロカズ）
　…………………………………………… 2, 97, 111
Morse, Gene（ジーン・モース）… 141-142, 147-148
Mosley, Layna（レイナ・モズリー）………… 62
MTS債券売買システム ……………………… 116
Muniesa, Fabian（ファビアン・ムニエサ）… 2, 7,
　35, 68, 76, 92, 110, 173, 185-186, 194
Myers, David（デビッド・マイヤーズ）…… 143
Neuhoff, Karsten（カーステン・ノイホフ）… 188
Nik-Khah, Edward（エドワード・ニックハ）
　………………………………………………… 35, 163

228

索引

Nordhaus, William（ウィリアム・ノードハウス） ………………………………………… 188
O'Malley, Pat（パット・オマリー）……35, 163
Osler, Carol（キャロル・オスラー）………… 167
Pardo-Guerra, Juan-Pablo（パルドグエラ・ファン パブロ）……………………………………… 105
Persaud, Avinash（アヴィナシュ・パーサウド） ………………………………………………… 206
Pigou, Arthur（アーサー・ピグー）……………77
Plott, Charles（チャールズ・プロット）…… 163
Power, Mike（マイケル・パワー）…… 125-126, 128, 149
Preda, Alex（アレックス・プラダ）………2, 5, 14
PRIMESモデル ……………………… 192-193, 196
QWERTYキーボード ……………………………77
Robertson, Dennis（デニス・ロバートソン）… 132
Robotti, Paola（パオラ・ロボッティ）……97, 114
Ruckes, Martin（マーティン・R.）…… 118-119
Sandor, Richard（リチャード・サンダー）… 21, 75-77, 167, 173
Schipper, Katherine（キャサリン・シッパー） ………………………………………………… 137
Schmalensee, Richard（リチャード・シュマレンジー） ……………………………………… 160, 164
Scholes, Myron（マイロン・ショールズ）…4, 97
Schultz, Paul（ポール・シュッツ）…… 38-39
Shapin, Steven（スティーブン・シュイピン） ………………………………………………9, 112
Shleifer, Andrei（アンドレイ・シュライファー） …………………………………………… 98, 118
Signature ………………………………………79
Sijm, Jos（ヨス・シム）………………………… 188
Simon, Herbert（ハーバート・サイモン）……52
Siu, Lucia（ルシア・シウ）………………… 24, 35
Smith, Glyn（グリン・スミス）……………… 141
Smith, Susan（スーザン・スミス）……………73
SO$_2$（二酸化硫黄）… 19-21, 27, 154, 159-167, 169, 171, 173, 177, 186, 195, 196
Société Générale（ソシエテ・ジェネラル）… 111
Soros, George（ジョージ・ソロス）……………43
Stark, David（デビッド・スターク）… x, 2, 6, 42, 97-98, 103-104, 107-108
State Street Bank & Trust Co. v. Signature Financial Group …………………………………………79
Stavins, Robert（ロバート・スタビンス）… 155, 160-162
Steen, David（デビッド・スティーン）…… 78, 80
Stinchcombe, Arthur（アーサー・スティンコム）

……………………………………………… 11, 202
Stupka, John（ジョン・ストゥプカ）……… 141
Suchman, Lucy（ルーシー・サックマン）…25, 146
Sullivan, Scott（スコット・サリバン）… 135-136
Tsalavoutas, Yannis（ヤニス・ツァラボウタス） ………………………………………………… 136
Tversky, Amos（エイモス・トバルスキー）… 25, 65
Tweedie, Sir David（デビッド・トゥイーディー卿） ………………………………………………… 146
Ulset, Kjersti（シャースティ・ウルセット）… 193
Vainio, Matti（マッティ・ヴァイニオ）… 173, 175
Vishny, Robert（ロバート・ビシュニー）…98, 118
Vogel, Steven（スティーブン・ヴォーゲル）…31
von Hayek, Friedrich（フリードリヒ・ハイエク） ………………………………………………… 157
von Mises, Ludwig（ルートヴィヒ・フォン・ミーゼス）………………………………………… 157
Wall Street Journal ………………………91, 110
Weber, Max（マックス・ウェーバー）……2, 80
Wheeler, Stuart（スチュワート・ホイーラー）…73
White, Harrison（ハリソン・ホワイト）…… 203
Wittgenstein, Ludwig（ルートヴィヒ・ウィトゲンシュタイン）……………………… 31, 133, 150
Woolgar, Steve（スティブ・ウールガー）……10
Yearley, Steven（スティーブン・Y.）…… 23, 67
Zaloom, Caitlin（カイトリン・ザルーム）… 2, 12, 42, 66, 81, 86, 92, 102
Zapfel, Peter（ピーター・ツェッペル）… 173, 175
6ペンスの貪り………………………………………80
8分の1ドル………………………………………38
1845年賭博法［UK］……………………………83
1929年の大暴落………………………………42, 132
1940年投資会社法［US］………………………43
1985年ヘルシンキ・プロトコル………………27
1986年会社法［UK］………………………… 132
1987 年の暴落 ………………84-85, 96, 103
1990年改正大気浄化法………………………159, 164
1997年京都議定書
　—におけるクリーン開発メカニズム…… 183
　—における共同体独立取引ログ………… 177
2001年マラケシュ合意………………… 162, 176
2001年9月11日…………………………… 104

229

日本語

■あ行

アイスランド ……………………………… 48, 67
アイルランド …………………………… 63-64, 175
アクターネットワーク理論………… 22-25, 29, 33, 38, 67
アーサーアンダーセン …………………… 141-142
アップティック・ルール ………………… 37, 114
アーニングス・マネジメント…6, 8, 137-141, 146-148, 150
アーブ ……………………………………… 106
アーンスト＆ヤング ……………………… 123
イスラム教のデリバティブ ……………… 71
イスラムヘッジファンド ………………… 114
イタリア国債 …………………………… 96, 109
意図テスト …………………………… 83-84, 86
イノフュージョン …………………… 36, 75
イノベーション………ix, 6, 35-37, 69, 71, 74-75, 77-79, 92, 205
　　金融— ………………………… 36, 69, 78, 205
　　技術的— …………6, 35-36, 71, 74-75, 77-78
イノベーションの直線的モデル………… 35-36, 74
インタビューの情報源 …………… 5, 7, 74, 99
インプライド・ボラティリティ ………… 16-18
　　—の定義 ………………………… 208
売り持ち高（定義）…………… 114-115, 117, 208
英国………vi, ix, 1, 10-11, 26-28, 43-44, 62, 72-73, 78-82, 84, 89-93, 117, 123-125, 130-133, 136, 145, 154, 172, 174-175, 188-189, 195, 199, 205, 238
　　—における炭素取引 …………… 154, 170-172
　　欧州の卑劣者としての— ……………… 27
英国銀行協会 ……………… 1, 10-11, 26, 72, 89-91
エクアドル ……………………………… 42, 61-62
エジンバラ大学…iii, iv, 124-125, 153-154, 236, 238
　　—の勘定科目表 ………………… xii, 124, 125
　　—の炭素排出許可 ………………… 153
エスノメソドロジー ……………………… 29
エンロン ……………………… 121-122, 128, 144, 147
欧州科学技術研究学会 …………………… 3
欧州気候取引所 ………………………… 154
欧州排出量取引制度………vi, 153-154, 172, 185-187, 190-191, 193, 195
　　—と環境に関する投票 ………………… 174
オプション（定義）…………………… 4, 208
オープン・アウトクライ … 12, 27, 102, 106-107, 208
　　—の定義 ………………………… 208

温室効果ガス（炭素, HCFC22, HFC23, 一酸化二窒素）…… v, 7, 155, 167-169, 171-172, 176, 178, 181, 183-184, 190, 194

■か行

外延的意味論 ……………………………… xii, 29-31
会計
　　—基準… 29, 125, 130-131, 133, 135-136, 138, 178, 205-206, 237
　　—専門職団体とスコットランド ………… 132
　　—分類 ……………………………… 6, 141
　　ジェンダーと— ………………………… 25
　　地域的文化と— ……………………… 130
会計基準審議会［UK］ ………… 131, 133, 205
会計規制 ………… 129-130, 132-133, 135, 141, 205
会計士協会［US］ ……………………… 133
外国為替市場 ……………………………… 16
外部性 ……………………………… 155-156
買い持ち高 ……………………57, 100, 114-115, 208
　　—の定義 ……………………………… 208
ガウス型コピュラモデル …………………… 17, 201
価格の物性 ………………………………… 6, 103
格付けシステム ……………………………… 199
賭け事（ギャンブルも参照）……71, 73, 82-84, 92
仮想的デリバティブ ……………… 70-71, 82, 92
褐炭 ………………………………………… 164
株式（定義）……………………………… 208
空売り ……………43, 51, 58, 101, 114-115, 208-210
　　—の定義 ……………………………… 209
カリフォルニア ……………………… 75, 154, 190
為替相場 ……………………… 42, 55, 73, 95, 103, 210
環境防衛基金 ……………………… 160-161, 169-170, 173
環境保護庁（EPA）［US］ ………… 20, 28, 159
監査 … 7, 123, 128-129, 133, 135, 141-148, 173, 177, 237
感情的サポート …………………………… 56, 65
カンター・インデックス社 ……………… 73
企業資源計画（ERP）システム ………… 147
記号論 …………………………………… 22
技術的イノベーション ……35-36, 71, 74-75, 77-78
基本相関係数 …………………………… 17-18
キャップ・アンド・トレード… 158, 170, 174, 190, 195
　　BPの— ……………………………… 170-171
キャリー取引 ……………………………… 67
ギャンブル ………………6, 65, 71, 75, 82, 84-85, 91
業界誌 …………………………………… 74
共同体独立取引ログ ……………………… 177

索引

金の裁定取引 95-96, 102, 110
金融経済学 15, 25, 34-35, 38, 42, 97-98, 102, 108, 118-119
金融サービス協会［UK］ 44, 117
金融社会論 iv, v, ix, 2-5, 7, 9, 14-15, 17-18, 21, 25, 34, 49, 68, 99, 118-204, 206-207, 236-237, 239
　　―の定義 2-3
クォンタムファンド 43
クリーン開発メカニズム（CDM） 168, 176, 183-184, 189
クレジット・デフォルト・スワップ 41, 49
グローバリゼーション 37, 61
クロロジフルオロメタン（HCFC22） 184, 189
経済学
　　―と排出量市場 155-159
　　―の遂行性 35-36, 75, 163
経済社会学 7, 22, 34, 62-63, 67, 96, 202
経済的実体 129-132
ケイマン諸島 45, 64
契約のデザイン 77
減価償却 29, 124, 126, 130, 132, 134, 138
現金決済 76, 84, 86, 89, 91
行為者 vii, ix, 3-4, 14-15, 22, 24, 63-64, 66, 68, 156, 194, 204, 206
航海術の例 18, 53
公共社会科学 7, 203, 206
公共社会学 7, 203, 206-207, 237
航空産業 177
行動ファイナンス 2, 25, 34, 65, 118
合理性 25-26
効率的市場仮説 98
（ブローカーの）声による仲介 13, 88
顧客関係 136
国際会計基準（IAS） 29, 125, 130, 133, 205
国際会計基準審議会（IASB） 29, 126, 131, 133-134, 205
国際財務報告解釈指針委員会（IFRIC） 133
国際商業取引所 72-73, 76
国際通貨市場 72
国立標準技術研究所［US］ 20
コスト vi, 11, 26, 28, 40, 49, 60, 78, 97, 104, 114, 122-126, 134-137, 142-143, 150, 155-158, 160, 165-168, 172, 176, 188, 195, 210
五大湖の汚染 156
小麦先物 82, 83
コール 16, 107, 208
コンパック 110

コンピューター iii, vii, 1, 3, 14, 19, 24, 33-34, 40-42, 47-48, 63, 69, 71, 99, 102, 104, 106-107, 124, 142, 145, 160
　　―が発する熱 19
　　―のメモリ 71

■さ行

債券 5, 16-17, 41-42, 48-52, 60-62, 65, 67, 69, 73, 86, 96, 100-102, 115-117, 119, 201, 207, 209, 210
債券先物 49, 69, 86, 115-116
再生可能義務［UK］ 172
裁定取引 v, 6, 15, 38, 92, 95-99, 101-115, 117-119, 182, 184-185, 202, 207, 209
　　―と純粋主義の限界 97-98
　　―の定義 98, 118
　　炭素の― 165 184
財務会計基準審議会［US］ 133
債務担保証券（CDO） 16, 201, 207, 209
　　―の定義 209
財務報告
　　の技術的基盤 148
財務報告基準第17号［UK］ 205
先物
　　―の定義 209
　　小麦― 82-83
　　債券― 49, 69, 86, 115-116
　　通貨― 72-73, 76, 78
　　FTSE-100― 78, 84
先渡（定義） 1, 209-210
サブプライムローン［US］ 201
サーベインズ・オックスリー法案［US］ 122
酸性雨 159-160, 164
サンドバッグ行為 59
シェル 109
ジェンダー 2, 24-25
シカゴ・オプション取引所 4, 72, 77, 81
シカゴ気候取引所 172
シカゴ商品取引所 10, 66, 69, 72-73, 75, 163, 167
シカゴの文化 81
シカゴ・マーカンタイル取引所 11, 72-73, 77-78, 87, 89, 91
　　―のユーロドル契約 87
時価評価 110, 131
事実性
　　デリバティブの― 11, 72, 85-91
市場の物性 3, 237

231

—の定義……………………………………… 3
　　裁定取引と—………………………………… 102-108
指数裁定取引………………………………… 103, 105, 111
シタデル（ヘッジファンド）……………………………44
実験に基づく世の中………………………………… 9
シティーグループ・グローバル・マーケッツ
　　…………………………………………………… 115, 117
シティ・インデックス社…………………………………73
シートサル……………………………………………24
社会学
　　経済—………………… 7, 22, 34, 62-63, 67, 96, 202
　　公共—………………………… 7, 203, 206-207, 237
　　物的—…… v, vii, 4, 22, 34, 37, 68, 91-92, 95, 97-
　　99, 119, 201, 203, 237
社会的ネットワーク…………………………… 4, 62, 103
シャリーア…………………………………………… 114
収益…… 6, 44, 52, 84, 102, 111, 116, 123-124, 126-
　　131, 135-136, 140, 170, 178, 184, 189, 195
集合行為………………………………… 26-28, 39-40, 165
住宅価格のデリバティブ…………………………… 73, 87
寿命デリバティブ……………………………………86
純実現可能価額……………………………………… 134
証券（定義）…… 4-5, 14, 16, 23, 26, 38, 40, 43-44,
　　48-51, 60-62, 64, 70, 73, 80-82, 86, 93, 95, 104-
　　105, 107-109, 111, 130, 133, 137-138, 199-201,
　　207-210
証券価格の計算方法………………………………… 38
証券取引委員会［US］………………………… 38, 40, 105
証券マスター…………………………………… 49-50
照合………………………………………………… 50, 104
商品先物取引委員会…………………………………11
女性……………………………… 12, 24-25, 63, 106, 121
新規株式公開（IPO）……………………………… 139
神経経済学……………………………………………68
紳士資本主義…………………………………… 26, 80
人体……………………………… 12, 14, 23, 98, 162, 167
身体性……………………………… v, 3, 9, 12, 201, 237
新労働党…………………………………………… 172
信用…… vi, vii, 2, 10, 17, 50, 60-62, 64, 67, 88-89,
　　95, 109, 121, 176, 199-202, 206-207
信用危機……… vi, vii, 2, 10, 67, 199-200, 202, 207
遂行性（経済学の）……………………… 34-36, 75, 163
スウェーデン…………………………… 175, 179, 197
スクラバー………………………………… 21, 159-160, 166
スターン調査報告書……………………………………28
スプレッド賭け………… 72-74, 78-79, 84-85, 92
　　—と税金………………………………………… 78, 84
スワップ……………………………… 1, 13, 41, 49, 87, 210

　　—の定義……………………………………… 210
　　クレジット・デフォルト・—………………………41
税金
　　—に関する会計年度［US］……………………45
　　炭素—………………………… 167, 173-174, 194
清算機関………………………………………… 76, 110
政治の重要性とサブ政治……………………… 204, 206
専門性……… v, 4, 9, 24, 132, 168, 201, 237, 238
専門的課題………………………………………… 205
贈与経済………………………………………………26
測定… v, 6, 11, 16-17, 20-21, 52, 60-61, 72, 86-87,
　　89, 103-104, 121-127
　　炭素市場における—……… 153, 166, 170-171,
　　176-177
　　度量衡学における—……………………… 20-21
　　二酸化硫黄市場における—…………………… 161
　　利益の—………………………………… 121-151
ソロモン・ブラザーズ…………………………… 112

■た行

大学基金………………………………………… 110, 112
体現……………… v, 11-12, 24, 35, 42, 102-105, 162
ダイムラーベンツAG………………………………… 130
棚卸資産………… 134-135, 138, 145-146, 150, 178
炭素
　　—価格………………………… 182-183, 187-189
　　—植民地主義………………………………… 167
　　—税………………………… vi, 167, 173-175, 194
チェスによる例示…………………………… 31-32
地球温暖化……………… 28, 153, 155, 167, 169
（シカゴにおける）チーズのオークション ……10
窒素酸化物……………………………………………20
知的財産法……………………………………………78
チャート主義………………………………… 14-16, 18
直示………………………………………… 148-150
チリ…………………………………………… 57, 62
通貨先物……………………………… 72-73, 76-78
ティッカー…………………………………… 14, 40
デイトレード…………………………………………40
ディーリング室における心得………………………46
テクノポリティックス………………………… v, 195-196
デュポン社………………………………………… 172
デリバティブ
　　—に関する会計基準…………………… 130-131
　　—の価格決定……………………………… 78, 97
　　—の仮想性………………………… 6, 70-71, 82, 92
　　—の現金決済…………………………… 89, 91

索引

　　　一の税務⋯⋯⋯⋯⋯⋯⋯⋯⋯⋯⋯78, 84
　　　一の定義⋯⋯⋯⋯⋯⋯⋯⋯⋯⋯⋯⋯210
　　　一の売買高⋯⋯⋯⋯⋯⋯⋯⋯⋯⋯⋯⋯77
　　　イスラム教の一⋯⋯⋯⋯⋯⋯⋯⋯⋯⋯71
　　　金利一⋯⋯⋯⋯⋯⋯⋯⋯⋯⋯⋯⋯⋯1, 11
　　　住宅価格の一⋯⋯⋯⋯⋯⋯⋯⋯⋯73, 87
　　　寿命一⋯⋯⋯⋯⋯⋯⋯⋯⋯⋯⋯⋯⋯⋯86
　　　天候一⋯⋯⋯⋯⋯⋯⋯⋯⋯⋯⋯⋯⋯⋯86
　　　不動産一⋯⋯⋯⋯⋯⋯⋯⋯⋯⋯⋯⋯⋯73
テレレート社⋯⋯⋯⋯⋯⋯⋯⋯⋯⋯⋯⋯⋯89
デロイト・トウシュ・トーマツ⋯⋯⋯⋯123
転換⋯⋯⋯⋯⋯⋯⋯⋯⋯⋯⋯⋯⋯69, 92, 107
天候
　　　一デリバティブ⋯⋯⋯⋯⋯⋯⋯⋯⋯⋯86
電子メール⋯⋯⋯⋯⋯⋯⋯1, 26, 41, 46-47, 57
伝達速度⋯⋯⋯⋯⋯⋯⋯⋯⋯⋯⋯⋯⋯103-104
デンマーク⋯⋯⋯⋯⋯⋯⋯1, 172, 175, 191, 197
電力価格⋯⋯⋯⋯⋯⋯⋯⋯⋯⋯⋯⋯⋯188-189
ドイツ
　　　一国債⋯⋯⋯⋯⋯⋯⋯⋯⋯⋯78, 109, 115
　　　一と電力価格⋯⋯⋯⋯⋯⋯⋯⋯⋯⋯189
　　　一の国別配分計画⋯⋯⋯⋯⋯⋯⋯⋯191
　　　一の排出枠⋯⋯⋯⋯⋯⋯⋯⋯⋯⋯⋯187
　　　一のETSへの反対⋯⋯⋯⋯⋯⋯⋯⋯175
投機⋯⋯⋯⋯⋯⋯⋯⋯⋯⋯⋯⋯21, 75-76, 111
統計的裁定取引⋯⋯⋯⋯⋯⋯⋯⋯⋯⋯98, 108
特別投資媒体（SIVs）⋯⋯⋯⋯⋯⋯⋯⋯⋯207
特許⋯⋯⋯⋯⋯⋯⋯⋯⋯⋯⋯⋯⋯⋯⋯⋯78-79
取引記録簿⋯⋯⋯⋯⋯⋯⋯⋯⋯⋯⋯⋯⋯⋯49
取引の物質主義的理論⋯⋯⋯⋯⋯⋯⋯⋯⋯82
トリフルオロメタン⋯⋯⋯⋯⋯⋯⋯⋯184, 189
度量衡学⋯⋯⋯⋯⋯20-21, 27, 171, 176-177, 183-184
トレーダー⋯⋯ 3-5, 7, 11-12, 15-17, 23-24, 26-27,
　　　40-41, 44-59, 61-63, 65-69, 76, 81, 83, 86, 98-
　　　104, 106-113, 115-119, 202, 206, 209

■な行

内燃機関⋯⋯⋯⋯⋯⋯⋯⋯⋯⋯⋯⋯⋯⋯⋯77
仲買人⋯⋯⋯⋯⋯⋯⋯⋯⋯⋯⋯⋯⋯⋯⋯⋯81
ナスダック⋯⋯⋯⋯⋯⋯⋯⋯⋯⋯⋯⋯38-40
鉛クレジット⋯⋯⋯⋯⋯⋯⋯⋯⋯⋯⋯⋯159
二酸化硫黄の取引⋯⋯⋯⋯⋯⋯⋯⋯⋯159-164
二酸化炭素（CO_2）（炭素も参照）⋯⋯ vi, 20, 153,
　　　155, 159, 171-172, 187
ニューヨーク国際商業取引所⋯⋯⋯⋯⋯⋯72
ニューヨーク証券取引所⋯⋯40, 44, 80, 104-105, 130
人間の脳⋯⋯⋯⋯⋯⋯⋯⋯⋯⋯⋯⋯3, 15, 39

認証排出削減量（CER）⋯⋯⋯⋯ 154, 164, 184-185
年金給付⋯⋯⋯⋯⋯⋯⋯⋯⋯⋯⋯⋯⋯⋯⋯205
燃料価格⋯⋯⋯⋯⋯⋯⋯⋯⋯⋯⋯⋯⋯182-183
農産物（先物）取引⋯⋯⋯⋯⋯⋯⋯80, 83, 86
ノーザンロック⋯⋯⋯⋯⋯⋯⋯90, 154, 199, 200
ノルドプール⋯⋯⋯⋯⋯⋯⋯⋯⋯⋯⋯⋯⋯154

■は行

排出権⋯⋯⋯⋯⋯⋯⋯⋯⋯⋯ 133-134, 158, 197, 204
排出量市場⋯⋯⋯⋯⋯⋯ vi, 7, 19, 20, 35, 153-155, 160,
　　　163, 171, 173-174, 176, 185, 194-196, 204, 207
　　　一のデザイン⋯⋯⋯⋯⋯⋯⋯⋯⋯⋯36-37
排出量取引制度⋯⋯ vi, 153-154, 161, 166, 172, 179-
　　　181, 185-193, 195-196
　　　一の国別登録簿⋯⋯⋯⋯⋯⋯⋯⋯⋯⋯177
　　　一の国別配分計画⋯⋯⋯⋯ 180-182, 191-193
排出枠⋯⋯vi, 37, 92, 153-154, 158, 160-167, 169-170,
　　　172, 177-182, 184, 186-192, 194-195, 197
　　　一のオークション⋯⋯⋯⋯ 162-163, 172, 178-179
　　　一の過剰配分⋯⋯⋯⋯⋯⋯⋯⋯⋯ 195-196
　　　一の配分⋯⋯⋯⋯⋯⋯⋯⋯ 164, 178-182
　　　会計項目としての一⋯⋯⋯⋯⋯⋯ 177-178
　　　BPによる一⋯⋯⋯⋯⋯⋯⋯⋯⋯ 169-172
　　　ETSにおける一の余剰⋯⋯⋯⋯⋯ 188, 195
配置⋯⋯⋯⋯ 5, 21, 23-25, 28, 42, 48-49, 52, 61-63,
　　　65-68, 77, 104
売買画面⋯⋯⋯⋯⋯⋯⋯⋯⋯⋯⋯⋯⋯14-15, 69
発生主義会計⋯⋯⋯⋯⋯⋯⋯⋯⋯⋯⋯⋯⋯127
パラダイム（科学的）⋯⋯⋯⋯⋯⋯⋯⋯⋯148
バンキング（排出枠に関する）⋯⋯⋯⋯⋯181
反射性⋯⋯⋯⋯⋯⋯⋯⋯⋯⋯⋯⋯⋯⋯ iii, 140
ビッグバン（規制緩和）⋯⋯⋯⋯⋯⋯⋯⋯80
ピット⋯⋯⋯ 12, 24, 27, 66, 80, 102, 106-107, 210
　　　一の定義⋯⋯⋯⋯⋯⋯⋯⋯⋯⋯⋯⋯210
ヒューレット・パッカード⋯⋯⋯⋯⋯⋯⋯110
標準化⋯⋯⋯⋯⋯ 11, 20, 63, 72, 76, 84, 86, 209
不安定な尺度⋯⋯⋯⋯⋯⋯⋯⋯⋯⋯⋯37-40, 121
ファンド・オブ・ファンズ⋯⋯ 5, 44, 48, 99, 111
物的社会学⋯⋯ vii, x, 22, 34, 37, 68, 91-92, 95, 98-99,
　　　119, 201-203
プット⋯⋯⋯⋯⋯⋯⋯⋯⋯⋯⋯⋯ 16, 107, 208
不動産デリバティブ⋯⋯⋯⋯⋯⋯⋯⋯⋯⋯73
プライスウォーターハウス・クーパーズ⋯⋯123
プライムブローカー⋯⋯⋯⋯⋯⋯⋯⋯⋯50, 63
ブラジル⋯⋯⋯⋯⋯⋯ 49, 54, 57-61, 67-68, 100-101
　　　一国債⋯⋯⋯⋯⋯⋯⋯⋯ 49, 54, 58-59, 61, 100
ブラック・ショールズ・マートンによるオプショ

ン価格決定·················97, 109
ブラック・ショールズモデル················· 4
ブラックボックス··········· 38, 52, 109, 207
ブルームバーグの端末················· 10
ブレーク················· 50
ブレトン・ウッズ················· 76
フレーミング················· 58
ブローカーの耳············· 13-14, 201
プロジェクト88················· 160
プロスペクト理論················· 65
分散投資················· 113
分散認知············· 18-19, 25, 51-52
ベア・スターンズ················· 90
ベアリング銀行················· 111
米国
　—と京都議定書······· 161, 167-169, 175-176
ヘッジファンド··· v, ix, 5, 38, 41-49, 51-53, 63-67, 69, 96, 99-102, 109-114, 207, 210
　—に対する投資家の限定················· 43
　—の観察事例············· 41-42, 45-62
　—の資産規模················· 45
　—の主たる登記················· 45
　—の組織規模················· 45
　—の定義················· 210
　—の売買高················· 44
　—のバックオフィスによるサポート···45, 49-50
　—の不招請勧誘················· 43, 45
　—の立地················· 45
　イスラム—················· 114
ヘッジレット················· 92
ポイントカーボン············· 182-183, 193
奉加帳外交················· 27
簿記················· 6, 124, 133, 149-150, 237
ホットスポット················· 167
ボラティリティ（定義）·······16-18, 131, 138, 182, 210

■ま行

マーケットメーキング················· 75
ミシェル・カロン（Callon, Michel）······5, 21, 204
　—のアクターネットワーク理論················· 38
　—の経済的実験············· 7, 173, 185-186
　—の遂行性の概念············· 34, 36, 75
　—の配置の概念············· 5, 21-25
メキシコ国債················· 114
メタン················· 171, 184

モデム（の速度の限界）················· 104
モデル················· iii, 3-4, 15-17, 19, 24-25, 34-37, 61, 65, 74, 78-79, 97, 109, 118-119, 139-140, 167, 171, 192-193, 196, 201-202, 206-207
モノライン················· 207
模倣············38, 43, 66, 78-79, 113, 119
モントリオール議定書············· 28, 184

■や行

有限主義············· 6, 29-33, 133, 141, 144-145, 148-149, 151, 178, 180, 205, 237
　—と財務報告············· 132-137, 148-151
　—の定義················· 29-34
歪み················· 38, 139
ユーロ圏政府債················· 115-117

■ら行

ラチェット············· 164-166, 196-197
ラトビア················· 191-192
利己性················· 26
利息（定義）··········48-50, 52-53, 70, 209
利回り 16, 52-53, 60-61, 65, 112, 117, 201, 205, 210
　—計算法············· 52-53, 61, 65
　—の定義················· 210
流動性··· 11, 14, 16, 21, 44, 64-65, 77, 101-102, 109, 115-117, 119, 202
レバレッジ················· 43-44
ロイターのサーバー················· 103
ロイヤルダッチ················· 172
ロサンゼルス地域大気浄化インセンティブ市場［US］················· 159
ロシア············· 48, 72, 114, 169
ロンドンオプション売買市場················· 78
ロンドン銀行間取引金利（LIBOR）··· vi, 10, 211
ロンドン国際金融先物取引所（LIFFE）·········73
ロンドン先物オプション取引所················· 73, 86
ロンドン証券取引所
　—の銘文················· 26
ロンドンの文化················· 26, 80-81

■わ行

ワイオミング州················· 166
割引（定義）················· 210
ワールドコム······ 121-122, 124, 135-137, 141-143, 145, 147

訳者あとがき

　本訳書の原書英題は*Material Markets—How Economic Agents are Constructed*であり，エジンバラ大学社会政治学研究科（School of Social and Political Science）のドナルド・マッケンジー教授による最新の著書（単著）である．訳書の邦題を原題そのままに「物的（またはマテリアル）な市場」と直訳すると，やや中身の内容が伝わりにくいのではないかと感じ，いくつか候補を挙げてマッケンジー先生と直接相談した結果，原題からかけ離れるが，「金融市場の社会学」とするのが望ましいという結論で意見が一致した．

　ここで，マッケンジー先生との個人的な接点から述べることにしたい．会計研究を専門とする私が先生の存在を知ったのは，2009年夏にオーストリアのインスブルック大学で開催された第9回学際的会計研究学会に参加した時であった．そこで招待講演を行っていた先生の社会学に立脚した金融及び会計に関する斬新な研究に触発されて衝撃を受けた．さらに先生のバックグラウンドを調べたところ，特に科学社会学の領域では広く知られた「エジンバラ学派」の看板を背負い，これまで様々な事物を社会学的に分析され，現在は金融社会論という新たな研究領域を牽引していることがわかった．しかも会計研究のトップジャーナルの一角を占める*Accounting, Organizations and Society*の編集委員も務めておられることを知り，いつか先生のもとで在外研究したいと思うようになった．幸運にもその機会は早々に訪れた．先生は2011年4月から1年間の在外研究を望む駆け出しの会計学者の申し出をご快諾下さり，研究室やデスクの手配ならびに研究に対する助言に至るまで，大変親切かつ紳士的にご対応頂いた．微力ながら，先生の提唱する金融社会論の研究に，会計の観点から少しでも貢献していきたいと思っている．

　本書の中でも述べられているが，金融社会論は欧米を中心に勢力を拡大している．その反面，残念なことにわが国では未だあまり注目を集めていないように思われる．例えば私が属する会計学の領域では，経済学以外に社会学や人類学の観点から会計現象を分析しようとする研究者の割合は圧倒的に少ない．特に財務会計に関する研究領域では，その傾向が顕著であると思われる．しかし特に（米国

ではなく）欧州に目を向ければ，そのような学際的会計研究は決してマイナーなものではない．例を挙げれば，マッケンジー先生の薫陶を受けたLeung（2011）は，簿記や財務会計及び監査のエスノグラフィーに果敢に取り組んでいる．

　本書で披露されている金融社会論の論点は多岐にわたるが，その中でも特に理論的観点から強調されているのが，市場の物性である．どこまでが物的なのか（もしくは，極端に言えばどこまでが「見えざる手」ではないのか）についての議論は尽きないが，単に抽象的なものが市場を支配するのではなく，物性が重要であるとの示唆は大変斬新かつ有益であると思われる（物性に関する議論については，Miller（2005）を参照されたい）．個人主義的な経済学や心理学とは異なり，社会学は全体主義的に制度や規範や文化といった社会のソフトな側面に着目する傾向があるが，物的社会学がその傾向から一線を画して，よりハード（マテリアル）な側面に着目する点は極めて興味深い．また，会計研究の観点からも「有限主義」の視点が極めて独創性に富む．過去の制度の組み合わせ（実例の適用）は有限であり，全く新たな現象に直面した際，それは新たな制度設計にとって決定的なものとはならないとの見方は，会計判断や会計基準設定にも有益な視点を提供し得る（岡本 2013）．何がその決定を支えているのか，今後の研究でさらに探究していきたい．

　加えて，本書のメッセージとして注目すべきは，このように市場や会計を分析する際，見過ごされがちな身体性や有形性や専門性（技術性）といった細部の側面にも焦点を当てる視点を持つことの意義である．少なくとも，「世の中にはより多くの考え方や行動様式があった方が望ましい（Pickering 2009, p. 204）」はずである．そのため，本書の結論部分でも述べられているように，金融社会論は金融市場や会計に関する理解の幅を広げ，市場や会計を規制する制度設計に係る政治的関与の形態を拡大する可能性を秘めている．

　本書の翻訳に際して，できる限りの時間や資源を注いで作業を進めてきたが，訳語の選択や表現など十分ではない所があるとすれば，すべて訳者の責任である．学際的かつ高尚な原書の内容を未熟な会計学者が十分に咀嚼して伝えきれているか不安な点も少なくない．だが不十分ながらも，訳書として本書が日本語で読まれることによって，関連研究の学際的発展に少しでも寄与できればと願っている．訳語の選択については，マッケンジー先生の公共社会学への思いを考慮し，平易

訳者あとがき

な言葉を選ぶように努めた．また，英語独自の意味と用法を文脈によって訳し分けたものもある．例えば，technicalityは「専門性」もしくは「技術性」と文脈に即して訳し分けている箇所がある．

このように，何とか最終的に翻訳完成まで漕ぎ着けることができたのは，本当に多くの人に支えられた賜物であることを記したい．まず，エジンバラ大学における1年間の在外研究の機会が得られなければ，この翻訳プロジェクトは決して完結しなかっただろう．貴重な在外研究の機会を与えて下さった流通経済大学の佐伯弘治学園長や小池田冨男学長をはじめとして，教職員の方々のご厚意に深く感謝申し上げる．さらに，本書は流通経済大学学術図書出版助成費の交付を受けている．審査して下さった審査委員長の氏原茂樹先生をはじめ，実際に審査に携わって頂いた各学部の先生方に心より感謝したい．特に，社会学部の恩田守雄先生および法学部の植村秀樹先生からは，それぞれのお立場から，拙訳に対して非常に有益なコメントを頂いた．また，在外研究中から出版に至るまで，様々な相談等にご丁寧に対応して頂いた，流通経済大学出版会の池澤昭夫氏にも改めて感謝したい．池澤氏及び出版会の職員の方々には，帰国後も翻訳権の取得から校正及び出版の段階に至るまで，懇切丁寧なサポートを賜った．校正作業中は，株式会社アベル社様より思慮深くご対応頂いた．加えて，英国現地のオックスフォード大学出版局との交渉をお引き受け頂いた著作権エージェントであるマイケ・マルクス様にも大変お世話になった．さらに，翻訳の一部に関して，訳者の専門的知識の不備を補うべく，株式会社インターナショナル・インターフェイス様及び株式会社ThinkSCIENCE様には，専門的見地からサポートを賜った．ここに記して感謝申し上げる．また本研究は，文部科学省科学研究費助成金（若手研究(B)：課題番号23730439）の助成及び公益財団法人野村財団の2010年度下期国際交流助成金の助成を受けている．

これまで学際的観点から会計を研究することの意義を大学院生時代からご指導頂いている，同志社大学特別客員教授・神戸大学名誉教授の古賀智敏先生にも深く感謝したい．「自分の好きなところ，強いところで勝負しなさい」との日頃の古賀先生からの激励のお言葉は，本当に頼もしいものであった．また，勤務先で同じく会計を専門とする氏原茂樹先生と吉村聡先生には，日々の過ごし方のご指導から研究環境のサポートに至るまで色々と支えて頂き，本当に感謝している．

在外研究中は，妻麻子と愛犬イオにも支えられた．最後に，私が在外研究に行くことを知り病床で喜んで後押ししてくれたが，残念ながら在外研究に旅立つ直前に他界した父豊明に本書を捧げたい．

[引用文献]

Leung, D. (2011), *Inside Accounting: The Sociology of Financial Reporting and Auditing*, Gower Publishing.

Miller, D. (ed.) (2005), *Materiality*, Duke University Press.

Pickering, A. (2009), "The Politics of Theory-Producing another World, with Some Thoughts on Latour," *Journal of Cultural Economy*, Vol. 2, Nos. 1-2, pp. 197-212.

岡本紀明 (2013),「金融社会論の台頭と会計研究への示唆」『流通経済大学論集』第47巻第4号, 49-60頁.

【著者紹介】
岡本　紀明（おかもと　のりあき）
流通経済大学経済学部准教授

1978年青森県弘前市生まれ．2006年神戸大学大学院経営学研究科博士後期課程修了．博士（経営学）．2006年流通経済大学経済学部専任講師を経て，2009年より現職．2011年から2012年までエジンバラ大学客員研究員．主な研究業績として"Collective Intentionality and Aggressive Earnings Management: Developing Norman Macintosh's Arguments in the Debate over Principles-versus Rules-based Accounting Standards," *Critical Perspectives on Accounting*, Vol. 22, No. 3, pp. 236-242（2011年）や「金融社会論の台頭と会計研究への示唆」『流通経済大学論集』第47巻第4号，49-60頁（2013年）がある．

きんゆう しじょう しゃかいがく
金融市場の社会学

発行日　2013年3月27日　初版発行
著　者　Donald MacKenzie
訳　者　岡　本　紀　明
発行者　佐　伯　弘　治
発行所　流通経済大学出版会
　　　　〒301-8555　茨城県龍ヶ崎市120
　　　　電話　0297-64-0001　FAX　0297-64-0011

ⓒNoriaki Okamoto 2013　　　　Printed in Japan/アベル社
　　ISBN 978-4-947553-57-7 C3033 ￥3200E